北京大学考古学丛书

李光涵　王思渝　编著

國際文化遺產文獻導讀

上海古籍出版社

遗产即是故乡

我的专业是考古，1998 年去上海博物馆工作之后，开始接触公众，这些年来考古与公众之间的关系问题一直萦绕在心，所以几年前我看到罗德尼·哈里森的著作 *Heritage: Critical Approaches* 的时候，就组织一些在校学生进行了翻译，即 2021 年上海古籍出版社出版的《文化和自然遗产：批判性思路》。这本书的前言《遗产无处不在》提出了一些我们关注的问题：

> 难道没有别的比"过去"更重要的事情需要我们去思考吗？把遗产放到一个特定的历史情境下，作为一种社会、政治与经济现象考察，我希望不仅能探讨自 20 世纪 70 年代实施《世界遗产公约》以来遗产与我们之间发生了什么样的大变化，同时也表明，遗产最重要的不是关乎过去，而是我们与现在、未来的关系。

现在，北京大学两位青年学者李光涵、王思渝组织全国高校和科研院所的一批青年学者撰写了《国际文化遗产文献导读》。编著者在编后记中说：编辑初衷是"作为长期在高校从事文化遗产研究与教学工作的学者，日常中我们经常被问到的问题之一是，文化遗产研究是一个学科吗？"在现在高校的考核压力下，他们关注这个问题是很自然的。遗产无处不在，又与现在、未来发生着关系，按照常理，遗产相关的研究应该在高校中受到重视，因为只有高校及时为社会培养合格的人才，才能够应对不断变化社会中的人才需求。

中国高校中的遗产研究最初脱胎于考古研究。新中国成立之初，面对大规模基本建设中考古工作的需求，考古专业人才奇缺。1952 年北京大学在历史系下创办了新中国第一个考古专业，并在国家文物主管部门的指导下，与中国科学院考古研究所合作开办了四期考古人员短训班,为新中国的考古事业培养了一批亟需的人才。改革开放后,随着大规模基本建设的开展,国内迎来了新一轮的建设热潮,山西大学、郑州大学等高校陆续创办考古专业。1983 年,北京大学考古系独立建系,这个时期基于田野发掘的考古工作仍然是文物事业发展的重点。经过几十年的积累,2013 年,考古学从历史学的二级学科成为独立的一级学科,标志着中国考古学学科体系的逐渐成熟。随着国力的增强,除了考古的发掘与研究之外,文化遗产本体的保护、博物馆的展示阐释、与当代社会的协调发展等一系列问题,都摆在了我们的目前,这些均不是传统考古学研究的内容。高校学科建设受到学科评估的强烈影响,而学科评估评的是那些比较成熟的学科,但是现实社会中许多亟待研究的问题,却会因此得不到应有的重视,比如文化遗产由于没有成熟的学科体系,年轻学者的文章很难找到所谓的核心期刊发表,这是造成我国高校人才培养和社会需求脱节的表现之一,在此情境下从事遗产研究的年轻学者在高校不得不面临更大的生存压力。

《国际文化遗产文献导读》的编者认为:"'文化遗产研究'能否成为一门成熟乃至独立的学科的问题,至少需要回答,这门学科能够解决哪些已有的学科所解决不了的问题? 它契合的是怎样的时代发展需要?"基于此,他们编选了国际文化遗产学界四个方面的经典著述,第一部分便围绕着"价值与保护",介绍了李格尔、勒-杜克、卡博纳拉、布兰迪的保护理论;第二部分便围绕着不同的遗产类型而展开,这些遗产类型是随着国际遗产保护运动的深入而扩展出来的;而今天意义上的"保护"已经不可避免地涉及不同的利益相关方,已经不是,也不可能再是纯粹书斋里的学问,展示阐释、活态传承、社区参与、文化旅游乃至文化经济,都已经成了今天的保护运动必须面对的问题,这些问题也使遗产的话题更有批判研究的需要。

《国际文化遗产文献导读》读后使人思考良多。书中介绍的第一部著作是李格尔的《对文物的现代崇拜——其特点与起源》。正如标题所示,对古物的现代崇拜确实说明它并不是一种古已有之的传统,虽然我们能够把对古物的收藏追溯到很远,收藏意味着喜欢,但喜欢还不是崇拜。这种崇拜带来了不同的保护理论和保护实践,所以,"保护"是伴随着西方现代性成长起来的概念,并随着"二战"之后的国际化协作的开展,在全球推广开来。

　　勒-杜克参与了巴黎圣母院的修复,他认为"修复一座建筑并非将其保存、对其进行修缮或重建,而是将一座建筑恢复到过去任何时候都不曾存在的完整状态",这种观点自然会引起激烈的讨论(从这一点来说,编选者应该对拉斯金的理论予以介绍)。我也一直在想:勒-杜克为什么会有这样的修复理念? 他是不是在构筑一种建筑风格的理想状态? 这种理想状态有点"不可思议",但是,如果我们把它放在中国建筑师对民族建筑风格的追求,这样一个层面进行思考,也许能够更好地理解勒-杜克的做法,虽然在不同的建筑师眼中,民族风格是不一样的,梁思成有梁思成的做法,贝聿铭有贝聿铭的设计,但是他们心中其实都有一种"执念"。

　　布兰迪是遗产保护理论界一位非常重要的人物,虽然布兰迪基于高雅艺术作品展开的修复理念在相当一部分人看来已经"过时",但是其跨学科思考联结了形而上的艺术哲学与形而下的材料世界,仍然是我们思考艺术作品必须思考的方向。在《和卡尔米内论绘画》中,布兰迪认为:"艺术作品,是人类为了超越自身短暂存在而付出的最高努力,通过抵达永恒中的不变之法,使人类自身从时间中获得解脱。"

　　在我看来,艺术品的创作与宗教活动具有相似性,宗教是人类构筑神圣世界的活动,艺术也是。只是布兰迪认为:"这种努力一旦实现,作品本身就脱离了创造者之手,它被封装起来,成了完成时态,从(生成)中获得解放,然后被持续不断地拉向接收它的当下意识。"为了解释清楚艺术作品的这种特征,布兰迪引用了杜威的美学论证:"一件艺术作品,无论多么古老或经典,只有当它活在某些人的个体化经验中,才实际上是一件艺术作品,而不仅是潜在的艺术作品。"在我看来,艺术品肯定存在于人的个体化体验当中,但是,它的艺术性同样存在于现代国家和社会的建构中,概言之,我认为文化遗产的价值既具有客观性,也具有主观性,并且通过国家、社会、个人不同的层面,与当下发生着联系。

　　世界遗产保护运动的发展使得更多的遗产类型被纳入研究和保护的视野。2008 年,国际古迹遗址理事会(ICOMOS)第十六届大会通过了《关于文化线路的国际古迹遗址理事会宪章》。作为 20 世纪 90 年代以来遗产学界对文化线路长期理论研究和保护实践的总结性成果,《宪章》厘清了文化线路的概念和内涵,中国丝绸之路、长城、大运河也成功列入世界遗产名录,但是在我看来,文化线路还有继续讨论的空间。如果说大运河、丝绸之路构成"路",长城并不是"路",讨论这个方面的内容,可能还要涉及线性遗产和线状遗产,比如明代为了抗倭而在沿海地区修筑了许多卫所城,这些具有军事防御性的城堡构成了一个完整的防御体系,但又没有一条直接的交通线将其串联,联系它们的更多的是支撑它们的腹地城镇和聚落。

书中第四部分编选的批判遗产的几篇文章具有足够的批判性。美国学者大卫·洛文塔尔于1985年出版的《过去即异邦》一经出版,便立刻引起了英美人文学界的广泛关注。1992年10月31日,英国曼彻斯特大学便邀请洛文塔尔参加一场以"过往即是异邦"为题的辩论会,可见其学术上产生的影响。书中值得探讨的论题很多,重新回到李格尔的《对文物的现代崇拜——其特点与起源》,这种崇拜导致"遗产无处不在",甚至在2014年,库哈斯出版了一本名为《保护正在压倒我们》的书籍,宣称"当下几乎没有办法来与我们巨变和滞胀并存的未来谈条件"。那么,我们究竟为什么要产生这种崇拜,甚至发展出一种压迫感呢?我想其实源自人类灵魂深处的焦虑和呐喊。随着现代性的产生,"我是谁?我从哪里来?我向哪里去?"的灵魂追问就没有停歇过,对遗产的保护其实是人何以为人的探究,在0和1构成的怪兽在人类面前越来越有压迫感的时候,我们需要回望过去,重新构筑我们的神圣世界。如果说哲学就是怀着乡愁的冲动去寻找精神家园,那么就可以说:

过去并非异邦

遗产即是故乡

杭　侃

2025年4月16日于山西大学

目 录

经典文化遗产保护理论

1

遗产价值理论的基石

——《对文物的现代崇拜——其特点与起源》①导读

陈　曦　苏州大学建筑学院副教授

2014 年,库哈斯出版了一本名为《保护正在压倒我们》(*Preservation Is Overtaking Us*)的小册子,他告诫建筑师们,保护正从一个追溯性的活动转变为前瞻性的活动。OMA 宣称:"当下几乎没有办法来与我们巨变和滞胀并存的未来谈条件。"②库哈斯的警告不仅适用于建筑师,也提醒了保护者们所面对的自身危机:"保护"这个伴随着西方现代性成长起来的概念,一直被认为是 20 世纪最重要的文明成就之一,并且随着"二战"之后的国际化协作的开展,在全球推广开来。但是20 世纪 90 年代以来,曾经被捍卫的科学原则和真实的价值观,在政治、民族主义、商业化和旅游利益的压力下,变成了短暂和灵活的策略。创造力、发展、运动这些关键词的频繁出现,说明遗产与社会、文明的关系进入了更加宽广的语境。我们正站在建筑遗产保护史上一个新纪元的前夕,商业价值的主导和对视觉形象的崇拜,正全力渗透到遗产保护的理论和实践中。

---

① 本文采用的《对文物的现代崇拜——其特点与起源》版本包括:

中文版:(奥)李格尔著. 陈平译. 对文物的现代崇拜:其特点与起源,载于陈平. 李格尔与艺术科学[M]. 杭州:中国美术学院出版社:315 - 352.

英文版:Riegl A. The Modern Cult of Monuments:Its Character and Its Origin. In Prise N. (ed.),Historical and Philosophical Issues in the Conservation of Cultural Heritage[M]. Los Angeles:The Getty Conservation Institute,1996,pp. 69 - 83.

德文版:Riegl A. Der Moderne Denkmalskultus:Sein Wesen und seine Entstehung (1903)[M]. Whitefish:Kessinger Publishing,2010.

② Koolhaas R,Otero-Pailos J. Preservation is Overtaking Us[M]. New York:Columbia University Press,2014.

　　我们不禁要问,在当代是否还有必要重新阅读一个多世纪之前建筑遗产保护的经典理论? 正如尤卡(Jukka Jokilehto)在 2008 年《什么是"OUV"》文件中已经指出的遗产价值从框架到类型上的改变①,李格尔所提出的价值体系在今天是否还有再次被讨论的意义? 在后现代主义盛行的今天,所有的叙述和规范都被"解构",以西方为中心的历史观和方法论自身开始塌陷,曾经高度自治、准确定义的保护运动又开始模糊和转向,那么李格尔的思想究竟是一种前瞻还是一种回撤? 它能为迷茫的当代保护思想指明方向吗? 还是暗示了保护运动不可避免的宿命?

　　19 世纪晚期,奥地利的历史学家同时也是新任命的中央古迹管理委员会(Royal and Imperial Central Commission for the Research and Preservation of Artistic and Historical Monuments)总干事(general conservator)李格尔(Alois Riegl,1857—1905),问了自己一个简单但是之前并没有人问过的问题:为什么现代人尊重和保护历史遗迹? 在现代崇拜背后的价值是什么? 他剖析了历史纪念物,列举了一系列(有些甚至互相矛盾的)价值,这些思考汇集进了他的《对文物的现代崇拜——其特点与起源》一书中。它不是艺术史上一部洋洋大作,甚至没有参考文献,最初只是作为奥地利保护法律概述的一个理论附录,但是这份文献是一个哲学家面对社会现实状况的反应,他意识到纪念物价值潜在的宽度,并且系统地定义了所有关键的价值。文章共分为三章:文物的意义及其历史发展、纪念性价值与文物崇拜的关系、现今价值与文物崇拜的关系。第一章以文物的认知为线索,定义了后文所提到的相关价值种类;第二、三章则进一步讨论每种价值的特殊性,及相互矛盾时的取舍依据和建议。下文将从李格尔自身的艺术史观、社会时代背景、文物保护实践三个层面来进一步解读李格尔的价值论,使读者更好地了解为什么李格尔在遗产保护的思想史发展中占据了如此重要的承前启后的作用。

---

① Jukka J. The World Heritage List, What is OUV? [M] Berlin：Hendrik Bäßler Verlag, 2008.

一、李格尔的价值论与艺术哲学

1. 李格尔价值论提出的背景

审美意愿由人们的历史观念所决定,并且与文化遗产的处置方式紧密相关,可以说,审美意愿决定了人们如何看待遗产:敬仰、恐惧、赞美或是摒弃。在遗产保护思想发展的过程中,审美意愿不断扩充着人们的认知,改变着人们对古迹的态度。在文艺复兴时期,尽管人们立足于当下,但是依然被古迹的壮美强烈地吸引着,开始推崇对于古代遗址的保护;17世纪,古色(patina)概念的形成,将艺术品的审美和天然/人为、原真/篡改、美/丑的哲学辩论联系在一起,奠定了几个世纪以来,保护与修复论战的美学基础;而伴随着18世纪的考古发掘,人们对于古迹的美学有了更加客观和理性的认识,同时对古迹如画特质(picturesque)的浪漫迷恋在英国推广了废墟美学,从而使得英国成了保护事业最主要的发源地。

如果审美只停留在浪漫的层面,它就无法为古迹的价值构建起理性的体系。19世纪晚期,美学认知上的一些变化,悄悄地影响了对于古迹的价值认知。而将艺术理论与保护理论联系起来的人,正是奥地利的史学家阿洛伊斯·李格尔。

李格尔为什么要提出对价值的分析? 首先他敏锐地察觉到了19世纪修复与反修复论战的核心问题:对价值认识的混乱。修复建筑师关注的是使用上的便利、象征意义上的壮观、艺术形象的完整,等等,而文物学家关注的是岁月留下的痕迹、情感上的寄托、历史证言,等等,他觉得有必要将这些纷乱的价值整理出来,从而搭建起价值评判的框架。但是李格尔想解决的问题不仅仅是总结出这些价值,他面临着一个更加深远的问题,就是如何协调艺术的当下性与历史的客观性。这个问题在哲学层面的解决是30年以后的事情,影响保护思想更是20世纪下半叶之后才发生的。而李格尔作为艺术史学家,在当时点出了问题的存在,表现出了前瞻性。

按照人文地理学家罗温索(David Lowenthal)的解释,19、20世纪之交,是人们面对过去和当下的选择时,思想最为矛盾的时期:人们对过去心存"羡慕"与"同情",却又明知自己已经无法回归过去①。奥地利的艺术家们采取了与前拉斐尔学派截然不同的艺术手法,他们更早地感受到了历史的重担,希望与之分离,创造出适合当下的艺术产品。这种观点也体现在了李格尔的价值论中。

李格尔细分了纪念物的价值:一部分是面向当下的"当代价值"(Gegenwartswerte),这对应于维特鲁威的建筑标准(使用价值 gebrauchswert、艺术价值 kunstwert),艺术价值又被分为更加复杂的概念:"新物价值"(Neuheitswert),例如勒-杜克修复完成后的纪念物,以及相对艺术价值(relativer Kunstwert)。李格尔不像拉斯金,他认为艺术价值必须是当下的,不存在超验的或永恒的状态。另一部分是关于过去的价值——往昔价值(Erinnerungswerte)。这种分法强化了过去保护中艺术和历史动机的角力关系,确认了"当代价值"是一个现代的意识。然而,"往昔价值"同样反映了现代性的萌芽。这类价值的认知经历了演变过程,首先是"有意为之的纪念价值"(gewollte Erinnerungswert)的确立,例如文艺复兴时期的雕

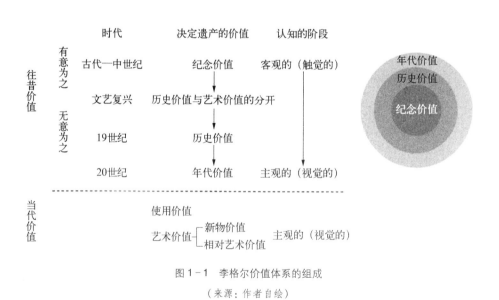

图 1-1　李格尔价值体系的组成

(来源:作者自绘)

① Lowenthal D. The Past Is a Foreign Country [M]. Cambridge: Cambridge University Press, 1985.

塑和碑刻;到复辟时代,"历史价值"(historische Wert)的确立,例如神庙、教堂;直到关于自己时间的年代价值(Alterswert)的确立,例如废墟。李格尔这样解释年代价值:"完全不考虑各种因素,而是作为一个准则、单一的现象,仅仅是珍视主观的感受——在年代价值面前,所有的纪念物都是平等的。"①年代价值处在当代和往昔价值的边界,开始具有了现代性。面向当下的价值,完全基于时代的品位之上(以及对个体的观察之上),是相对主观和多变的;而面向过去的价值,是具有历史意义的见证,相对客观和稳定。这两个方面的价值,曾经非常清晰地分开,但是到了 20 世纪初又非常紧密地缠绕在一起。

2. 审美的当下性与历史主义的矛盾

19 世纪是历史主义的世纪,历史学家们认同历史发展的演进规律,并且认为历史科学类似于自然科学,具有一套精密理性的研究方法,借助它可以归纳出历史的演进规律。李格尔的思想也没有脱离这种语境,他用"艺术意志"(Kunstwollen)来形容这种驱动力。但是 19 世纪末的艺术史学已经开始悄悄地转向,先验的、抽象的审美判断开始转向对知觉心理运作机制的研究。"从赫尔巴特、齐美尔曼、费德勒,直到李格尔和沃尔夫林,可以看出一条清晰的思想脉络"②,尤其是康拉德·费德勒(Konrad Fiedler)的影响。在费德勒的理论中,艺术是感知发展过程中的一种独立的、跨越了种族的、非概念化的知识工具。这种反历史的艺术理论在李格尔看来,说明了艺术的特殊性和自治性,这种特质是属于当下的,是主观可变的。李格尔理论中的两面性正是来源于他的哲学背景,这种既接受历史主义的客观性又接受艺术主观性的矛盾观点,使得艺术史学家李格尔对于文化遗产的价值建构作出了承上启下的贡献。

李格尔的有意为之的纪念价值和历史价值是与客体的知识体系相关的,而具有年代价值的纪念物则是具有"光晕"效果的,它必须与客体产生交流才有意义。

---

① Olin M. The Cult of Monuments as a State Religion in Late 19th Century Austria [J]. Wiener Jahrbuch fur Kunstgeschichte, Vol. 38, No.1, 1985, pp. 177 - 198.

② 陈平. 李格尔与艺术科学 [M]. 杭州:中国美术学院出版社,2002:105.

这也符合李格尔的艺术发展逻辑,首先是触觉的,其后是视觉的,视觉的先进性表现在它需要观察者在脑海中建构。在此,李格尔还是不由自主地将艺术审美方式与价值联系起来,因此虽然年代价值是往昔造成的,但是对它的认识却是当下的、主观的,这种含糊的特征使得年代价值直到19世纪晚期才被认识。

李格尔的贡献与局限性都来自他的哲学思想和艺术史观。李格尔的贡献在于他指出了价值的开放性,既然价值有很大一部分是当代的、主观的,就不再是简单的既定事实。它很复杂,不仅包括了这个作品从创造之初所受到的各种影响,也受到学者当下的美学认知(今天艺术意志)的影响。它随着时间和个人的看法不断地成长和改变。因此,对于价值的评判无法一劳永逸:它是一个持续的过程,这就与当代的保护思想很好地衔接上了。

同时,李格尔是个历史主义者,他相信历史的进程是有规律的,通过科学的研究,人们就可以把握这种规律。但是这种规律究竟是什么?或者换句话说,李格尔的"历史价值"究竟指的是什么?是历史事件之证据?是古代智慧之结晶?还是最初的材料或技法?这些对象都在岁月的流逝中发生着变化,史学家所建立起来的历史客观性只是自己知识体系的一种投射。因此,在布罗代尔(Fernand Braudel)等后现代史学家看来,不同史学家会看到不同的历史。从这个意义上说,李格尔所笃信的"历史价值"也是主观、可变的。李格尔认识到了艺术审美方式的主观性,却没有认识到历史研究中的主观性,这是其理论最大的矛盾性之源。

二、李格尔的价值论与遗产权责

1. 民族国家的语境

启蒙思想在现代国家和文明之间建构了密切的联系,以历史进步和文明的演化来证明国家的存在意义。因此,"文化资产""文化遗产"概念自形成之时,就确立了国家对其权责的合法性,架构了一个不可驳难的起点,它包含了一切合理性,即成为19世纪"国家想象"中必不可少的内容。国家作为"想象的共同体",要求个体对其履行政治和文化的效忠,将国家和共同体的利益置于个人、家庭、地方之上。这和专制时代强有力的文化干预思想不谋而合,法语"patrimoine"(文化遗产)本身隐含了"patrie"(祖国),文化遗产被神圣化了,政府用其来传达、宣教以国家为核心的历史叙述,成为表现政府对艺术和知识控制权的重要载体。

19世纪,欧洲各个国家都出于这样的目的在寻找、确定、修复、保护、管理着自己的建筑遗产。普鲁士的保护主义者德约(Georg Dehio)在威廉二世皇帝面前自信地宣称:"对纪念物的保护不是一种享受,而是一种虔诚,也许审美的和艺术—历史的判断在不断变化,但我们发现了一个不变的、值得捍卫的价值。"①尽管现代保护的运动肇始于法国大革命和工业革命的混乱,但是德约坚定地认为,保护被牢牢锚固在民族国家的权威之内。他强调对历史遗迹的保护是民族范畴的事情,"是民族国家存在的一部分"②。德约的自信在随后战争的硝烟中不堪一击,民族国家既建构了遗产,也肆意地摧毁和重建它。

2. 基于人类情感的价值体系

与为普鲁士帝国塑造伟大的民族国家身份而工作的德约不同,身处在多民族、多文化交融的奥地利帝国的李格尔提出了针锋相对的观点。

李格尔的价值体系里最重要的一点,是试图排除纪念物的政治意识形态。像莫里斯(William Morris)一样,李格尔也是具有人文精神的社会主义者。对于他来说,保护的主要价值,是可以促进社会的团结。李格尔认同赫尔德(Johann Gottfried Herder)认为民族艺术形式是平等的思想,他认为国家对于保护的资助需要避免民族主义的宣传,而要促进集体的共识。通过年代价值的普遍性,人们同样会欣赏其他国家的纪念物,而"艺术和历史"价值依然带有精英、贵族的色彩。

年代价值在李格尔的理论中类似于宗教情感,因为"自然无可阻挡的进程将最

---

① Dehio G. Kunsthistorische Aufsätze.München [M]. Berlin: Druck und Verlag v. R. Oldenbourg, 1914.
② Dehio G. Kunsthistorische Aufsätze.München [M]. Berlin: Druck und Verlag v. R. Oldenbourg, 1914.

终导致纪念物的彻底毁灭""对年代价值的崇拜,站在纪念物保存的终极反面"①。因此,纪念物"不应该屏蔽掉来自自然松散的作用力,它们是和平、常规的持续的、不是突然的暴力破坏"②。总之,如宗教信仰一般:"保护是基于真正的基督教原则。谦卑者顺从于全能者的意志,这揭示了人类无能为力的真谛。"③李格尔认为可以建立一个关于人类情感的(Menschheitsgefühl)、新的、普世的、泛神的保护哲学。在1903年的奥地利首部保护法中,他提出所有60年以上的老建筑都应该自动得到保护——这一无差别的、以时间为唯一衡量标准的大胆措施在1923年实施。

对李格尔来说,国家对纪念物的拨款将干扰这种个体和公众的优先权,因此他批评黑森大公路德维希(Archduke Ernst Ludwig of Hesse)1902年的法令,这一法令限制了纪念物的私有权。在他人生的最后几年,他发表了《保护的新趋势》(Neue Strömungen in der Denkmalpflege)来与德约论战。在论战中,我们第一次见到了预言式的构想:历史遗迹是我们的一部分,也是全人类的,而不属于某个国家。"对于历史遗产的崇拜最根本的驱动力是人类的情感表达"④,李格尔对纪念物能够传达情感共鸣的预测,在20世纪后半叶国际保护运动和宪章的快速发展中得到了验证。

三、李格尔的价值论与保护实践

如果李格尔止步于此,他的贡献也就仅限于书阁之中了,但与德约简明扼要的"要保护,而不要修复"⑤的口号相比,李格尔设计了一套更加复杂的体系:他不仅指出了在历史古迹身上承载的这些价值,更阐释了当这些价值相互对立时可以妥

① Olin M. The Cult of Monuments as a State Religion in Late 19th Century Austria [J]. Wiener Jahrbuch fur Kunstgeschichte, Vol. 38, No.1, 1985, pp. 177–198.
② Michael F, Wilfried L, Andrzej T. Conservation and Preservation [M]. Florence: Edizioni Polistampa. 2010.
③ Dehio G. Kunsthistorische Aufsätze.München [M]. Berlin: Druck und Verlag v. R. Oldenbourg, 1914.
④ Dehio G. Kunsthistorische Aufsätze.München [M]. Berlin: Druck und Verlag v. R. Oldenbourg, 1914.
⑤ Dehio G. Denkmalschutz und Denkmalpflege im neunzehnten Jahrhundert. In Dehio G, Geschichte der deutschen Kunst, Vol. 1 [M]. Berlin: Nabu Press. 2010, pp. 261–282.

协的范围,为保护思想的实践指出了可行性。李格尔将在实践中有可能产生矛盾的价值两两列举出来,给予了解决的方法,从表 1-1 中可以看到。

表 1-1　李格尔的价值选择

编号	价值种类 (灰色为往昔价值)	矛 盾 原 因	解 决 方 式
1	年代价值 历史价值	年代价值放任衰败; 历史价值阻止自然衰败的进程。	尽量延缓衰败,避免两种价值的冲突。
2	年代价值 有意为之的纪念价值	年代价值放任衰败; 有意为之的纪念价值追求不朽。	两种价值不能共存,只能取纪念价值。
3	年代价值 使用价值	两者没有本质矛盾,现代精神反对将艺术囚禁在博物馆中。	对于年代久远的建筑,参考历史价值与年代价值的矛盾; 对于近现代建筑,如果持续使用具有重要意义,就持续使用; 对于中世纪至近代的建筑,参考别的价值。
4	历史价值 使用价值	使用需要进行改动。	首先考虑使用价值与年代价值的冲突,其次历史价值较有弹性。
5	年代价值 新物价值	新物价值必须以牺牲年代价值为代价,才能维持。	要承认年代价值并证明它的正当性。 世俗建筑:年代价值要容忍一定程度的新物价值。 宗教建筑:教会要妥协于时代精神;接受年代价值的重要性;人们也要认识到教会对新物价值的需要。
6	年代价值 相对艺术价值	两者都是主观的,相对艺术价值有可能偏爱年代价值,也有可能偏爱新物价值。	在其他价值互相对立的时候,相对的艺术价值是重要的参考,当代往往会支持年代价值。

　　李格尔的策略归纳起来就是:首先,要认识和尊重年代价值。其次,年代价值的弊端在于会导致建筑的“死亡”,因此在与其他价值进行权衡的时候,年代价值有可能要让步,要以“延缓衰老”作为实践的策略。最后,要根据不同时间、不同类型划分历史建筑,在价值选择的时候给予侧重。

　　李格尔似乎给保护者们设定了一套公式,面对一座历史建筑时,只需要找出它的各种价值,再对应他的策略大全,就可以得到保护策略。但是实践是如此简单吗? 他的这套策略也有很多矛盾的地方,譬如,首先他认为年代价值领先于历史价值,是人们审美水平的提升,更容易与人产生共鸣。但是年代价值是一种主观的感受,它很容易被漠视或被欺骗,也很容易受到相对艺术价值的左右,因此在实践中很难用"缓解衰老"一法来保存这种价值。其次,使用价值是维持建筑物效能的驱动力,但是这必然导致建筑物其他价值的损失,在此,李格尔没有指出使用价值的控制线在哪里。最后,李格尔意识到宗教可能会给价值判断带来其他维度的思考,但是没有进一步考虑这种影响背后的深层原因来源于文化背景,这就使得他的这套公式还需要增加更多的维度。今天我们认识到价值是多元的、矛盾的、发展的,这是在李格尔的启发下,以及对他的反思中得到的。

　　如前文所说,李格尔的贡献与他的局限性都来自他的哲学思想和艺术史观。他指出了价值的开放性和复杂性,但他没有意识到,他视为往昔价值的三个价值也是无法客观存在的。李格尔意识到"有意为之的纪念价值"其实与当代的价值类似,他也指出"年代价值"是观者所阐释出来的,也是主观、可变的,但是他没有料到"历史价值"也会是不确定的。如前文所说,李格尔相信历史的进程是有规律的,通过科学的研究,人们就可以把握这种规律。但是这种规律究竟是什么? 或者换句话说,李格尔的"历史价值"究竟指的是什么? 是历史事件之证据? 是古代智慧之结晶? 还是最初的材料或技法?

　　既然没有一个价值是真正属于过去的,那么所有的保护问题又回到了如何处理当下与过去的关系这个命题上,但是我们的立足点必须是当下,这也是李格尔意识到,但尚未指明的。

四、为什么我们要重新阅读李格尔?

　　李格尔处在保护思想发展的关键位置: 他所处的时代,是对历史建筑如何保护争论最激烈的时期。以拉斯金(John Ruskin,1819—1900)、莫里斯(William

Morris,1834—1896)为首的保护主义者认为古迹的现状承载了历史的记忆,这些记忆都应该妥善地保留,而以斯科特(Sir George Gilbert Scott,1811—1878)和维奥莱特-勒-杜克(Eugène Emmanuel Viollet-le-Duc,1814—1879)为首的修复建筑师们,则试图将残破的老建筑修复到历史中的某个辉煌风格。1877年,著名的英格兰古建筑保护协会(SPAB)宣言发布,文中指出:"也许有人会问,什么类型的艺术、风格或者建筑值得保护,答案是,任何具有艺术的、如画的、历史的、古旧的或者内涵的:一切作品,总之,那些有学识、艺术感的人们认为应该保存的东西。"[1]这一宣言奠定了"年代价值"的正当性。1930年,保护思想的成熟标志《雅典宪章》公布,它吸收了李格尔对历史价值、使用价值、艺术价值的论述,因此李格尔的思想起到了承上启下的作用。而他思想更深远的影响,是对于意大利历史学家布兰迪(Cesare Brandi,1906—1988)的"创造性修复"的启发,以及当代对于价值更加开放性的认识。

李格尔是一位伟大的历史学家,他具有敏锐的艺术和古迹观察力,这使得他能够比同时代的其他人更能够去理解遗产保护的复杂性和开放性,他的哲学态度不仅仅解释了价值理论,而且指明了遗产保护发展的方向。李格尔关于保护的著作今天依然是我们研究的对象,因为李格尔所赖以建构其价值理论背后的历史、艺术、普世情感这三个维度上的思考,对于变化颇大的今日世界依然具有启发意义。

1. 文化交叉视野下的先驱

李格尔是时代文化交叉视野下的先驱,他的价值理论的灵感得益于历史主义与艺术审美的冲突。因此,对于遗产保护理论的学者来说,需要有对于艺术和建筑史更加深入的了解。保护不再是一个科学门类,而是一个在科学基础上的实践项目。因此保护理论不仅仅要基于历史知识和历史工作的方法,而且要基于实践经验和对于遗产周边环境复杂性的观察,需要批判性的分析和理论的反思。我们要不断地问自己,即便曾经有过答案,随着时间的变迁,也要持续地改变我们的语境。

---

[1] SPAB Committee. Notes on the Repair of Ancient Buildings [R]. London:The Committee,1903.

2. "价值范式"的转移

李格尔指出了价值体系不是一劳永逸的体系,而是一系列开放的、永无止境的历史事件,在当代越来越多主观的、动态的特征被加入进来。在当代的遗产保护中,常常会对某些价值进行筛选,其后果就是频繁破坏对象的一些特征,从而呈现出预设的一些状态。埃丽卡·阿夫拉米(Erica Avrami)指出"今天的保护不是关注对象本身,而是关注于意义,以及产生这种意义的个人和团体"[①],人们认识到遗产需要保护不是因为其过去的价值、功能或意义,而是今天可以传达给人的,今后可以流传下去的信息和象征意义。文化的重要性取代了遗产的真实性,在今天成为了保护的核心概念。

3. "遗产为人"

李格尔认为遗产保护来源于人类共同情感的思想,在今天和未来同样重要。文化的民族主义往往会导致对遗产的野蛮破坏,尤其在战争中,例如伊拉克和叙利亚境内文化遗产遭受的涂炭。欧洲理事会 2005 年的《法鲁公约》,强调应将个人和人类的价值置于已被扩大化的、跨学科的文化遗产概念的中心位置。更重要的是,正如对于遗产的崇拜动机的不同引起了李格尔和德约的论战,今天对于文化遗产崇拜的动机可能是逐利的欲望、对乡愁的迷恋,抑或对过往的猎奇,在这个"保护正在压倒我们"的时代,遗产热看起来横扫一切,但是同样会带来遗产界定的混乱、所有权被争夺等各种困扰。因此当代的保护批判必然要从对遗产动机的阐释开始。

---

① Avrami E, Mason R, Torre M. Values and Heritage Conservation: Report on Research [M]. Los Angeles: The Getty Conservation Institute, 2000.

2

实用性与艺术性
——勒-杜克两书导读

杜美怡 清华大学博士研究生

一、勒-杜克简介

维欧勒-勒-杜克（Eugène-Emmanuel Viollet-le-Duc，1814—1879），法国建筑师，以修复法国各地的中世纪建筑、宗教建筑和城堡而闻名于世。在他主持修复的 30 余个项目中，最著名的为巴黎圣母院、皮埃尔丰城堡、卡尔卡松城堡、圣米歇尔山和罗克泰拉德城堡。与此同时，勒-杜克还是一位历史学家、理论家、教育家、绘图员、教授、作家、装饰师和考古学家①。

勒-杜克在建筑理论方面也颇有建树。他完成著作百余篇，其中最成功的三部为《法国 11—16 世纪建筑语汇》（*Le Dictionnaire Raisonné de L'architecture Française du XIe au XVIe Siècle*）、《关于建筑的访谈》（*Entretiens sur L'architecture*）②和《一栋房子的历史》（*Histoire d'une Maison*）。本文将勒-杜克修复实践和他在前两部著作中的建筑理论相结合，全面地分析其修复理论。

勒-杜克出生于巴黎，其父亲担任七月王朝③的皇室官邸总管，舅舅是画家和艺术评论家。他家的文学沙龙中曾接待过艺术家、画家和建筑师，最有名的人物为担任文物古迹监察长的普罗斯佩·梅里美（Prosper Mérimée，1803—1870），他在工

---

① 维基百科. Eugène Viollet-le-Duc 词条［EB／OL］.（2024－08－27）［2024－09－04］. https://en.wikipedia.org／wiki／Eug%C3%A8ne_Viollet-le-Duc.

② 英译本名称为 Discourses on Architecture。

③ 法语为 Monarchie de Juillet，又称奥尔良王朝，是法兰西王国在 1830—1848 年之间的政体。

作上给予了勒-杜克很大帮助。

勒-杜克年轻时拒绝追随巴黎学院派的教育理念,他在法国四处旅行研究古建筑,同时出售自己的绘画作品换取去意大利游学的资金。1840 年,受梅里美的委托,26 岁的勒-杜克开始了古建筑修复生涯,他修复的第一个建筑是韦兹莱大教堂(la basilique de Vézelay)。

勒-杜克最著名的修复项目是在 1843 年与让-巴蒂斯特-安托万·拉苏(Jean-Baptiste-Antoine Lassus)合作修复的巴黎圣母院。当时的巴黎圣母院因维克多·雨果(Victor Hugo)的同名小说而闻名,勒-杜克的施工现场也受到全欧洲建筑师的关注。

二、勒-杜克的建筑与修复理论

《关于建筑的访谈》一书共两卷,第一卷出版于 1863 年,共 491 页;第二卷出版于 1872 年,共 462 页。勒-杜克在书中系统地表达了对不同时期和不同类型的建筑的见解。他阐述了对艺术的看法,分别对古希腊和古罗马建筑进行分析和比较,研究了拜占庭建筑、中世纪建筑,分析了文艺复兴以来法国建筑衰败的原因,说明了建筑师需掌握的原理和知识,以及对 19 世纪(当代)建筑史的看法。第二卷包括建筑结构、建造方式、装饰、雕塑、私人建筑、乡村建筑等。

《法国 11—16 世纪建筑语汇》全书共 9 卷,从 1854—1868 年陆续出版,全书共有 5000 页文本和 3367 张插图。该书按照目录标题的首字母顺序编排,对建筑构件、建筑类型和建造方法进行了详细阐释。勒-杜克在第 8 卷的修复篇中,阐明了自己的修复观点。他在开篇对修复(restoration)一词下了定义:

> 修复一座建筑并非将其保存、对其进行修缮或重建,而是将一座建筑恢复到过去任何时候都不曾存在的完整状态。[1]

---

[1] 原文为 Restaurer un édifice, ce n'est pas l'entretenir, le réparer ou le refaire, c'est le rétablir（转下页）

这也是他在实践中一直遵循的修复原则。

勒-杜克的这种修复原则与其所处的时代背景有着很大联系。拿破仑三世①执政期间,展开了一系列包括巴黎奥斯曼城市改造(travaux haussmanniens)在内的市政建设,勒-杜克的主要修复工作也都是在这期间进行的。因此,这种修复原则不排除统治者出于巩固政权的目的,故强调建筑的实用性和艺术性。

在勒-杜克眼中,中世纪哥特式建筑是法兰西民族文化和艺术的象征。特别是哥特式大教堂,是在市民政治地位提高、对教堂功能有着进一步需求的背景下,所产生的新的结构和艺术形式。对于当时(19世纪)的建筑风格,勒-杜克认为应从实用性出发,摒弃复杂的装饰,打破对既有形式的生搬硬套,体现本时代的艺术特色。

在建筑修复方面,勒-杜克对建筑的实用性和艺术性的强调,一方面体现在他对统一的建筑风格的追求,试图将建筑"恢复到过去任何时候都不曾存在的完整状态";另一方面体现在他主张在修复过程中,舍弃现存的、在结构和功能方面过时的、无艺术价值的建筑构件,以更坚固、更实用的构件取而代之。

1. 对法国中世纪哥特式教堂的研究

勒-杜克在《关于建筑的访谈》第一卷的中世纪建筑篇中,回顾了哥特式建筑风格的由来,分析了哥特式建筑在形式和结构上的优点。在《法国11—16世纪建筑语汇》的宗教建筑篇中,他详细介绍了法国中世纪教堂在平面和结构上的发展历程;在教堂篇中,总结了法国哥特式大教堂的平立剖面的特征,比较了不同城市的哥特式大教堂。

勒-杜克指出,法国各大城市从12世纪开始建造哥特式大教堂。当时主教在

（接上页）dans un état complet qui peut n'avoir jamais existé à un moment donné。详见 Viollet-le-Duc E. Dictionnaire Raisonné de L'architecture Française du XIe au XVIe Siècle［EB/OL］.（1866）［2024］. https://fr.wikisource.org/wiki/Dictionnaire_raisonn%C3%A9_de_l%E2%80%99architecture_fran%C3%A7aise_du_XIe_au_XVIe_si%C3%A8cle/Restauration.

① 法语为 Napoléon Ⅲ,执政时间为 1848—1870 年。

贵族中的影响力被修道院削弱,主教们只好笼络普通市民,在城市中发展自己的力量。市民因而积极参与大教堂的建设工作,利用几何和数学知识,采用全新的建造形式,即哥特式风格。仅短短几年时间,各大教堂在巴黎、桑斯、沙特尔、鲁昂、布尔日、兰斯、桑利斯、莫城、亚眠、康布雷、阿拉斯、博韦和特鲁瓦(Paris, Sens, Chartres, Rouen, Bourges, Rheims, Senlis, Meaux, Amiens, Cambrai, Arras, Beauvais, and Troyes)等城市落成。哥特式教堂通常位于市中心,尺度巨大,结构为开放式,里面只有一个祭坛和主教宝座,以便市民簇拥在宝座周围。

勒-杜克通过与罗马式教堂比较,阐述哥特式教堂在结构和外形方面的进步。他指出,哥特式教堂为框架结构,纤巧的飞扶壁代替了厚重的外墙。其穹顶从混凝土实心壳进化为空心骨架券,通过交叉点将重量传至地面,摆脱了传统或神圣形式的束缚。为减轻拱顶的侧推力,骨架券斜向放置的同时,向上抬高形成尖顶。教堂高度因而自由可控,建筑师不再被限制在两个十字交叉的半圆筒型结构中。

为了减轻门窗开口顶部的重量,他沿着门窗边缘,采用从外到内、层层后退、重复的装饰形式。他认为这种形式既在视觉上加大了门窗的尺寸,又使建筑显得不那么单调乏味。

因此,勒-杜克赞叹道,哥特式建筑是建立在理性的基础之上的,体现了法兰西民族非凡的智慧。它最有吸引力的地方在于真实,建筑的外观忠实地反映其结构,结构与装饰之间有着密切联系,是完整的有机体。正是法国民众对宗教建筑在功能和文化方面的需求,促进了哥特式建筑在结构上的创新和艺术上的进步。

2. 对当时(19世纪)建筑的看法和对建筑师的要求

(1)对19世纪建筑风格的看法

勒-杜克在《关于建筑的访谈》第一卷第10篇中,论述了他对当时建筑风格的看法。首先,他指出从16世纪以来就存在的问题,建筑师只经过肤浅的研究,便不假思索地借鉴古罗马形式,而不是真实地表现所掌握的建造方法。这种做法导致人们只关注建筑的视觉效果,不分析其成因,从而形成伪希腊、伪罗马和伪哥特式的折中主义风格。他批评这些建筑师和艺术家盲目崇拜某种固定形式,拒绝新的构思和创意,不愿从实践中汲取灵感。他认为所谓的折中主义,"就是将各种相互矛盾的元素拼凑成新的艺术,终究是粗俗的"。

勒-杜克非常重视建筑的实用性,他对19世纪建筑构件的合理性做了规定:比如门廊是用来遮风挡雨的,必须要满足行人的需要;入口大门不能过于高大;柱子不能作为立面上的装饰品,需起到支撑作用;檐口是使外墙免受雨淋的,在室内设置夸张的檐口是不合理的;楼梯只是连接楼层之间的通道,无须建造得比房间还宽敞宏伟;在无拱顶侧推力的情况下建造的扶壁是不真实的;用其他材料模仿石材而建造的建筑是缺乏艺术性的。

勒-杜克认为,19世纪建筑要在设计上有着自己的特色,不能完全参考先前的案例,但要在批判的基础上,对从前的建筑风格进行透彻了解。他把建筑功能的重要性置于建筑形式之上。他指出,如果建筑师在不考虑房间功能的情况下,在立面上安装同样的窗户,以维持统一的建筑风格,那么这不是对艺术的尊重和热爱,而是扼杀了自由,没有自由就没有艺术,从而无法表达思想。他批判道:"一旦建筑师遵循这种荒谬的教义进行实践,那么就是将建筑简化为任何人都可以随意使用的、机械的公式。"

勒-杜克还表示,应更真实、明智地使用建筑材料,满足当今的需求,无论资金多么充足,都不应在门厅和立面的装饰上挥霍。因为这种装饰手法往往以大量饰品、镀金和绘画堆砌而成,设计或理念并不突出,使艺术趋于贫瘠。只有通过技巧和情感的结合、通俗易懂的形式、简单且大方的处理,才能产生令人深刻的印象,体现艺术的尊严。

(2) 对建筑师的要求

勒-杜克在《关于建筑的访谈》第一卷第9篇中,阐明了他对当时的建筑师的要求。他揭露出建筑师从入行以来,就习惯被动接受现有形式,但他们并不知道采用某个特定形式的原因,也无法向客户解释。勒-杜克批判道:"他们之所以沉默,是因为学术体系扼杀了所有的独立思考、压抑了一切理性和讨论的苗头。"外行的客户逐渐习惯了艺术家的顺从,进而美化了自己的品位,并将其强加给无法为自己辩护的建筑师。

在当时,毕业的学生宁愿在巴黎从事不稳定的工作,也不愿意去外省担任职业建筑师,导致巴黎人才过剩,而外省极为缺乏。勒-杜克建议在学生中宣传职业责任感,让他们在维护艺术尊严的同时,承担实际责任。

勒-杜克表示,从事修复工作的建筑师不但要了解一栋建筑的所属风格和所在流派,还要掌握其结构特性,最重要的是他必须让建筑活起来。他以巴黎圣母院的剖面为例,分析了结构中复杂的几何关系。他强调建筑师不仅应该拥有准确的画法几何知识,还应熟练掌握透视图,以便能够从各个方面展示他的设计。

3. 勒-杜克的修复理论

勒-杜克表示,他的修复原则是现代的,之前没有人采用过这种方式。在亚洲,人们往往会将旧宫殿或寺庙遗弃,在旁边建造一座新的重新使用。在古罗马,只有将建筑重建的传统,拉丁语中没有与"修复"(restoration)相对应的词,只有 Instaurare,reficere,renovare 这些与重建(rétablir)相关的词。

他认为用后来的形式修复古建筑不能算是真正意义上的修复,是重建行为。而用古建筑的构件来建新建筑,比如将图拉真凯旋门的拱门取下来建造君士坦丁凯旋门,既不是修复也不是重建,是对文物的破坏。与此同时,将建筑按原样重建也是不可取的。因此,勒-杜克提出,在进行一切维修工作之前,必须准确记录每个构件的年代和特征,以文字或图像的形式记录建档。

勒-杜克认为,当建筑的原始构件和后期改变的部分都需要修复时,既不需要全部恢复成原来的风格,也无须完全遵循后期的改变,突出关键的部分即可。所以,他对从事修复工作的建筑师提出要求,在成为考古学家之前,必须是一位熟练掌握相关知识且经验丰富的建造者。"也就是说,必须掌握不同艺术时期和不同流派的建造方法。"然而对于设计上存在缺陷的地方,勒-杜克表示,也没有必要百分百恪守修复的原则。比如修复时应舍弃 12 世纪顶楼屋檐下方无排水沟的做法,采用 13 世纪组合排水沟的方式。

对于是否将建筑恢复成最初的风格,勒-杜克认为要具体问题具体分析。如果有一些待修缮的室内承重柱在后期被替换过,与最初形式不同,他建议恢复柱子的最初形式,并用大体量的构件来建造,以增加稳定性。然而,如果是巴黎圣母院那样具有艺术价值的柱子,他表示需保留改变后的样子,作为艺术史的见证。

对于在大教堂中殿的扶壁之间增建的、与原来的大教堂无任何关系的小教堂,勒-杜克认为,没有必要将二者修复成统一的风格,应使人们能够分辨出小教堂是加建的。但是,如果出于建造必要性或补充缺失的部分,新建部分没有与原来的建筑区分开,修复时必须完全尊重现有形式。勒-杜克还指出,每座中世纪建筑都有特定的比例,在重建缺失部分时,必须完全按照最初的比例。

勒-杜克反对在修复过程中出现臆测的行为:"如果你不幸在某一点违背了真实,偏离了最初遵循的原则,你就会被一系列的逻辑推理吸引到一条再也无法逃离的虚假道路上,在这种情况下,你推理得越好,离真实情况就越远。"但如前文所述,他在巴黎圣母院和皮埃尔丰城堡的修复中,融入了对中世纪的主观想象,与他提出的修复理论是相矛盾的。

他还坚持"用更好的材料、更有效果的或更完美的建造方式来代替任何可以被去掉的部分"。他认为材料的选择是修复工作的重要组成部分,应拿更坚固的材料来替换需要被移除的部分。在修复之前必须充分了解建筑的特性,即材料的性质、砂浆的质量、地面、整体结构体系、拱顶的重量和混凝土的用量等。

三、勒-杜克的修复实践

1. 巴黎圣母院的修复

拉苏和勒-杜克于1843年向司法和宗教部长提交的《巴黎圣母院修复计划报告》(*Projet de Restauration de Notre-Dame de Paris*)中,提出了巴黎圣母院的修复原则和计划,然而在后来的修复实践中并没有完全按照计划来进行。

(1)修复原则

勒-杜克首先表示,对于教堂之类的建筑来说,实用性依旧存在,因此在修复过程中必须恢复曾经的辉煌,"给后代留下统一的建筑风格和有趣的细节"。但这并不意味着必须去掉所有后期添加的部分,将建筑恢复成最初的样子。"建筑的每个部分,不管在什么时期添加的,原则上都应被保护、被突出、被修复至与建筑相符合的风格。"

勒-杜克声称,坚决反对建筑形式与材料上的一切改动,要对建筑上曾经人为的、自然的改变以及随着时间流逝发生的最细小的变化予以充分尊重。他还指出,在修复之前,必须要弄清所有关于建造巴黎圣母院的资料,包括文字的和图纸的。还必须研究所有考古方面的特征,认识传统的宝贵价值。对于从事修复工作的建筑师,勒-杜克要求他们"要完全忘记自己的背景、品位和直觉,为的是在修复工作中找回并遵循建筑刚建成时的原则"。

关于修复材料,勒-杜克反对将铸铁、腻子(mastics)等一切非石质材料用于修复中。他认为铸铁材料不仅在外表上无法替代石材,还会有氧化、负载过重等风险。腻子、水泥以及所有非石质材料,都会给采石行业带来负面影响,而且胶黏剂在外形上也很难模仿石材。

(2)修复计划

勒-杜克建议重建中央尖顶、玫瑰花窗、遗失的雕像和教堂中殿。教堂中殿包括:带有古老装饰的山墙、壁龛、雕像,以及由尖塔和雕塑装饰的扶壁。他表示这些在资料中都有所记载,装饰的遗迹也可以在现场找到。他还建议修缮教堂侧面顶端支撑石像鬼和小尖塔的扶壁。对于南北两侧的玫瑰花窗,他认为必要时可在设计上进行调整。关于中央尖顶,勒-杜克表示,可参照 Isreal Sylvester 的雕塑和 Garneray 的画来重建。对于装饰构件、国王走廊和扶壁的修复,勒-杜克认为可参照法国同时期同类型遍布在夏特尔(Chartres)、蕾姆(Reims)、亚眠(Amiens)等地的教堂。

勒-杜克认为,需将形式不美观的、有待修缮的窗户替换掉,保持立面整体统一的风格。他表示,不可能不按照建筑的整体风格来修复附属构件,使其风格和谐统一。此外,勒-杜克认为,虽然是按照 1699 年之前的样子修复圣母院,但是不建议去掉后期的豪华装饰。

（3）实际修复情况

勒-杜克对巴黎圣母院进行了大规模的修复,以赋予其风格上的连贯性。虽然他参考了历史资料、进行了考古研究,但这种连贯性无法完全从考古的角度得到证明。勒-杜克通过对中世纪的想象,自主设计了石像鬼等雕像,还在二楼的立面上添加了史料中从未出现过的亚当和夏娃的雕像。与此同时,他在钟楼下方设计了12个信徒的雕像,其中的圣徒托马斯(saint Thomas)手持角铁,凝视着塔楼顶部,脸部是以勒-杜克的相貌为原型雕刻的。

由此可见,巴黎圣母院的修复充分体现了勒-杜克"将一座建筑恢复到过去任何时候都不曾存在的完整状态"的原则。特别是他按照对中世纪的想象,自主设计了石像鬼;将原来的钟楼拆除,参照雕塑和绘画又重新设计建造了新的;参照同时期其他教堂设计了建造装饰构件、国王走廊和扶壁。

同时还体现出勒-杜克在修复理论和实践中的矛盾。他在理论上坚决反对修复过程中出现的任何臆测行为,反对建筑形式与材料上的一切改动,声称建筑师应完全忘记自己的品位和直觉,但是在实践中并没有完全遵守。

然而,在巴黎圣母院的修复中,勒-杜克未能完全实现他的修复理想。他本计划在西立面的钟楼上建造一对尖塔,但最终未能实现。后期他以兰斯大教堂为参考,绘制了心中完整的13世纪大教堂的形象,与其构想的带尖塔的巴黎圣母院形象相似。在接下来的皮埃尔丰城堡的修复中,他把"将一座建筑恢复到过去任何时候都不曾存在的完整状态"的修复原则发挥到极致,完全实现了自己的修复理想。

2. 皮埃尔丰城堡的修复

法国文物古迹中心(Centre des Monuments Nationaux)发布了《皮埃尔丰城堡与勒-杜克对中世纪的探索》(*Pierrefonds et Viollet-le-Duc à la Recherche du Moyen Age*)的科普手册,里面简要介绍了勒-杜克对城堡的修复情况。

皮埃尔丰城堡(château de Pierrefonds)建于14世纪末,毁于17世纪。1858年,拿破仑三世委托勒-杜克修复该城堡,作为贡比涅皇宫(palais impérial de

Compiègne）附近的皇家接待场所。皮埃尔丰城堡的修复使勒-杜克将对中世纪建筑想象付诸实践,他使用当时最现代的建造技术,按照他对中世纪城堡的理解,设计建造了一座从未存在过的建筑。赋予城堡新生命的同时,也引起了相当大的争议。

城堡的修复工作从 1858 年持续到 1885 年,最初是作为皇室成员住所,对城堡主塔进行重建,其余废墟部分做简单加固处理。从 1858 年勒-杜克给拿破仑三世写的信中,可以看出勒-杜克当时并没有完全修复城堡的打算。

> 我已完成了陛下的指示,重建了城堡主塔,其他部分依然维持废墟的模样。若我们将城堡全部修复,整体效果不会很好,反而在风景如画的废墟中,重建的主塔部分会是一个舒适的住所。

然而,随着该城堡的实用性得到重视,其功能从皇室成员住宅转变为豪华的接待和观光区,修复方式也从部分修复逐渐发展为整体修复。最终作为贡比涅皇宫附近的著名娱乐场所,拿破仑三世在此组织了许多庆祝活动。皮埃尔丰城堡也成为法国中世纪建筑和艺术的代表。

在修复工作展开之前,勒-杜克对城堡进行了严谨且详尽的考古学调查,他测绘、研究并阐释了城堡中的所有构件,开创了基于调研和文献研究的工作方法。在修复实践中,他参考了同一时期相同风格的其他建筑,并融入自己的想象,对皮埃尔丰城堡的建筑构件、家具、雕刻和绘画装饰进行了设计。

在城堡大厅的内部装饰上,他借鉴了旁边库西城堡（Château de Coucy）骑士大厅的豪华装饰,然而这种装饰形式在皮埃尔丰城堡的历史上从未出现过。城堡的内院则展示了法国的建筑从哥特式到文艺复兴式的演变。在结构上,勒-杜克首次采用了金属屋架结构,给砖墙加铁带层进行巩固,使用了铅制的落水管,用钢筋梁加固楼板,在石板屋顶上安装铜钩,屋顶上的铅制装饰物可兼具避雷针的作用。

·勒-杜克对皮埃尔丰城堡的修复,完全符合他"将一座建筑恢复到过去任何时候都不曾存在的完整状态"的修复原则,大大增加了城堡的知名度。他在城堡的修复中表达的中世纪精神包含两方面,一方面是使人们更好地理解中世纪建筑和艺术,另一方面也强调了建筑强大的表现力可以给参观者以震慑感和启发。根据他在 1861 年写的《对皮埃尔丰城堡的描述》中可知,对城堡的整体修复有助于从艺术方面恢复君主的威严,复兴法国的文化,以达到扩大法国在欧洲影响力的目的。

　　皇帝从历史和艺术的角度认识到皮埃尔丰城堡遗址的重要性。城堡主塔和外部防御几乎都恢复成了原来的样子;因此,我们很快就能看到法国 15 世纪封建建筑的最佳典范,以君主的威严意志重生。我们的国家有太多的废墟,让人很难了解这些中世纪最开明的大领主、艺术和文学的朋友、拥有巨额财富的人的住所是什么样子的。修复后的皮埃尔丰城堡将展示从查理五世到路易十一的世俗和军事艺术,它优于当时欧洲所做的任何事情。我们发现文艺复兴的一切辉煌的起源,都是在法国 15 世纪的封建艺术中,在瓦卢瓦(Valois)的启发下发展起来的,而不仅仅是模仿意大利艺术。

　　然而,这种修复方式也招致了一些争议。法国小说家阿纳托尔·法朗士(Anatole France)在其 1899 年出版的小说《红宝石戒指》(*Pierre Nozière*)中写道:

　　说实话,今天的皮埃尔丰城堡仅仅是一个大玩具……城堡中的新石头太多了。虽然我相信勒-杜克于 1858 年开始的修复工作是在充分研究的基础上、按计划完成的。我也确信要塞、城堡和所有外围防御都恢复了原貌。但最终,那些古老的石头、古老的见证,均不复存在,它也不再是路易·奥尔良(Louis d'Orléans)的城堡了,而是浮雕和中世纪城堡的代表。我们摧毁了废墟,这是一种文物破坏行为。

四、总结

　　勒-杜克的职业生涯始于修复法国中世纪建筑,他在实践中贯彻了"将一座建筑恢复到过去任何时候都不曾存在的完整状态"的修复原则,突出建筑的实用性和艺术性,强调建筑风格的统一,在欧洲产生了很大影响与争议。

在巴黎圣母院的修复实践中,勒-杜克背离了最初提出的"坚决反对建筑形式与材料上的一切改动""应完全忘记自己的背景、品位和直觉"等原则。在皮埃尔丰城堡的修复中,勒-杜克未能坚持将重建的主塔置于"风景如画的废墟"中,而是将城堡进行了彻底的修复,作为皇家娱乐场所的同时,还是法国哥特式建筑和艺术的代表。

勒-杜克早期在巴黎圣母院中反对使用铸铁、胶黏剂等一切非石质材料,而后期在皮埃尔丰城堡中大量使用铁、铜、钢筋、铅等现代材料和结构。在对修复理论进行总结时,他赞同用现代材料和结构代替需要修缮的部分。可见其从早期到晚期修复理念的变化,愈发强调了建筑在当代的实用性。此外,勒-杜克在最后对修复理论作总结时,声称"坚决反对修复过程中出现的任何臆测行为",这与他先前在实践中采用的修复方式是完全背离的。

与此同时,在建筑理论方面,也体现出勒-杜克对建筑实用性和艺术性的要求。他十分欣赏哥特式建筑在结构上的创新和艺术上的表现,称赞其是法兰西民族智慧的象征。他呼吁建筑师掌握画法几何知识、透视图绘制以及"不同艺术时期和不同流派的建造方法"。对于 19 世纪的建筑,他认为既不能恪守传统形式,也不能在装饰上铺张,要设计出与当时建造水平、功能需求和艺术审美相符合的建筑。

参考文献

[1] Lassus J, Viollet-Le-Duc E. Projet de Restauration de Notre-Dame de Paris [EB/OL]. (1843) [2024]. https://gallica.bnf.fr/ark:/12148/bpt6k104823k.

[2] Viollet-le-Duc E. Discourses on Architecture (I) [M]. Boston: James Ripley Osgood, 1875.

[3] Viollet-le-Duc E. Dictionnaire Raisonné de L'architecture Française du XIe au XVIe Siècle (BANCE‐MOREL) [DB/OLJ]. (2021‐02‐21) [2024‐05‐18]. https://en.wikisource.org/wiki/Translation:Dictionary of French Architecture from the 11th to 16th Century.

［4］ Viollet-le-Duc E，Hearn M（ed.）. The Architectural Theory of Viollet-le-Duc：Readings and Commentary［M］. Cambridge：MIT Press，1990.

［5］ 殷俊洁. 维欧莱-勒-杜克的修复理论研究［D］. 北京：中央美术学院，2011.

3

修复中的艺术存在与材料处理

—— 《修复理论》导读

周孟圆　苏州大学艺术学院讲师，复旦大学文物与博物馆学系博士后

在遗产的现代保护理论界，意大利学者切萨雷·布兰迪（Cesare Brandi）无疑是一位贡献极大的重要人物。他长期从事管理与教育工作，曾任罗马的中央修复研究院院长，发表的系列文章在 1963 年合辑出版为《修复理论》①，被公认为是 19 世纪末至 20 世纪初遗产保护思潮的集大成者。布兰迪所主张的系统性原则赋予了现代修复保护活动以理论基础，他的思想奠定了《威尼斯宪章》等一系列具有国际影响力的公约文件②。如果要对其作历史评价，可以借用瓦卡洛（Alessandra Vaccaro）之言：

> 在布兰迪建立现代保护理论之前，对古物的修缮操作中，关于重整利用（reuse）、变动改造（alterations）、风格复原（completions in "style"）以及现状保护（conservation）等概念从来没有彼此明确相互区分过。③

而另一方面，布兰迪的著作又长期处于一种微妙的境地——相较于他思想结论的广为渗透与传播应用，原作扎实的逻辑基础、缜密的论证过程却长期处于遮蔽

---

① 本文写作中采用的《修复理论》版本包括：

中文版：（意）切萨雷·布兰迪著. 陆地编译. 修复理论 [M]. 上海：同济大学出版社，2017；

英文版：Brandi C, Basile G（ed.）Theory of Restoration [M]. Florence：Nardini Editore, 2005；意大利语版：Brandi C. Teoria del Restauro [M]. Milano：La nave di Teseo, 2022。

② （芬）尤嘎·尤基莱托著. 郭旃译. 建筑保护史 [M]. 北京：中华书局，2011：331.

③ Vaccaro A. The Emergence of Modern Conservation Theory. in Stanley-Price N, Talley M, Jr., Melucco Vaccaro A.（ed.），Historical and Philosophical Issues in the Conservation of Cultural Heritage [M]. Los Angeles：The Getty Conservation Institute, 1996, p. 203.

状态。这种现象不仅存在于中文世界,在意大利以外的英语或法语世界也是如此。背后的原因较为复杂,一方面由于布兰迪在写作时所采用的意大利语本身古雅艰深,使诸多原本抽象深奥的概念尤为晦涩难懂;另一方面是《修复理论》一书在体例上,由布兰迪的集稿和授课讲义整理而成,章节布局并非服务于系统思想的连贯展现。因此成为布兰迪的合格读者,往往需要加倍钻研。

缔造布兰迪声誉的关键在于他全面而综合的背景素养,他不仅是哲学家、艺术史学家、教育家、文物管理官员,更为关键的是,他的跨学科思考联结了形而上的艺术哲学与形而下的材料世界。他在这本书中所探索和回答的问题恰巧处于理念与实践之间的罅隙地带,这一区域是多数艺术史学家绕开的"艺术存在的物理前提",也是考古学家和建筑保护师不曾深入的哲学幽玄,布兰迪却选择在此间构筑了扎实的思想地基。也因此,他超越了19世纪法国与英国思考者们所关注的遗产(patrimoine)、历史建筑纪念物(historic monument)等概念,深入直面"是什么让一件人造物构成艺术作品(opera d'arte)"的深层本质,在这一哲学美学问题的基础上,为"如何在材料的修复中保护艺术存在"提供了操作方法与答案①。

布兰迪的思想广泛吸取了克罗齐(Benedetto Croce)、胡塞尔(Edmund Husserl)、海德格尔(Martin Heidegger)、杜威(John Dewey)、本雅明(Walter Benjamin)等哲学家的前沿讨论,他在1945—1957年间先出版了"艺术形式四部曲"作为个人艺术研究的主要成果,在这一系列基础上,才进一步深入完成了关于修复活动的理论体系②。为了便于读者对其思想有更整体与深入的把握,我们不妨重新组织章节内容,以完整的三段式逻辑来层进解读《修复理论》一书。

---

① 正如朱塞佩·巴西莱(Giuseppe Basile)等阐释者在《修复理论》及《修复:理论与实践》卷首引言中指出的那样,布兰迪的理论与拉斯金、勒-杜克等人的不同之处在于,他并不以历史建筑为遗产修复保护的首要切入对象,而是将立论架构在更深一层的"艺术作品的存在本源"上。这一方面得益于意大利特有的欧洲古代绘画、雕塑等杰作资源,另一方面也由于布兰迪的思考是从哲学逻辑的基础建构入手的,并非对具体现实修复操作的碎片化证明。正因如此,布兰迪基于艺术存在而提出的保护方法,环环相扣、逻辑缜密,其根本性与系统性具有了超越欧洲地方流派争论、弥合不同民族差异分歧、达成普遍共识的思想潜力。

② 分别是《和卡尔米内论绘画》(Brandi C. Carmine o della Pittura [M]. Naples:Enrico Scialoja, 1945.)、《和阿卡迪奥论雕塑》、《和伊莱阿奈特论建筑》(Brandi C. Arcadio o della Scultura — Eliante o dell'Architettura [M]. Turin:Einaudi, 1956.)、《和切尔索论诗》(Brandi C. Celso o della Poesia [M]. Turin:Einaudi, 1957.)。

一、艺术作品的存在本质

在《和卡尔米内论绘画》中,布兰迪已经全面论述过他对艺术作品的定义:

> 艺术作品,是人类为了超越自身短暂存在而付出的最高努力,通过抵达永恒中的不变之法,使人类自身从时间中获得解脱。然而,这种努力一旦实现,作品本身就脱离了创造者之手,它被封装起来,成了完成时态,从(生成)中获得解放,然后被持续不断地拉向接收它的当下意识。[1]

艺术本源问题并非《修复理论》的重点,但这一认识论层面的问题却直接决定了布兰迪对修复对象与修复活动的全面定义。可以说上述文字提炼概括了《修复理论》第一章、第四章以及第七章的大部分基础论述。

布兰迪认为:艺术作品,作为一种不同于大规模制成品与日常器具的特殊人造物,具有一种高于一切的特异性。达·芬奇《抱银貂的女子》对我们的意义为什么不同于一件工业产品? 布兰迪将这种"艺术的特异性"归结为人类在意识中"将其作为艺术品的独特认可",这种认可无须理性的逻辑判断参与,主要依靠直觉与感知活动构成一种特殊的经验。因为艺术是人类创造的伟大产物,所以人类能通过直觉,不断对这种凝结了独特性的载体产生共鸣,这种共鸣使其超越了大多数普通物品与人之间的实用工具关系,直接揭示了人类存在的本源,由此形成了一种特殊的认可地位[2]。

从另一个角度来看,由于这种"独特认可"始终发生在人类个体与艺术作品之间,所以观看者的主体地位不可或缺,观者的意识激活与审美体验也是艺术作品存

---

[1] Brandi C. Carmine o della Pittura [M]. Turin: Einaudi, 1962, pp. 61-65.

[2] 布兰迪对于艺术作品本质的论证,与海德格尔 1935—1936 年发表的《艺术作品的本源》观点有诸多呼应之处。两者都在日常"实用之物"的对比中,确立"艺术作品"存在的特殊性。两者都区分了物因素,也就是构成作品的物质材料与艺术存在之间的距离,这种距离恰是布兰迪建构修复理论的关键空间。

在的必要条件。为了解释清楚艺术作品的这种特征,布兰迪引用了杜威的美学论证:"一件艺术作品,无论多么古老或经典,只有当它活在某些人的个体化经验中,才实际上是一件艺术作品,而不仅是潜在的艺术作品。"①

通过引入主体的观察、感受与体验,布兰迪关于"艺术作品的存在与材料之间的关系"得以显现,他认为:艺术作品物理材料的存续(subsist),并不等同于艺术的存在(exist)。这意味着,艺术作品并不能与其物理材质完全划等号。一张羊皮纸、一块大理石、一块帆布只是材料,是提供经验与想象的潜在条件。真正栖居于材料之上的一首诗、一件雕塑、一幅绘画、一件建筑艺术作品,只有在不同个体的意识与经验中获得持续认可,持续激发创造力,才彻底真实地存活,真正地进入我们的世界。

在这一基础上,布兰迪在第四章与第七章,进一步展开解释了他关于艺术作品存在问题中的时空观念。从时间的维度上,他提出一件艺术作品在现象学上存在于三个时间序列:第一阶段,是经由艺术家从直觉构思到外化表现的"创造性过程"(durata, duration);第二阶段,是艺术作品由艺术家创作完成诞生之后,到现世之间所经历的"间隔期"(intervallo, interval);第三阶段,是在欣赏活动中艺术作品如同一道闪电一样,进入我们当下意识的"认知瞬间"(attimo, instant)。

尽管布兰迪在历史时间线上区分了作品的不同史实含义,也回应了如李格尔提出的,不同时代的品鉴风尚导致对一件作品的否定与赞誉往往在历史中交替错落,但他在本源问题上,却倾向于排除社会政治等外在影响,认为变幻莫测的品位潮流并不影响艺术创作与认知本质。他主张真正的艺术作品,具有一种超越时间的永恒性。因此,一件艺术作品一经完成,就"封存"(enucleazione, encapsulation)在一个自洽的内部空间中,这个空间并不是我们当下生活的现实物理空间,而是一种超越世俗之外的存在。艺术作品所具有的内在空间性,使它们能够介入我们生活的物理空间,却不会真正属于这里。

---

① 杜威1934年出版的《艺术即经验》,主张艺术作品与审美经验的高度统一。他使用了潜在性(potentiality)概念,作为"仅仅是潜在的艺术产品"与"在人类经验中实现的艺术作品"之间的细微区分。这一概念对布兰迪在修复活动中为了指导实践操作而提出的"潜在一体性"显然有所启迪。详见(意)切萨雷·布兰迪著. 陆地编译. 修复理论 [M].上海:同济大学出版社, 2017:73.

二、修复：物理材料与艺术作品

正因为艺术作品是一种独一无二的物（unicum，unique object），被划出了普通人造物的范畴，具有一种特异性，因此对艺术作品的动手处理方式必须有别于普通修复（risarcimento，repair）——因为普通修复以恢复物的实用功能为目标，是以功利目的为导向的修理、修补工作，而对艺术品的修复（restauro，restoration）则不能止步于实用主义，必须以保护"艺术品的独特认可"为最高目标。

在这一基础上，布兰迪指出修复活动需要处理以下两个层面的问题：第一，是艺术作品赖以存续的物理材料。第二，是作品在不同主体的经验与意识中持续获得认可的特殊性。用更通俗的话来说，修复的责任就是通过延长物理材料寿命，保护艺术作品"像闪电一样能够击中人类意识"的存在本质。所以修复必须服从于艺术，而不是反过来。

物理材料不可避免会随着时间的流逝而衰朽，在这一过程中，人类面临着失去艺术作品的风险，因此在作品存在于世的史实时间线中，选择在合适的环节实施干预是必要的。然而这一环节的选择、干预的尺度，都需要获得合法性证明。在这一基础上，布兰迪给出了修复的定义：

> 从传承给后代的视角出发，修复是由将作品认可为艺术作品的方法论环节组成的，这体现在作品的物理一致性，以及美学与史实的双重极性之中。

为了实现将艺术作品传承下去的目标，布兰迪在第一章中明确提出了关于修复的理念原则，这些原则引领了此后数个章节的展开细化，可以提炼概括为以下三点：

1. 修复需要满足美学与史实的双重极性要求。

这两大要求都与布兰迪对艺术作品的本质定义密切关联。美学要求，是指艺术作品本身突出的艺术性，也就是它的色彩、韵律、节奏、外观等表征因素，是观者通过凝视、倾听、触摸等感官及直觉作用,就能将其从普通物中辨认出来的特征,保护这种美学基础,就是保护艺术作品供人类体验的形象实存。

历史史实要求,指的是艺术作品作为人类活动产物的一种,曾经由某位艺术家的头脑构思、以双手外化塑造表现,在某一特定的时间中被创造了出来,此后它的存在作为一种确凿的史实,见证了漫长时间的过渡与流逝,最后才进入当下这个时空观者的意识之中。

美学要求,重视艺术家一开始的创造性过程,强调传承艺术家在最初通过头脑与双手赋予作品的创造和形象。史实要求,则强调作品在创作完成后,在现世所经历的间隔期,在这一过程中作品往往留下了不可逆转的岁月痕迹。美学要求和史实要求如同两个极点,使两种特征在作品上既相互对立,又统一于作品本身。布兰迪认为,想要传承一件艺术作品,需要同时满足这种双重极性要求,因为"美学要求与史实要求的协调所体现出的修复的辩证性,恰恰就是将作品认可为艺术作品的方法论环节"。

2. 修复能够处理的只能是物理材料。

然而从现象层面来说,修复作为一种实践活动,能够处理的只能是物理材料。艺术品的材料在这里扮演了重要的通道角色,材料既是物理层面把握和触摸艺术的入口,也是艺术形象作为实存的依托。艺术作品的材料虽然不等同于艺术本身,然而艺术作品的形象却只有通过材料才能显现和固定。材料、形象与艺术作品,构成了三位一体的关系。为了传承艺术作品,实现艺术形象的传递,我们能够动手修复的只能是艺术作品的材料。

根据与形象的关联,布兰迪将物理材料区分成两个方面。一部分是与作品"外观"(aspetto,appearance)密切相关的材料,这一部分材料将直接作用并影响观众的凝视观看与直觉体验,就好比一幅油画表面的油彩笔触、罩染上光层。另一部分的材料,则扮演了作品的"结构"(struttura,structure)支撑,如油画背后支撑固定布幅的木质框架。由于"外观"影响人的体验,直接决定艺术作品的认可与存在,因此布兰迪在第二章中明确指出,在动手修复的过程中,假使两者之间出现了冲突,应该遵循的原则是:外观比结构更重要。当作品的状况不得不牺牲一部分材料依据的时候,就需要遵循美学要求优先的原则。

　　为了避免修复者陷入材料至上的陷阱,布兰迪还从两个角度展开了驳斥论证。他首先以大理石雕塑为例,指明就算同一个采石场能够提供一模一样的石材,但如果用一样的物理材料重建、重造一尊历史雕塑,既是一种史实作伪,也是美学作伪。因为这样的做法既抹杀了艺术作品在时间线上的实存史实,也否定了艺术家之手对材料加工与创造的独特价值。另一方面,艺术作品无法与材料直接划等号的原因还在于,作品与观者之间形成的关系场域远远溢出了材料本身,比如环绕在帕特农神庙雪白大理石周围,那明澈的大气、灿烂的阳光等一系列环境品质,都是作品形象得以显现并击中观者意识的重要源泉。除非经过严密论证,证实艺术作品的保护非此不可、迫在眉睫,否则异地搬迁是最后考虑的干预选项。

　　3. 修复的目的是重建艺术作品的潜在一体性。

　　为了进一步细分拆解"物理材料修复"与"艺术作品存在保全"之间的关系,布兰迪在第三章中详细展开了一个中间概念,叫"艺术作品的潜在一体性"(unita potenziale, potential oneness)。这一概念将帮助修复者处理碎裂、残破的材料局部与作品整体之间的关系认知。在借鉴格式塔心理学的基础上,布兰迪列举了马赛克镶嵌画的例子,来说明拆解下的马赛克镶片材料碎片并不等于镶嵌画,正如拆下的砖石构件无法等同于建筑,因为"艺术作品的整体不等于部分之和"。

　　正因为"作品"与"碎片"之间的关系并不是简单的数学加和,所以艺术作品的碎片需要被慎重对待,因为片段中包含着可以示踪(rintracciare)原初创造意图的潜在一体性。通过修复者妥善的处理,残片中蕴含的潜能将被全面挖掘。为了区分出这种示踪并不等同于想象性重建,布兰迪又一次巧妙强调了艺术作品欣赏过程中理性作用与直觉作用的区别。他指出,人在理性逻辑与智力活动作用下,会在现实世界中追求一种"有机—功能"的整体性。在这一机制运作下,人们在肉铺看见一只羔羊的头颅,就会立刻联想起它曾经拥有的四肢,撞见一只断手或一颗人头时,内心就会感到惊惧万分,因为我们的大脑将通过智性逻辑活动,迅速从现象中推断复原出现实生物原本的"有机—功能"一体性。然而这一过程在人类欣赏艺术作品时并不适用。事实上当我们观看一件胸像雕塑,一只佛手局部,或者一幅只能看到画中人一只手臂的肖像绘画时,并不会感到惊恐或异样。因为此时起作用的是人类的直觉,所谓艺术作品的潜在一体性,本质是一种直觉一体性。由此,布兰迪的结论是,智力活动与审美活动在修复目的中要明确区分,重建艺术作品潜在一体性的修复方式,并不需要遵从现实生活的"有机—功能"逻辑,也无法通过在残破的作品上"缺头补头、缺手补手"的理性类推法来实现。

修复,是一种服务于人类感知机制的综合干预活动,它的目标是通过可识别的整合活动,延展(sviluppare,develop)各部分碎片的潜在一体性,为人类的直觉感官功能服务,从而示踪隐含在碎片中的作品原初一体性。用布兰迪的原话来说:

> 修复应该在不艺术伪造或史实伪造的前提下,在不抹去艺术作品在时光流转中获得的每一经历痕迹的前提下,重建出艺术作品的潜在一体性。

三、如何修复艺术作品

正是建立在艺术作品的存在本质及其与物理材料关系的基础上,布兰迪对于修复的主张得以全面昭示:修复活动作为人类的一种行为,也应该被纳入艺术作品存在于世的时间线,为了将艺术传递给后代,修复者不得不用物理材料进行必要的干预,但介入的时机、方式与程度都要深思熟虑且严加证明,因为这一活动最终将构成作品历史事件的一部分。

在布兰迪建立的体系中,第一阶段的艺术创作过程地位极高,在第三阶段才发生的修复活动要谨慎并与之严格区分。理想的修复师在动手之前,应该既抱有一种对待时间上游创造者艺术真迹的谦逊姿态,同时又拥有一种为时间下游的人类后代延续艺术生命的渴望。据此,他在第四章中批判了三种时下流行的修复方式:首先是"幻想性修复",他指出这种做法是在妄图介入艺术家最珍贵的原初创作过程,修复者以一种邪典般的方式展开所谓的风格修复,最终只是以修复者基于自身幻想创作的新形象,削弱并遮盖了最初真实的艺术形象。其次是"复原式修复",这种做法试图抹去作品自完成后到当下之间所经历的岁月痕迹,修复者总是荒诞地试图让时光倒流,用一种人工美化的方式恢复作品,结果却往往使其达到了一种从来没有实现过的"完美"状态。最后是"考古学式修复",与前两种修复方式的傲慢态度不同,这种极为普遍的通行手法在布兰迪看来过于保守和片面。假使修复者仅以纯粹的考古遗存眼光来对待一件艺术作品,只保全它的历史信息,却没有兼顾它的美学价值,就漠视了人类意识中与艺术作品建立联系的基本渴望,而这种渴望本身是要在真实性的基础上重建作品的潜在一体性,并使艺术之光在人类社会永续传承下去。

　　布兰迪的论证体系环环相扣,这也是他能够清晰驳斥 20 世纪初欧洲多个修复流派的根本原因。在他的推演之下,勒-杜克(Eugène Viollet-le-Duc)式的法国做法显得自大又傲慢,拉斯金(John Ruskin)式的英国主张则看起来保守而悲观。在布兰迪建构的理论体系看来,修复操作中历史价值与美学价值的一致性远大于冲突性,这种调和诉求根植于修复对象的本源召唤。他提出了一套在实践中能够同时把握两种价值的处理方式,包括三大基本原则:

　　1. 任何修复补全的实践操作,都应该使观者在不借助任何工具的方式下,在近距离凝视细看时达成"可识别"的效果。但同时,正常的观赏距离下,补全与整合的部分应该在色彩与亮度上都保持作品整体的统一性。

　　2. 构成作品形象的物理材料之中,用以直接形成"外观"而非"结构"的那部分材料是不可替换的。

　　3. 任何修复都不应该妨碍未来可能采取的必要干预措施,相反,应该为将来的干预留有余地并提供便利。

　　布兰迪提出的这几项实践原则,在应用过程中被发展提炼为"可识别""可逆性""最小干预"等关键词条,也逐渐成了现代文物古迹保护修复操作的国际公认法则①。他对艺术作品存在与修复手法之间的分析,也将"真实性"问题带入修复争论的文化焦点。除了系统性修复理念的整体建构,布兰迪还着重在五、六两章,

---

① ICOMOS. International Charter for the Conservation and Restoration of Monuments and Sites (The Venice Charter 1964) [EB /OL]. (2023 - 03 - 11) [2024 - 05 - 10]. https://www.icomos.org /images / DOCUMENTS /Charters /venice_e.pdf.

对残缺（lacuna）、添加（aggiunte，additions）与古锈（patina）等问题的处理方法做了详尽论述，对这些具体问题的讨论也赋予了《修复理论》在操作指导层面的实用与灵活性。

布兰迪认为当艺术作品严重残破时，在修复之前最重要的是辨别作品的状态。其中最具挑战性的工作，是判断当下的残余部分：是还具有潜在一体性的艺术作品的残片，还是已经彻底失去了艺术形象、只剩下历史价值的真正的废墟（rudero，ruin）。这两种状态将导向不同的修复保护方案。对待还具有潜在一体性的残缺现象，那充分"延展"残片中所包含的艺术性，充分利用完形心理学的视觉图底关系，通过材料的适当处理与修复补全（而非复建、再造或复制），使其在形象上尽可能实现整合，发挥原初的潜在美学意义，焕发残片所蕴含的生命力，应当是制定保护和修复方案时的目标。然而，如果原本的艺术作品已经彻底失去了形象与面貌特征，只剩下彻彻底底的残砖断瓦，在这种废墟状态下，我们保护的对象就只剩下一段历史的真实文件，保护现状或者进行一些基础的预防性修复就成了应对的基本措施。就像大部分考古遗址一样，在这种状态下，残垣断壁本身依然有着丰富的历史意义，我们可将废墟看作是某个人类事件残损但仍能辨识出来的一份文献或证言，留存下的史实证据将成为行动的主要目标。

然而在这些框架性思考的基础上，布兰迪同时也考虑到了浪漫主义思潮下对废墟审美性的复杂性需求。他又拓展了一系列关于废墟的复杂情况，比如艺术作品已全然失去了恢复原初潜在一体性的可能，但作品的残余已然与周围环境构成了新的美学关联：在一些情况下，残存的废墟与自然山丘湖泊一起构筑成为一种如画的废墟景观，创造出新的审美文化空间；在另一些情况下，残存部分经由添加与整合，被吸收进另一件新的艺术作品，这样的做法在欧洲的石质建筑构件和纪念碑残体中尤为常见。在处理这样的对象时，布兰迪认为无论从史实的角度，还是美学的角度，残损的废墟状态与周边景观都已经形成了不可分割的整体面貌，废墟已经成为新构成作品的一部分，这种后来形成的艺术作品就有更重要的价值。采取干预措施时，重点就应该放在保持现状上，而不是对废墟草率重组或整合复原。并且保护的对象除了废墟以外，也要同时保护那些与废墟相连的周围空间与环境。

解决了最为极限的废墟情境之后，布兰迪讨论了对后世添加的处理方式。一件作品在传承的过程中，如果在时间轴上经历过后世的添加或者重建，然后再传递到现代修复师手中，那针对添加部分，到底应该保护它们还是清除它们？在这一问题上，他全面强调了历史价值与审美价值的冲突，并通过分析指出：需要先根据史实或美学要求的优先性进行价值判断，再根据价值重要程度采取不同的策略。从人类的文化遗产的共性来说，史实要求总是第一位的，因此一般默认的操作方式是保护这些添加部分，因为这些添加也是人类介入作品生命的一系列活动证言。假如要清除添加部分，则需要经过严密论证。怎样的情况才会倾向于清除？那就是当这种史实发生已经摧毁动摇了美学意义本质的时候：当后世的添加部分破坏了一件艺术作品的认可本质，它们破坏、扭曲或者掩盖了作品的形象，转移了人们对作品的观赏目光，使人们无法再从对象中感受到最初如闪电般击中意识的绝对特殊性，这时添加就是必须去除的——即便这么做会抹去作品肌体上的一段时光。在动手去除前，可以用文献证明和记录的方式将这段信息保存在其他载体上。同样，布兰迪也补充了一种特殊情况，就是当后世添加在原作的基础上共同构成了新形象，并且在视觉文化中广泛传播复制，成为艺术作品密不可分的经典组成部分。此时，添加本身不仅具有史实价值，而且这种文献性面貌，也令改造后的作品具有了艺术史的价值，此时需要共同保护。

在处理艺术品表面的古锈问题时，布兰迪指出无论从美学的要求来看，还是从历史的要求来看，古锈都是所有艺术品需要保护的对象。因为从美学的意义来说，物理材料永远不应该凌驾于形象之上，保护古锈，以及在必要的时候对全新的修补材料采用做旧的效果，都能降低新材料自身的声调，使之成为内含于艺术形象的谦逊角色。同样的，从历史要求来看，古锈展示着一件作品经历岁月浸润的印迹，见证了物理材料从最初经艺术家之手打造诞生，一直到当下的时光历程。某些艺术家在创造的时候，其杰出的头脑已经将时光带来的沉积和印迹考虑在了设计之中；即使艺术家本身没有预见到作品的老化，站在时间下游的我们，如果听凭自己的意志发挥，将艺术品的材料重建为焕然一新的面貌，也会破坏作品作为古老历史证言的史实价值。

在整体认识了布兰迪对于修复的系统定义之后，也就能理解为何他极力反对各种以重建、复原为名的复制造假活动,并将这样的做法排除出他所认可定义的"修复"之外。在布兰迪看来,任何采用类推、归纳等方法试图展开演绎想象,并在干预操作中恢复最初形象的过度实践,都是伪造历史,是一种超出了作品封闭限定的虚妄的傲慢。因为归根结底,"我们不是那位作为造物主的艺术家,我们无法逆转时光流逝,将自己合法地插入那位艺术家曾创造的如今遗失的那一部分的那一环节"。唯一可以接受的重建,就是索性让当下的介入干预彻底吞噬原有的作品,在风格上建构出一种全新的一体性,但这显然已不属于修复领域,应该被归纳进创造的新领域。

四、评价与思考

布兰迪的《修复理论》出版于 1963 年。他所构建的修复体系与价值原则,他在修复实践实施前所强调的科学评估与研究过程,共同奠定了今天国际社会遗产保护规范的操作典范。布兰迪思想在全球的广泛影响,既得益于他本人在联合国教科文组织国际项目中的活跃工作,也与他的传承者保罗·菲利普(Paul Phillippot)等人在讲座与著述中一步步研究解读,针对各种材质的修复实践不断深化应用、辨析阐释的努力密不可分。

然而经历半个多世纪的飞速发展,今天关于保护对象的概念在不断扩大革新,越来越多"去艺术化"的新类型被放进值得保护的"文化遗产"的篮子。尤其在 20世纪 80 年代后,全球化进程对多个国家的地方文化造成了强烈冲击,文化多样性危机,成为旅游经济与信息革命时代的焦点,由此引发的一系列民族冲突与政治运动,重新塑造着人们对过往、记忆与其物质载体的思考。布兰迪基于高雅艺术作品展开的修复理念,在相当一部分人看来已经相当"过时"①。《修复理论》所面临的

---

① 以萨尔瓦多·穆尼奥斯·比尼亚斯(Salvador Muñoz Viñas)的《当代保护理论》为代表,比尼亚斯指出,当代保护的文化遗产对象远远超出了艺术品、考古对象与古物的范畴。火车头、瓦罐碎片等日常品都纳入了保护的领域,当代保护史已不能局限于布兰迪的艺术品观点。见(西)萨尔瓦多·穆尼奥斯·比尼亚斯著. 张鹏,张怡欣,吴霄婧译. 当代保护理论 [M]. 上海:同济大学出版社,2012:27.

批评与反对声音,主要集中在以下几个方面:

首先,针对审美或艺术形象并非其核心价值的保护对象,"艺术作品"概念与相关逻辑难以涵盖适用。这种批评声音集中出现在建筑保护领域。一方面,欧洲建筑保护对象从 19 世纪的纪念碑、大教堂及神殿废墟等不断扩大,20 世纪的乡土建筑与乡村遗产调查保护,让许多称不上"艺术杰作"的传统民居与村落景观进入了保护视野。对当代建筑师来说,较之布兰迪对物本身的崇拜,人类学方法中对文化群落与社会功能的主体性关注,更适用于这些对象的价值分析与深层思考。另一方面,从经济效益与利用方式出发,建筑遗产的内部空间性决定了它们在生命延续过程中必须为了不同的使用者而修缮。尤其是 21 世纪工业遗产的界定与加入,让车间、仓库、码头、矿场成为新的保护对象,在这些场所的改建与再造中,关于结构、功能与材料更替间的决策关系,显然无法只服务于纯粹的建筑形象保护或观看欣赏。在这一维度上,批评者常常将布兰迪的理论归为一种二维平面中心的"绘画修复逻辑",以此与当代建筑保护修复实践拉开一定距离。

其次,类似的反思声音也出现在了考古领域。随着考古技术与信息获取手段的不断发展完善,布兰迪关于废墟的论述在当下也引发了重新思考。尤其从史前考古这一脉络发展而来的学科规范,让考古学在古物保护的动机中,进一步强调遗存的"文献意义"多过于"艺术杰作"的面向。相较于布兰迪所生活的时代,针对史前遗迹中出土的大量石器、青铜、铁器遗存,通过检测与研究手段,考古学家从这些并无审美意义的人造制品中挖掘的信息却越来越丰富。物质材料的构成不仅仅是一种"真实性"的史实表达,遗存与遗址本身的整体布局、组织结构、物理化学构成,从出土物的工艺细节到整体的"废墟",都在无言叙述过往,是传递丰富文化意义的综合载体①。因此考古学层面的当代文物保护,较之布兰迪提出的修复理论,具有更广泛的保护视野与对象容纳,也更强调延伸向未来的整体性、持续性保护方法。

---

① Berducou M. Introduction to Archaeological Conservation. In Stanley-Price N, Talley M, Jr., Melucco Vaccaro A. (ed.), Historical and Philosophical Issues in the Conservation of Cultural Heritage [M]. Los Angeles: The Getty Conservation Institute, 1996, p. 251.

最后,布兰迪强烈反对的"造假性"复建活动背后的逻辑基础,是对物质绝对真实性的肯定。然而这种对材料真实性的追求,到底是一种具有普世意义的文化观念,还是一种欧洲中心的文化霸权标准? 这一问题引发了全球的广泛争议与思考。从古罗马帝国的残柱到文艺复兴的壁画,从米开朗基罗的雕塑到贝尼尼的教堂建筑,意大利许多城市都像历史剧场一样,在当代生活的广场、街巷空间布满了大师巨匠的创造手笔。然而世界上还有许多国家与地区,并不具备、也从未哺育过这种杰作(masterpiece)传统。关于易朽材料的更替,无名匠作的认定,历史建筑的定期毁灭与重建,以及超越物质而展开的仪式与习俗,来自亚洲、非洲、美洲地区的文化声音和传承行动,无疑冲击并拓展着布兰迪的理论边界。

然而在今天的中文世界,重读布兰迪的体系性思想,依然有着无可替代的重要意义。如同布兰迪本人在"预防性修复"章节中所陈述的那样,他是通过理论与原则,而非通过实践在界定修复——就像在法律中,关于正义之本质以及人类行动边界的思考,要先行于具体某项案例纠纷的裁决。只有这么做,才能建立最广泛、最深刻的合法性。这一洞见赋予了《修复理论》长远的生命力。今天围绕布兰迪理论的当代批评声音,更多的是指出他理论边界的有限性或局部失效性;能够凌驾于批判之上,彻底颠覆或从头建立一个新体系的成就还未出现。

重读并考察布兰迪的论证过程与思想结构,既能在方法论层面避免断章取义、南橘北枳式的片面应用,也有助于更深一层理解如《威尼斯宪章》等国际保护原则的由来,更能帮助我们进一步思考中国遗产保护所面临的本土问题。针对保护对象在材料、传统、观念方面的诸多不同,自20世纪以来由考古学与建筑学所主导的近现代中国文物保护事业,恰恰在丰富的保护修复实践中,为阅读布兰迪提供了一个完全不同的文化实践语境,也创造了更多学习、反思与革新的空间。这能使我们在当下全球流行的经典批判与解构浪潮中,始终保持一种文化自觉的清醒。

参考文献

［1］(意)切萨雷·布兰迪著. 陆地编译. 修复理论［M］. 上海:同济大学出版社,2017.

［2］Brandi C, Basile G (ed.) Theory of Restoration［M］. Florence:Nardini Editore, 2005.

［ 3 ］ Brandi C. Teoria del Restauro ［M］. Milano：La nave di Teseo, 2022.

［ 4 ］ Brandi C. Carmine o della Pittura ［M］. Turin：Einaudi, 1962.

［ 5 ］ Brandi C, Basile G（ed.）. Restoration：Theory and Practice ［M］. Digital Edition ：AISAR Editore, 2015. ［EB ／OL］.（2022－03－08）［2024－09－10］. https：／／www. giuseppebasile.org ／images ／stories ／pubblicazioni ／libri ／aisar_brandi_restoration.pdf.

［ 6 ］（芬）尤嘎·尤基莱托著. 郭旃译. 建筑保护史 ［M］. 北京：中华书局, 2011.

［ 7 ］ Vaccaro A. The Emergence of Modern Conservation Theory. In Stanley-Price N, Talley M, Jr., Melucco Vaccaro A.（ed.）, Historical and Philosophical Issues in the Conservation of Cultural Heritage ［M］. Los Angeles：The Getty Conservation Institute, 1996.

［ 8 ］（德）马丁·海德格尔著. 孙周兴译. 艺术作品的本源 ［M］. 北京：商务印书馆, 2022.

［ 9 ］（美）约翰·杜威著. 高建平译. 艺术即经验 ［M］. 北京：商务印书馆, 2010.

［10］ ICOMOS. International Charter for the Conservation and Restoration of Monuments and Sites（The Venice Charter 1964）［EB ／OL］.（2023   03－11）［2024－05－10］. https：／／www.icomos.org ／images ／DOCUMENTS ／Charters ／venice_e.pdf.

［11］（西）萨尔瓦多·穆尼奥斯·比尼亚斯著. 张鹏, 张怡欣, 吴霄婧译. 当代保护理论 ［M］. 上海：同济大学出版社, 2012.

［12］ Berducou M. Introduction to Archaeological Conservation. In Stanley-Price N, Talley M, Jr., Melucco Vaccaro A.（ed.）, Historical and Philosophical Issues in the Conservation of Cultural Heritage ［M］. Los Angeles：The Getty Conservation Institute, 1996.

4

修复中的批判与创造

——《形象的重构：古迹修复的问题》导读

杜骞　上海交通大学设计学院副研究员，建筑学专业硕士国际项目主任

引　言

　　乔万尼·卡博纳拉（Giovanni Carbonara，1942—2023）对国内研究修复理论的人而言还颇为陌生。作为一名意大利建筑修复的理论家，他的名字虽然不如博依多（Camilo Boito，1836—1914）、乔万诺尼（Gustavo Giovannoni，1873—1947）、布兰迪（Cesare Brandi，1906—1988）耳熟能详，但毫无疑问是当代修复理论的代表人物。2019年朱光亚先生的《建筑遗产保护学》一书开篇对这位学者的介绍不吝笔墨[①]，足见其修复观点对于国内当前理论研究的借鉴意义。而囿于语言障碍，国内学者对这位理论家的贡献还知之甚少。

　　本文选取卡博纳拉的一部中篇代表作《形象的重构：古迹修复的问题》（*La Reintegrazione dell'Immagine: Problemi di Restauro dei Monumenti*）进行解读。此书出版于1976年，正值西方国家后现代主义之风盛行之时，技术进步对文化的影响显现，传统与革新的交锋也波及了修复领域。在这一时代背景下，卡博纳拉对于既有修复理论进行回顾、深化与扩充。尽管成书已近50年，但其思想放在今天，仍具有相当的启发性。

---

① 朱光亚. 建筑遗产保护学［M］. 南京：东南大学出版社，2019：19-23.

一、作者简介

卡博纳拉 1942 年生于罗马，1967 年获得建筑学学位后，曾在文化遗产监管局有过一段工作经历，之后进入罗马古迹研究与修复专业（Scuola di specializzazione per lo studio ed il restauro dei monumenti）深造。卡博纳拉自 1969 开始作为建筑理论家博内利（Renato Bonelli, 1911—2004）的助手在罗马大学（Università degli studi di Roma, "La Sapienza"）任教，1980 年成为该校的正式教员，并在 1995—2014 年担任建筑与景观遗产修复研究生专业主任。除了教学与学术研究之外，他是意大利文化部高级委员会成员，意大利高级文物修复中心科学委员会成员，2008 年荣获意大利文化与艺术金质勋章，参与了意大利最为重要且复杂的古迹修复项目，包括圣彼得大教堂、圣弗朗西斯科德阿西西大教堂和罗马斗兽场的保护。

卡博纳拉撰写并主编了大量与建筑遗产修复历史、理论与实践相关的书籍，其中最著名的包括：1997 年出版的《走近修复：理论、历史与古迹》（*Avvicinamento al Restauro: Teoria, Storia, Monumenti*）——可谓意大利修复历史与理论的必备读本；1996—2011 年出版的 12 卷《建筑遗产修复》（*Trattato di Restauro Architettonico*）——一套理论与实操并重的修复参考书。《形象的重构》成书虽早，却是卡博纳拉的成名之作，在其后期的诸多理论著作中都不难发现此书的踪迹。

卡博纳拉所因循的是典型的批判式修复（restauro critico）理念，在此有必要对该术语的翻译进行些许解释。"Critico（意）／ Critical（英）"在西方语境中是中性的，代表了西方史学和其他人文科学的基本态度和理念，是对研究对象进行分析、鉴别的一种理论取向。尽管"批判"在中文语境中带有负面含义，但考虑到批判式修复的思想体系深受意大利克罗齐（Benedetto Croce, 1866—1952）美学与史学体系的影响，与文艺批评有着直接联系，故保留了最直接的译法，旨在展现修复理论和哲学思想史的相互渗透关系。批判式修复，实与"评鉴性修复""批判性修复"所指相同。

二、《形象的重构》成书背景

《形象的重构》成书于 1976 年,尽管彼时《威尼斯宪章》(1964)、意大利本国《修复宪章》(1972)确立了修复干预的原则,但是在实际中的应用效果并不令人满意,城市历史中心和景观上的改变令人忧虑。意大利国内的修复工程增多,但是整体质量却有所下降,修复工作呈现出官僚化的趋势。同时,在文化上,传统美学遭遇危机,学界对价值的界定难以取得共识。主张纯保存式修复(pura conservazione)——即后期被称为"米兰学派"的学术团体——在意大利北部崛起,向皮卡(Agnoldomenico Pica,1907—1990)、阿尔甘(Giulio Carlo Argan,1909—1992)、帕内(Roberto Pane,1897—1987)建立的批判式修复发起了挑战,批判式修复出现了衰微的迹象。卡博纳拉作为批判式修复理论的支持者,自然有必要为其辩护。

《形象的重构》分为五个章节:Ⅰ. 理论和经验之间的修复,Ⅱ. 关于修复的现代反思,Ⅲ. 批判与创造,Ⅳ. 古迹修复中的创造性,Ⅴ. 案例和问题。在卡博纳拉看来,对于既有理论的认知不足与概念阐释上的含糊,是导致一些原则被错误解读和运用的原因,因而本书有三分之一的内容在阐释既有理论,更确切地说是从科学式修复(restauro scientifico)到 20 世纪 70 年代之间的修复理论。之后,卡博纳拉提出"形象的重构"这一概念,在批判式修复理论既有的框架内,论证修复中的创造性不可也不能消除,批判将作为对创造性的限定。由批判和创造共同作用的修复行为面向的不仅是博物馆中的展品,更是广义上的"艺术作品",包含建筑古迹、城市历史中心等具有新—旧关系的建成遗产。

此书是带有文艺批评色彩的修复理论,对于中国读者而言,如果对博依多、乔万诺尼、布兰迪的修复理论没有一定了解,也不知克罗齐、皮卡、帕内、博内利为何人,阅读将难以入手。同时,作者借鉴了符号学的理论,多次引用"文本""元语言""元逻辑"等概念,虽然这些概念在布兰迪《修复理论》中已有涉及,但是卡博纳拉有意将其与修复的关系阐释得更为深刻。此书语言的晦涩,加上作者婉转的行文方式,给非意语专业背景的人士造成了不小的理解难度。因篇幅所限,本文无法详尽论述其观点,只能依据此书构架,选择具有探讨价值的若干论点与读者分享。若要全面、准确地理解此书以及卡博纳拉完整的思想体系,则有待后期严谨的翻译与理论考据。

三、是否需要修复理论

《形象的重构》以修复和艺术及建筑的关系为开篇。若深究这对相互纠缠的关系,最终会指向哲学与经验两个维度,映射到实践中就是修复理论与修复方法论。从哲学维度,正是从艺术品的概念出发才推导出了修复的概念,从而获得一套系统性的干预方法论(布兰迪);而经验往往超越艺术本体论,对于每一个具体的对象,其艺术和历史的品质决定干预的界限。

即便是相同的保护目标,站在不同的立场往往会导向不同的做法。卡博纳拉举例,英国派侧重于历史的原真性,在古画修复中要求"恢复到原作艺术家所希望看到的状态",但是在意大利的艺术家看来,在不可逆转的历史叠加下,所谓的"原初状态"根本不存在,只有"现存材料的状态"①。两国修复观念对应着两种不同的美学立场:英国修复是经验论的,而意大利则是唯心论的。可见,修复结果的差异并不取决于技术方法,而与修复—美学有着更紧密的联系。

自"二战"结束后,反对美学合法性以及反对将修复与美学相联系的声音此起彼伏,阻碍了修复理论在当代工业文明所带来的变迁与技术进步背景下的演进。有学者,如基里奇(Cesare Chirici,生卒年不详)认为,技术与艺术之间的分歧在当代越来越明显,技术手段决定了保护的界限和性质。理论难以指导现实操作,因其无法及时回应当代的需求。技术发展突飞猛进,提供给修复师超越他们经验的新工具和可能性。而美学在表现艺术和传统诗意中徘徊,问题视角日新月异,并由不可预见的变化所带来的具体经验决定着。

---

① Carbonara G. La Reintegrazione *dell'Immagine*:Problemi di Restauro dei Monumenti [M]. Roma:Bulzoni Editore,1976,pp. 32 – 33.

　　这看似是一个理论凋零的时代,没有一种理论能成为解决修复问题的万能处方。但是,卡博纳拉反驳道,如果我们将当今的修复与19世纪的古迹修复相比,本质上并没有不同:19世纪修复罗马斗兽场时采用了砖块作为支撑,当代维罗纳竞技场采用了内置钢索;19世纪修复十二圣神柱廊(Portico degli Dei Consenti)时采用了引人注目的铁箍,当代修复米兰圣老楞佐圣殿(San Lorenzo Maggiore a Milano)前的柱廊则采用了微妙、难以察觉的内部加固。技术进步带来的不同体现在材料和手段上,但是真正起作用的是对修复的理解以及对历史—美学的尊重①。

　　固然,可以对任何修复抱有怀疑论的态度,当代被赞许的案例在后世或许将遭到诟病;也有人认为修复的概念只能不断顺应时代而变化。然而,如布兰迪所指出的,这并不妨碍当代对修复的思考。修复的有效性存在于历史的偶然之中,这对所有的哲学体系都一样。在卡博纳拉看来,建立一种系统性的理论不仅可能而且可取,它将为实践提供方法论引导,并且在经验的积累中得到验证。

四、关于修复理论的回顾

　　科学式修复、批判式修复、布兰迪理论、纯保存式修复,是意大利自20世纪初期开始,相继形成的四个修复理论学派。前三者基本沿着一条发展脉络,理论的承接性有迹可循,而纯保存式修复则有所不同,显现出回归博依多语言学式修复(restauro filologico)的特征。卡博纳拉依次评述了这四种修复理论,其中也穿插了其他学者的评论与思辨,旨在为后文自身理论的导入铺垫参考系,并为读者提供一个宏观且多元的理论视域。卡博纳拉的论述立场也显而易见,相较于科学式修复和纯保存式修复,他更推崇批判式修复与布兰迪理论。

---

① Carbonara G. La Reintegrazione *dell'Immagine*:Problemi di Restauro dei Monumenti [M]. Roma:Bulzoni Editore,1976,pp. 36 – 38.

1. 科学式修复

科学式修复将古迹作为艺术和历史的文献,这是意大利修复最基本的原则,这一思想源于博依多,经乔万诺尼获得更系统的阐述。在很长一段时间里,科学式修复遵循着严格的方法论,但所坚持的原则在修复因战争所破坏的古迹时产生了动摇,同时也在非古迹的历史建筑修复中显现了局限性。

科学式修复中的"科学"二字更多的是"语言性"的而不是"科学性"的,其方法论本质为实证主义,认为艺术和建筑可以进行分级,强调风格与进化论。过分关注古迹的历史文献价值,导致了修复时美学层面的处理不足,修复对象的形象往往缺乏统一性。对修复对象的现存状态缺乏批判性的理解以及对"历史"的过度敬畏,导致了现代性在古迹环境中的糟糕移植。科学式修复提倡采用简化、中性化的方法处理缺失的部分。体现在城市规划的条例中,表现为对新建建筑体量与高度的限制,在各类条文中确立合法或非法的行为。修复在这种理念下成为了一种可以程序化、普及化的工作。但事实上,每一个古迹都应该被当作独一无二的案例,艺术性存在于对象自身以及修复的过程中。

科学式修复的核心是最小化干预,修复师的角色好似一丝不苟的收藏家,修复对象变成了专家的藏品,而不是鲜活的、富有生命力的古迹。但这样的做法缺乏历史的根基,帕内就批评科学式修复违反了艺术品的本质,把对美的破坏给予了正当性。尽管科学式修复在操作中显现了一系列的问题,但不可否认这一理论的价值,尤其是它对于历史的尊重以及对于建筑历史进程完整性的肯定。

2. 批判式修复

在科学式修复发展的后期,修复理论的天平开始往美学倾斜。批判式修复由阿尔甘、皮卡、帕内、博内利等人推动。阿尔甘认为修复的基础特征是阐释和批判,反对以"泛化的""中立的"和既模糊又审慎的标准修复古迹。皮卡指出在修复破碎的形象时,不可能完全排除创造性成分,即便是最纯粹的中性化的干预,其背后都隐藏着处理艺术作品形象这一关键问题,如果这一问题被忽略,将带来消极的后果。修复行为本身就带有艺术性,艺术品的创作、诞生以及完成之后都离不开历史—批判阐释,在这一过程中将会不断涌现出问题,而修复的目标是求解最佳答案。

类似的,博内利也多次强调:修复既是批判过程,也是创造过程。两者之间是辩证关系,前者决定着后者必须采用的前提条件。批判生成了对于建筑古迹的理解,创造紧随其后并融于其中。批判式修复的过程中,一方面是尊重修复的对象而不作改变,一方面是修改古迹的形式以增加其价值,这两方矛盾彼此制衡。在叠加复杂的情况下,修复者需要通过解放"真正的形式"来增加古迹的价值。在残缺极为严重的情况下,需要借助一定的创造进行批判性的整合,但它不等于武断的创造。

帕内持有相同观点,认为:"修复的任务是恢复、重现、释放艺术作品,也就是所有构成艺术作品形象的图像元素集合,艺术作品的特征及其精神由它们所展现。所有操作的目的在于重构艺术品的表现价值,去释放它真正的艺术形式。"[1]这里所提到的真正的形式,并不指向原初的形式,而是艺术品完整的形象,即便这个形象并不是最初创造它时的本来面貌。但是问题在于,古迹在何时可认为是完成了它的真正的形式?用什么来区别糟糕添加和有效的整合?如何将有效的整合与造假的修改相区别?答案正是源于批判性评价的过程——认识修复对象历史—艺术的两极性,并且一次又一次在两者之间权衡孰轻孰重。

帕内还认为,修复者的行动不仅仅局限于批判、建筑语言、建构等明显的方面,还需注重细节,这对于新、旧关系的重新定义尤其重要。哪怕是对于石材表面的明暗度和抹灰的颜色,都需要根据评鉴、批判给予控制,因而也排除了创造的任意性。创造的目的不是替换和改变古老的部分而服务于新的创造,而是将新的部分融于古老的部分。在每一个新旧共存的可能尺度,正确的修复将保证其干预不会对古迹的历史性以及整体性造成破坏。

---

[1] Bonelli R. Il Restauro Architettonico, In Enciclopedia Universale dell'Arte. Venezia-Roma: Istituto per la Collaborazione Culturale, 1963, p.347.

3. 布兰迪理论

卡博纳拉指出布兰迪修复理论包含了三项要点：

① 修复是批判评鉴的行为：a) 它是对艺术作品的确认；b) 它面向的是重构作品的文本真实性；c) 它注重价值评价，尤其是面对后世添加以及历史—美学双重需求彼此对立的情况。

② 对于艺术作品的修复，不能不以美学价值优先，这对应于艺术作品本质这一基础。

③ 艺术作品存在于广泛的整体中（既是形象的，也是构成材料上的，甚至是艺术品和观者之间的介质），因此修复既着眼于材料，但同时涉及保存环境的干预，以便更好地欣赏艺术作品。在必要时需处理修复对象所处的物理空间，以此联系观者与艺术作品。

在卡博纳拉看来，布兰迪理论没有反对批判式修复，而是将修复发展得更为全面和系统，并添加了新颖的成分，提出对艺术作品的价值判定要具体案例具体分析。布兰迪不认可采用经验性的中性色方法进行修复，并提出了预防性修复的概念。而对于创造性修复，尤其是复建与倒退历史的复原，在布兰迪看来是最危险的举动。

4. 纯保存式修复

纯保存式修复作为最新涌现的学派，其兴起与哲学和美学危机息息相关，同时也暗示了克罗齐美学的衰微以及新批判的出现。修复的内涵被阐释为纯粹的"保存"行为，这是伴随史学界对文献研究的兴趣而产生的，并在自然科学发展的带动下日趋活跃。这种修复观念对历史极为敏感，主张尊重对象的全部，哪怕是最微小、最不起眼的部分。如果引用阿尔甘对此的观察，即："在艺术的领域，一切都是艺术性的，甚至是材料、技术、支撑体、类型、标志，甚至于保护方案本身。"①在操

_____

① Carbonara G. La Reintegrazione *dell'Immagine*：Problemi di Restauro dei Monumenti ［M］. Roma：Bulzoni Editore，1976，p.83.

作层面,纯保存式修复重新考量了语言学式修复,并采用了更为严格和激进的方式将其延续了下来,且将自身置于批判式修复和布兰迪理论的对立面。这一理论出现较近,还未形成具有清晰概念的方法论,但已经鲜明地标识了其潜在的文化坐标。

五、修复中的批判与创造

1.“形象的重构”释义

卡博纳拉对既有的修复理念进行了评述与反思,其目的在于证明批判式修复在当代仍具有生命力。在新技术涌入和传统美学危机的背景下,批判式修复如何应对?对此,卡博纳拉引入“形象的重构”这一概念,扩充了前期的批判式修复理论,使其在建筑古迹领域有更广泛的适用性。

“形象的重构”,简而言之,除了考虑作用于构成艺术作品材料的修复之外,还包括一系列着眼于作品形象的干预,考虑所有“作品和观者中间的元素”,例如修复对象周边的气氛、光线等,博物馆中的展品或者环境中纪念物的呈现方式。尤其是在建筑内部,与形象修复相关的、可拆卸的临时体系及其轻巧的构件、环境的颜色和阴影、物理及温湿度环境条件的控制,以及所有构成预防性修复的内容。这些本不属于狭义上修复的范畴,但会不可避免地融入观者感知修复对象的过程中。在建筑学层面,它更确切地指向了修复对象的“空间性”,而不囿于空间的“物理性”,引导观者在心智上重新整合碎片化的形象。

卡博纳拉选择“形象”(immagine)与“重构”(reintegrazione)两个词并非随意。一方面,选择“形象”而非实体,带有些许想象的含义,所强调的是可以被观者感知的部分,同时也回避了对艺术品或者古迹的物理实体上的改变;相反,若只作用于物理实体而非形象,那获得的结果类似于考古学修复中的“归安”(anastylosis),恐怕并不足以达到形象的完整性,也就是布兰迪所谓“潜在统一性”(unita' potenziale)。另一方面,如果仅仅是整合(integrazione)而不是重构,相当于除了残余部分之外的所有"图像本身隐藏的"以及作为历史文献和批判性解释的东西,都不能在修复中得到体现,再次落回科学式修复的框架中。

2. 批判与创造的辩证性

在建筑修复中,博内利认为"有必要重新整合并且保存修复对象的表现价值,其目标是解放真正的形式"①。卡博纳拉更明确地说,如果有充足的理由,即使牺牲古迹中一些后期的添加,但若有利于形象上的释放,那也接受无妨。然而,如果古迹损毁的部分过多,已经严重破坏了形象的完整性,成为近乎废墟,这就是另一个范畴的问题。当代文化出于对历史的绝对尊重,即便是碎片,只要来自过去即是有意义的。但退一步说,这种对过去不加鉴别的保留是否正确,仍旧是一个开放性的问题。

既然复原古迹的做法已经被排除在现代修复之外,那么有无可能利用历史的碎片作为起点,创造一个新的形象? 这正是卡博纳拉"形象的重构"的潜在含义,它本质上是一种全新的创作,但它完全满足了保存物理实体的要求,同时赋予了碎片形象化的空间性。它回应的不是原初的状态,因为这个原初状态已经丢失或无法复原,而是将碎片化的遗存置入新的作品结构中,保存着自身的独立性与可读性。实质上这已经不是原有的遗迹,而是一个新的作品,拥有其自主性(autorita')。

书中提到,在对残损建筑的补全过程中,如果采用当代的形式,无疑会给建筑师的自由度和创造性留下极大的空间,但这里的自由不应脱离对修复对象历史—批判性的解读。创造和批判的辩证关系引导着方案的选择,对历史建筑进行保护以及尊重并不会压制修复者的表达。这种辩证关系与实际需求(经济、建造、技术、使用)——常常是区别于建筑和艺术表达的额外限制——将会融于修复之中,将既有建筑转化为一个新颖的、原创的、自由的综合作品。

卡博纳拉再次强调,建筑修复是一个批判和创造同时作用的行为,也是一种复

① Bonelli R. Il Restauro Architettonico, In Enciclopedia Universale dell'Arte. Venezia-Roma: Istituto per la Collaborazione Culturale, 1963, p.347.

杂的文化行为,极其精细且富有挑战。它需要建筑学的敏感性,但是不等同于专业化①的工作,更不可以等同于官僚行为。修复更类似于个人化的工作,有赖于修复者的专业素养、对历史—批判的理解以及对技术的认知。在这种意义上,修复者更类似于一名"匠人",既能够调查古物遗迹结构方面的问题,也可以处理视觉形象上的微妙问题。

因而,在卡博纳拉看来,修复工作由于其特殊性,不适于交付给大型的专业公司。只有对修复工作付出的时间和热情越多,才有可能带来优质的方案。对于古迹保护的行政机构来说,他们负担过重,无暇投入时间进行古迹修复"奢侈的"历史研究。这就带来了问题的症结:之于修复对象历史—批判的理解与阐释和专业化、行政化的工作难以并存。最终导致的结果是,在最好的情况下,修复的"自由"创造性可以获得肯定;而在最坏的情形下,创造或保存两者都会被压制——而这就是现实中经常发生的。

3. 对艺术作品的批判性阐释

在对残缺(lacuna)进行处理时,布兰迪的观点是:

> 在各种适当的限制条件下,重构是允许的……但我们希望强调的是,对这种重构考虑而言,我们将逾越我们自己设定的悬置,并在艺术作品的本体上审问它,以便检验对特定遗失片段的重构来说,它们是否可以视为形象本身的合法衍生物,并在何种程度上才能真正地视为形象本身的合法衍生物,而不是类推的或者想象的整合……我们实施的建议性整合……就像提交给他人进行评论性判断的某种建议那样。②

对于布兰迪所说的"建议",卡博纳拉做了更进一步的解释,现代修复方法中

---

① 此处的专业化为 professional,应该理解为规范性、程序化要求高的工作,与 specialized 有所区别,后者是被鼓励的。

② (意)切萨雷·布兰迪著. 陆地编译. 修复理论 [M]. 上海:同济大学出版社,2017:168.

对于艺术作品的干预提出了可逆性,正是源于对于每一个干预"建议"自身的可修改性。这种"建议"应该是"批判性"的,表现在它认识到自身是潜在且临时性的,它的实现有赖于对其融入环境的谨慎评估。"建议"的目的是促进艺术作品的可读性,它必须借助阐释才得以实现。从这个意义上,批判性干预的内容可以阐释为:如果整合性修复以美学需要为首要动机,旨在还原艺术作品的统一形象,那对于残缺的处理就必不可少,因为它可以将残缺对艺术作品整体形象带来的干扰降低至最小;干预本身需要清晰可读,作为原文本的旁注,尽可能呈现所有真实信息,重新获得或者构建——就如布兰迪所说——基于图像拥有的特殊元逻辑基础上缺失的环节。对于线条、颜色、体量、对称性等修复需要回应的问题,需要对作品遗存的碎片进行直接分析,分析越深入,确定性越大,对于历史的理解和批判的能力也更明显地体现于"建议"中。

在卡博纳拉看来,修复应首先被理解为一项艺术的工作,同时也是一项批判的工作。但人们倾向于将两者对立:如果修复是一项艺术的工作,它本身的自由度就抵消了批判性;如果修复是批判性的阐释行为,源于反思,那又损害了艺术表达的所有可能性。对此,卡博纳拉反驳道,在哲学语境中,解释行为本身不能排除创造性的成分在其中,批判性的文字可以是文学,尽管它本质是反思。正如克罗齐所言:"批评与承认美的评鉴行为,与产生美的活动是一致的。不同的是它的语境,一个是关于美的生成,一个是关于美学的再次生成。"①批判即是再创造,它与创造行为的本质相同,这就如同批评家需要具有某些艺术的天分,而艺术家也必须具有品位。

卡博纳拉进而指出,创造性的表达和批判在同一个人或者同一项行为中的叠加并非不可想象。如果批判和史学研究可以用语言来实现,那就不能否认它可以用非语言的方式实现,例如图像语言,尤其是建筑语言。一旦上述假设成立,那么图像的组织逻辑就要达到和语言组织相同的效果。这类似于杜威(John Dewey,1859—1952)所说的,在理性和可控的价值范围内,艺术和建筑是美学的产品。赛

① Croce B. Estetica [M]. Bari: Gius. Laterza & Figli S.p.A., 1922, p.132.

维（Bruno Zevi, 1918—2000）也曾说,历史和设计之间的转化不是单向的,如果历史可以影响当代设计的方法论,那么反过来设计也可以深化对历史的理解。这意味着一种新型的处理方式——建筑师同样可以进行历史—批判,只是不同于艺术史学家书写建筑史所采用的表达工具。

六、修复中创造性的驾驭

1. 艺术作品、建筑古迹的残缺与修复

修复的好与坏没有唯一答案,在实际操作中具有复杂性和可变性。卡博纳拉举例,在一些成功的修复中,虽然是碎片,但它作为独立而清晰的部件,具有形象上的连续性,比如说赫丘利的躯干（Torso dell'Ercole）;也有一些不那么成功的案例,例如收藏在奥林匹亚博物馆的帕奥纽斯胜利女神像（Nike di Paionios）,修复之前是不连续碎片,修复采用了类似于考古学归安的方法进行重新组装,试图呈现碎片在空间关系中的正确位置,并使用了不带感情色彩的功能性连接完成拼装。从两者的对比可以看出,如果碎片彼此是相对靠近的关系,可以借助局部的整合将它们组合成一个形象单元;但如果这些碎片是不连续的,且碎片之间缺少必要连接的元素,那么采用“中性”“科学”或“考古”的方法来组合,效果则差强人意。如果放在画作修复中,马蒂诺（Simone Martini, 1284—1344）《圣母与圣子》修复后类似于前者,梅西那（Antonello da Messina, 1430—1479）《圣母领报》修复后接近于后者,而后者在处理上并非无可挑剔。

怎样的整合可认为是恰当的? 卡博纳拉列举了一些工作路径: 干预可以从修复对象的形象品质的品鉴及对其的历史理解开始,既符合对象的历史年代,也在当代认知中具有合理性;干预本身可用肉眼识别出是现代的操作,以此自明为原作的附加物,同时不破坏形象的统一性;干预要满足可逆性——易于拆卸且不损坏原作,保留给未来重新阐释的机会;干预需回应美学要求,使作品清晰易读并令人愉悦。对于陈列在博物馆中的作品,需要考虑作品周边的物理空间和自身的空间性,

这种特殊而微妙的关系需要设计,正是创造性和想象力不可缺失的环节。

尽管建筑和艺术品的修复原则是一致的,但是前者在实操上相对滞后,这源于结构形式和图像表达的特殊性差异。卡博纳拉将二者的不同归纳为以下三个方面:

① 建筑古迹具有空间性,它与周围环境的关系更为紧密,这种不可分割性意味着既要考虑本体,也要顾及环境;

② 建筑大多情况下被呈现为先设计后建造的作品,即构思作品基本特征的精神活动在前、物质建造在后,而建造过程中建筑师通常并不亲手搭建,不同于绘画中每一笔触或着色都是艺术家意志的体现;

③ 在残缺图像中的"合法衍生",同时也是作为衡量整合的真实性东西,在建筑中出现的概率比画作多。

对应到建筑修复上,卡博纳拉指出不同程度的破坏对应于不同模式的干预:从纯粹且简单的日常维护研究和预防性修复工作——对应于古迹较好的状态——到加固、修补小损伤,再到实质性的整合。如果古迹的形式痕迹仅由一些易碎的、或已经老化的残片组成,则需要保存它们,并且依据博物馆学的方法,将它们置入新的、形象性的"闭环"中,尊重它们的自主性,也使它们得以在更宏观的环境中使用;在建筑完全消失的情况下,也不一定排除重建,但需要以新的形式建造(教堂或宫殿,但不是那个业已消失的教堂或宫殿)。

2. 超越修复

当修复从小尺度扩展到大尺度时,问题又有所不同。卡博纳拉指出,建筑古迹一般具有双重属性:一是在建筑尺度,它自身作为确定的纪念物;二是在城市或区域尺度,它作为更宏观环境中的纪念物元素。既然修复的概念可以用于建筑物,那就不能否认它可以在更大的尺度上应用。这也意味着任何改变和更新的过程都必须经过审慎的批判性评估和形式控制。一切必须通过准确的设计来实施,作为一个项目方案呈现;反之亦然,在既有环境之上的设计行为都不能无视修复固有的问题。

这带来概念的延展,其实已经不是布兰迪所定义的针对"艺术作品"的修复。卡博纳拉认为,要打破理论的边界,只需在操作时根据唯一的"史实需求",重新考虑布兰迪关于修复的理论就足够了,它本身仍然是修复。但在"非艺术作品"上实施,将景观环境的保护与废墟的实际修复相结合,即作为纯粹的历史见证。在"史实需求"的基础上可以进一步寻找其理论正当性,带来的不是概念的泛化,而是修复行动领域的扩大:任何人类表达——从最小的对象到区域的规划——都是文明的标志、历史的文献。仅出于这个原因,它们就可以从保护的视角来对待。

在此,卡博纳拉提到了一段插曲,源于赞德(Giuseppe Zander,1920—1990)对罗马建筑学院1920年创立保护专业这一自主学科的观察。这一学科既区别于大学教育,也不同于职业教育,但设立不久即被取消。这一专业的优势是其专业性,可以减少对古迹修缮的不当创造,学生对古迹的评估一致。但是缺点也显而易见:灵活性不佳,理论立场常向现实妥协;学生欠缺建筑修复师的敏感性,发现问题能力不足,无法回应"活态"纪念物和城市生活的问题;难以把控古迹周边的新建建筑,忽视价值较低的历史建筑,将其排除于修复之外。因此,赞德质疑了将建筑修复作为一门与建筑学不同的自主学科的合理性:过度的专业化会阻碍修复学科的发展,更明智的做法是把它归属于建筑活动一个类型,它融入了当代文化并被历史化,并提出对当代的反思。简而言之,建筑修复是艺术和实践共同作用的时刻。

结　语

在《形象的重构》一书的最后,卡博纳拉通过对实际案例的评述将其观点具象化,虽然他所倡导的批判式修复在概念上略显抽象,但是在实际案例中有不少建筑修复或多或少具备了批判式特点,例如建筑师阿尔比尼(Franco Albini,1905—1977)在热那亚的圣老楞佐主教堂博物馆(Tesoro di San Lorenzo)、白宫与红宫(Palazzi Bianco e Rosso),斯卡帕(Carlo Scarpa,1906—1978)对巴勒莫阿巴特利斯宫(Palazzo Abatellis)、维罗纳城堡博物馆(Museo di Castelvecchio)的修复等。

除此之外,卡博纳拉特别提到了借助当代技术——例如投影、微距摄影、材料研究等——重新整合作品自身的形象，提高古迹的可读性。这些手法在当代已不再陌生，只是它们在中文语境中多归于"阐释展示"范畴。上述现象一方面体现了卡博纳拉理念的前瞻性，另一方面证明了意大利语境中"修复"的所指之广义。

纵观全书，最精彩的论述环节在笔者看来是对修复中批判与创造的辩证关系探讨。如果说布兰迪理论清晰地指出了修复需要满足历史与美学双重需求，那么卡博纳拉所提出的"形象的重构"则是将这一对矛盾转化为了实际行动中的批判与创造，并试图通过二者的辩证性来调和。与布兰迪不同，卡博纳拉所倡导的批判式修复更加肯定地提出了修复过程中的创造性不可否认。毕竟，修复干预是由人的价值观认知投射到对象上所激发的行为，从这个意义上说，主观性始终存在。而如何驾驭创造性实属难题，它既需要修复者批判性的思维，又需要艺术鉴赏力的控制，显然对修复者的综合素养提出了更高的要求。

同时需注意的是，全书虽然对保存没有进行太多的论述，但并不代表保存就不重要。卡博纳拉修复理念的出发点仍是以保存和传递为目的的干预，它不主张用新的取代旧的，而是考虑采用新的手段去处理以往难以解决的问题。事实上，对新旧关系的探讨是本书的另一个闪光点，这一对关系在传统保护理念中鲜有提及，但卡博纳拉知其不可回避。新旧二者彼此依存、不可或缺，它们的关系正如书中所言：创造的目的不是替换和改变古老的部分而服务于新的创造，而是将新的部分融于古老的部分。

那么，一个好的建筑修复需要具备哪些特质？卡博纳拉在此书中没有明说，但是若干年后的《走进修复》一书中提到：

> 如果……我们能够通过干预，在材料和形式上、在完整的真实性上、在时间的痕迹上，将干预对象从因疏忽造成的损伤中修正，使它完全清晰易懂，使它摆脱当下的无知所带来的负面影响，并赋予适当的功能来保证它安全，使它延年益寿，那我们就是在进行出色的修复。①

---

① Carbonara G. Avvicinamento al Restauro：Teoria，Storia，Monumenti［M］. Napoli：Liguori，1997，p.18.

　　颇具深意的是,卡博纳拉写作此书时还未料到,他在书中所提及的纯保存式修复自 70 年代后期开始迅速壮大。纯保存式修复以否认形式、强调材料的真实性、突出新旧建筑语言对比立旗帜。尽管卡博纳拉后期的学术著作中多次重申保存不是修复,但这一学派在意大利北部的影响力已不可小觑,与罗马学派针锋相对。这或许是后期值得探讨的另一论题。

参考文献

［1］朱光亚. 建筑遗产保护学［M］. 南京：东南大学出版社,2019.

［2］Carbonara G. La Reintegrazione *dell'Immagine*：Problemi di Restauro dei Monumenti［M］. Roma：Bulzoni Editore,1976.

［3］Bonelli R. Il Restauro Architettonico. In Enciclopedia Universale dell'Arte［M］. Venezia-Roma：Istituto per la Collaborazione Culturale,1963, pp. 344 – 351.

［4］(意) 切萨雷·布兰迪著. 陆地编译. 修复理论［M］. 上海：同济大学出版社,2017.

［5］Croce B. Estetica［M］. Bari：Gius. Laterza & Figli S.p.A.,1922.

［6］Carbonara G. Avvicinamento al Restauro. Teoria, Storia, Monumenti［M］. Napoli：Liguori,1997.

［本文原载 *L' ADC L' architettura delle Città*, 2024,18(24)：127 – 135。

此次重刊略有修订。］

遗产类型多样化

5

建成遗产保护的美国经验和启示
——《历史保存：建成世界的专业管理》导读

李光涵[①] 联合国教科文组织世界遗产培训与研究中心（北京分中心）执行主任

引　言

西方的现代建筑遗产保护运动萌芽于西欧，尤其是法国、意大利、英国、德国等国家的经验，奠定了许多至今仍被遗产学界奉为圭臬的经典遗产保护理论[②]。相较于历史悠久的欧洲诸国，在 1776 年才宣布独立的美国是一个"年轻"的国家，在印第安原住民文化不断被消灭、边缘化和区别对待的情况下，其建成环境大多是由殖民时期和独立后的移民群体所形成的。在以欧洲为中坚力量的国际遗产保护社区的眼中，这样一个只有数百年建成历史的国家的遗产保护历程和经验无法与其相提并论，美国的遗产保护经验也始终没有在境外形成更广泛的影响力。也许正因为如此，作为美国建筑遗产保护运动的先锋和被誉为美国遗产保护教育之父的詹姆斯·马斯顿·芬奇（James Marston Fitch）的著作，并未在中国的遗产学界引起太多关注，也从未被翻译成中文。然而芬奇所撰写的《历史保存：建成世界的专业管理》（*Historic Preservation: Curatorial Management of the Built World*）一书，多年来都是美国遗产保护专业的指定教科书。在遗产保护理念和方法皆已发生巨变的当下，尤其以西欧为中心的遗产保护理念在全球化的时代受到了质疑，重新审视这

---

① 作者简介：李光涵（1977—　），女，博士，联合国教科文组织世界遗产培训与研究中心（北京分中心）执行主任，北京大学考古学研究中心研究员。

② 在当今的学界共识里，现代遗产保护运动萌芽于 18 世纪晚期的欧洲，更具体的指以 1789 年法国大革命为里程碑事件的，步入政治、社会和经济现代化进程的，由各个民族国家组成的欧洲。

本美国遗产保护教育的启蒙之作,对于中国和其他非欧洲国家也许能够提供别样的借鉴和启发。

一、美国遗产保护的先锋

詹姆斯·马斯顿·芬奇(1909—2000)生于美国华盛顿,是活跃于美国 20 世纪的建筑师、遗产保护学者与实践者、社会活动家。20 世纪中叶,美国社会经济快速发展,全国城市大兴土木,芬奇对这种大拆大建的破坏性城市更新策略提出了异议,呼吁人们要关注历史建筑的价值和保护,对美国的城市规划和遗产保护运动有深刻的影响。与此同时,芬奇也关注到城市的动态性和发展变化的必然性,认为城市建成遗产的保护不应该仅限于高雅宏伟的历史纪念物和其年代价值,反对"冻结式"的静态保护,而是要关注历史建筑在环境和经济上的价值,与人的生活产生关联和效益。

意大利学者和作家安伯托·艾柯(Umberto Eco)秉持着欧洲"老"知识分子的骄傲,曾经对"无历史"(history-less)的美国狂热于复制虚假的欧洲历史文化,以及种种迪士尼化的建筑和遗产实践进行过无情的嘲讽。但他唯独对纽约有不同的意见:他形容曼哈顿的下城是一个美丑新旧风格各异的建筑混搭在一起的城市,而这看似杂乱无章的体系恰恰形成了真实的、和谐的城市景观,拼凑出了一部活态建筑(living architecture)的杰出代表作①。正是这样独特的纽约启发并成就了芬奇的事业,他也将自己大半生的精力奉献给了这座他热爱的城市。

成长于田纳西的芬奇早年在当地从事建筑设计和规划研究,后来加入了华盛顿特区新成立的联邦住房局。20 世纪 30 年代,他来到了纽约市,先后成了三个重要建筑期刊和家居杂志的编辑:《建筑实录》(Architectural Record)、《建筑论坛》(Architectural Forum)、《美丽住宅》(House Beautiful),提升了业界内的声誉。芬奇

---

① ECO U, translated by Weaver W. Faith in Fakes:Travels in Hyperreality [M]. London:Vintage, 1998, pp. 28 - 29.

在 1940 年代"二战"期间被征召入伍，成了美国空军第一位气候专家，他因此开始关注气候与建筑之间的关系，是美国建筑界最早开始研究建筑与气候控制的学者，亦是在"绿色建筑"一词还未出现时就开始讨论该议题的先驱。他出版于 1947 年的第一本专著《美国建筑：影响其形成的环境力量》(*American Building: The Environmental Forces That Shape It*)，就是第一部探讨美国建筑史和气候如何影响建筑的著作①。

芬奇于 1954 年加入哥伦比亚大学，1964 年与查尔斯·彼得森(Charles E. Peterson)联合创办了该校的历史保存系，形成了哥大现今的建筑、规划和遗产保护研究生院(Graduate School of Architecture, Planning and Preservation，简称 GSAPP)的学科格局②。这也是美国高校第一个遗产保护学位课程，这在当时极具前瞻性的创举奠定了美国遗产保护学科的发展，为美国遗产保护的人才培养作出了巨大贡献。

1977 年芬奇从哥大退休后，不仅没有赋闲下来，而是全身心地投入他热爱的纽约市的保护事业中。他先后担任过纽约市地标保护委员会的委员长、纽约市中央公园第一任文物保护专家，又成为著名建筑师事务所贝雅·布林德·贝尔(Beyer Blinder Belle)的主理人，负责过诸如中央车站、埃利斯岛等重要纽约地标和遗产地的保护修复工程。作为社会活动家，芬奇也秉持了自己的理念，致力于保护"不起眼"的城市民间(vernacular)建筑，积极参与了阻止纽约市南街码头(South Street Seaport)的拆除和横穿苏豪区(SoHo)的高速公路建设计划等城市建设项目。这两处工业遗存在当时并不被大众认可为文化遗产，但后来都成为纽约市改造利用的成功范例。以苏豪区为例，在高架公路计划遭废止后，本已成为工业荒地的苏

---

① 《美国建筑：影响其形成的环境力量》一书目前已找不到 1947 年的第一版。市面上还能见到的有两个版本：一是 1975 年由朔肯出版社发行的第二版，基本与初版相同；二是 1999 年由牛津大学出版社发行的修订版，此版本增加了建筑师威廉·博本豪森(William Bobenhausen)作为共同作者，补充更新了自原版出版后，多年来关于可持续设计和建造技术的新信息、案例、数据等。

② 查尔斯·彼得森(1906—2004)，美国著名的历史保护学家，他被誉为美国遗产保护的"教父"，创立了"保护建筑师"这个专业。其最显著的成就之一是为联邦政府创建了美国历史建筑调查(Historic American Building Survey，简称 HABS)的记录项目。HABS 项目延续至今，记录了美国全境内无数个历史建筑，并且与美国国会图书馆关联，全部作为公开资料。芬奇与彼得森被誉为北美遗产保护(领域)最有影响力的两位人物。

豪区,因其保存大量的铸铁工厂建筑开始吸引艺术家进驻,1973 年该地区被指定为苏豪—铸铁历史街区,其后逐渐转型为精品购物商业区和热门旅游目的地,这些铸铁历史建筑的房地产价格也水涨船高。这种城市向上转型的模式被称为"苏豪效应",后来美国许多城市也都沿袭了该模式的发展经验。

晚年的芬奇仍持续活跃于遗产保护实践中,出版了一系列重要论文和专著,获得了哥伦比亚大学、堪萨斯大学、杜兰大学、帕森斯设计学院等院校颁发的荣誉博士学位。1989 年,詹姆斯·马斯顿·芬奇慈善基金会正式成立,致力于支持遗产保护专业培训。2000 年,哥大的 GSAPP 设立了第一届芬奇论坛,讨论遗产保护的前沿话题,并邀请了 91 岁高龄的芬奇参加;2004 年,该院设置芬奇教授席位。

芬奇贯穿建筑设计、遗产保护实践、教育、写作和社会活动,长寿且丰富的事业生涯,对扭转美国遗产保护从被视为一种闲暇爱好,到成为一个深具社会影响力的文化运动,有着重大贡献。著名的美国社会活动家、《美国大城市的生与死》的作者简·雅各布斯(Jane Jacobs)评价芬奇是"把历史建筑保护变得实际、可行并且大众化的核心人物"①。

二、遗产保护的教科书式写作

《历史保存:建成世界的专业管理》(以下简称《历史保存》)初版于 1982 年,于 1990 年和 1995 年再版,本文使用的是 1995 年由弗吉尼亚大学出版社发行的版本。全书共有 21 个章节,多达 103 张配图和详细的标题,共 433 页,内容涵盖从宽泛的保护哲理到具体的技术方法,称得上是一部巨著②。

关于书名《历史保存:建成世界的专业管理》(*Historic Preservation:Curatorial Management of the Built World*)的理解和翻译,原文所使用的"historic preservation",

---

① David W. Dunlap. James Marston Fitch, 90, Architect and Preservationist [J]. The New York Times, 12 April, 2000. https://www. nytimes. com /2000 /04 /12 /arts /james-marston-fitch-90-architect-and-preservationist.html? auth = login-google1tap&login = google1tap.

② 433 页包括了注释、配图来源和索引,纯文本内容共 404 页。

是美国特有的形容一切与历史遗产保护相关活动的名词,在广义上可以与欧洲的遗产保护(heritage conservation)相通,为了保留美国独有的专业语境,笔者在书名里采用了"历史保存"这一中译。另一个名词"built world"的定义,涵纳了历史城镇(包括城市肌理)、区域、街区、建筑、室内空间等不同尺度的组成部分所构成的有机的、持续性的整体,在某种程度上可以与当代的建成遗产(built heritage)相对应,笔者保留了原文直译的"建成世界"一词,来表达作者想要传递的整体性和关联性的概念。更值得深究的是,芬奇将建成遗产的保护和管理行动统称为"curatorial management",直译为"策展性管理"。Curate 的词源来自拉丁语 curare,指"精神上负责(看护)"的意思,curator 在拉丁语里则指"照看者、负责人、监护人"的意思。按照这个词源解释芬奇推动遗产保护教育的动机,笔者认为这本书是写给历史保护专业人士的,因此翻译为"专业管理"更为恰当。

　　该书的写作目的与作者投身发展遗产保护学科的使命紧密关联,文本的写作开始于 1960 年代初期,与芬奇创立哥大遗产保护系的时间相吻合。作者在前言里指出创建遗产保护学科的始因:自 1945 年第二次世界大战结束后,文化遗产保护事业百废待兴,并因此产生对专业保护人才的需求。而与欧洲一些国家相比,当时的美国无论从管理制度还是从培训机制上都缺乏结构性的设置。由于其特殊的管理机制,美国并没有类似于文物局这样直管文化遗产的国家职能机构,而是由承担着各种综合性管理职能的国家公园管理系统来担负这方面的工作,不在国家公园管理系统之内的遗产,只能依靠民间自发的投入来进行保护管理①。然而当遗产保护事业发展到一定阶段,遗产也不再仅限定于明确的国家公园管理范围内的历史遗迹,还有城市里与人的日常生活息息相关的历史资产。除了历史建筑,同样重要的还有开放空间、绿地、街道等构成要素——也就是芬奇所指的将建成世界联结成一个有机、可持续整体的结缔组织。因此,建成遗产的保护不仅是物理干预的行为,还需要能对遗产进行恢复(retrieve)、再利用(recycle)和管理展示(curate)的综

---

① 美国的历史保护有着悠久的民间保护传统。其最古老的国家历史保护组织就是 1859 年成立的维农山女士协会(Mount Vernon Ladies' Association),这个由女性发起的民间组织成立之初是为了保护乔治·华盛顿的故居维农山庄园,其成立日期比美国国家公园系统的设立还要早 59 年。

合能力,这些都不是志愿者或业余爱好者能胜任的,芬奇一再强调美国需要历史保护的综合专业人才,而这些保护专业人员正是遗产的监护者(curator)。

由于本书体量较大,内容庞杂,为了读者更好地阅读此书,笔者将本书的内容大致分为五个部分(表5-1):第一部分是宏观的历史保护理论;第二部分则是不同尺度的建成遗产的组成部分,包括从大尺度的历史城市、历史街区到单体建筑、构件和室内装修的保护理念和方法;第三部分是遗产类型的专题,如历史景观、遗址的保护和展示;第四部分是不同的遗产保护与管理实践形式,例如调查记录、阐释、防灾、培训等;第五部分则是无法归类的其他专题,其中有为了顺应时代背景政治正确性(现如今又成为政治不正确)而显得突兀的"两个社会主义国家的遗产保护""第三世界国家的遗产保护:非洲案例"等题目。

表5-1 《历史保存:建成世界的专业管理》的内容结构分类

第一部分:理论基础	遗产的定义和保护框架	1. 为何保护原型? 2. 遗产作为文化资源 3. 恢复和再利用的经济逻辑
第二部分:保护理念与方法	不同尺度的建成遗产组成部分的保护理念、技术与案例	4. 历史保护的概念范围 5. 历史城市核心区的复兴 6. 保存、修复与保护 7. 重建已破坏的物质 8. 增建与适应性再利用 9. 重建、再生产与复制:使用与滥用 10. 室内与室外建筑博物馆 11. (保护)干预的风貌效果 12. 旧物质遗存里新系统的植入
第三部分:遗产类型专题	不同遗产类型的保护	13. 历史景观的修复和维护 14. 遗址和废墟的保护和阐释
第四部分:保护管理实践专题	不同形式的遗产保护与管理的实践	15. 遗产的记录:量化、分析和分类 16. 保护的第四个维度 17. 两种层级的阐释 18. 保护专业人才的培训:遗产保护专家、文物保护技术人员、工匠
第五部分:杂题	其他地区的遗产保护实践和未来展望	19. 两个社会主义国家的保护 20. 第三世界国家的遗产保护:非洲案例 21. 明日世界的遗产保护

本书的整体结构较为松散，不同章节之间部分内容偶有重合，可以看出并不是同一时间段内的系统性写作。事实上，这本书更像是芬奇在 1960—1980 年代间的经验积累和思考的结果，是多年积累合成的文本。也因此，可以明显读出书中某些内容的过时，例如 1960 年代的一些观点对于出版的 1982 年而言已经略显过时，而某些理论和哲理性内容时至今日依然深具前瞻性和启发性。这种历时性的文本写作，产生了有趣的混合效果，既有今日依然能应用的方法论和保护哲学理论，也有部分技术内容成了记录性的历史文本，反映了美国初代遗产保护学者在学科萌芽的特殊背景下的思想和尚未成熟的经验，文本自身也成了学术史的组成部分。

三、原型 VS 复制品：对工业化的认知与批判

第一部分的理论基础包含了 3 个章节，是芬奇保护思想的提炼，也是笔者认为全书最重要的内容。芬奇在开篇中提出原型（prototype）和复制品的概念来讨论遗产真实性的问题。书中对原型的定义是一个原始的类型、形式或者任何可以服务于后来参考或评价的模型，可以指任何类型的艺术品或非物质的艺术形式、印刷品、工艺品、建筑等。现代工业革命带来的技术突破，使得原型的复制成为可标准化、批量化的生产，并且促进了物质文化的民主化（democratization of material culture）和文化形式的私有化（privatization of cultural form）的现象。一方面，这两种现象都有助于个体体验的扩张，提升大众在美学上的知识普及。例如过去只有达官贵人才有财力拥有的艺术品，普通人可能一辈子也没机会目睹，而工业生产技术的变革，让任何人都能拥有一件复制品，并因此能受到熏陶。但另一方面，物质文化的大量生产也会对创作者和其作品的特质以及和受众的关系造成影响。最直接的问题就是标准化生产的复制品能否等同于原型的价值？工业生产复制品的物质特性是否产生了变异？基于复制品的使用或观赏体验是否会造成感官和美学上的缺失？

当所有前工业的生产活动都被转移到了工厂里，曾经最重要的教育形式，即通过日常生活的劳作习得传承下来的技能或技艺，也因此消失。这点在当下中国的

乡村,尤其是少数民族地区尤为明显:出外求学的年轻人离开了原生环境,许多传统的技艺传承出现严重断层,规范化的正式教育加速了文化同质化。另一方面,在现代工业化生产社会里,人们从生产者亦即消费者的双重身份,转换为劳工和消费者之间的单向关系。生产线上的工人与设计师和使用者没有直接接触,或只负责物品的部分生产,对完整的生产知识缺乏理解。而缺乏专门知识或技术背景的消费者,其消费观念从品质和技艺的价值取向转换为流水线的大众审美,甚至在大量劣质复制品的冲击下,产生了审美疲劳。芬奇认为这种工业化的生产模式对时代的整体审美造成了巨大的负面影响。

芬奇提出原型可大量复制的问题,对建筑文化的影响最为显著。当工业化的建造技术可以克服不同地域的自然环境条件,无地方性(placeless)的现代建筑形式,无论是集体住宅、摩天楼,或是现代建筑史上的经典作品,如密斯·凡·德·罗设计的巴塞罗那馆,皆可在全世界被复制。而这些国际化建筑形式的传播又冲击着、改变或取代着传统本土的建筑形式、观念和生活方式。因此在美国,既可以在郊区看到千篇一律、犹如饼干模切割出来的商品房(cookie-cutter house),也可以看到各种定型化的、被挪用的文化要素出现在超市、商场、主题乐园或任何没有文化关联的建筑上。

基于上述理论,芬奇提出文化保护应该围绕三个方面展开:1. 原型本体;2. 创造原型的创作者(工匠、艺术家等);3. 生产原型的技艺和知识。要达到这个目标,文化遗产保护专业应该具备社会创新的精神和创意,并在学校、工坊(工匠)和市场间产生良好的互动,理解遗产利用的经济价值,以及给予历史人居环境自由生长和发展的空间。他也批判了20世纪以宏大历史纪念碑为主的精英式保护主义,强调了非西方文化、平民文化和乡土文化遗产的重要性与价值,以及由此衍生的对城乡聚落、街区等不同尺度建成环境的关注。

四、芬奇的建筑保护基本原则

在保护理念与方法上,芬奇根据不同尺度、类型和材料的建成遗产组成部分,对其保护理念、技术与案例进行了梳理。他认为建筑保护应该有以下三点考虑:

1. 建筑外观的现状,包括所有历史上发生的改动,无论是增建还是减少,甚至是损坏等物理痕迹,都应被视为建筑的重要历史资源。

2. 在纯粹建筑形式上所表现的建筑设计体系(architectonic)和美学完整性,即,建筑现状是否有助于我们理解原来建造者的美学意图。

3. 建筑历时性的历史发展和形态变化的关联,例如某些后代干预是否与一些历史重大事件或人物有关,并因此具有重大历史意义,以此来评估该建筑遗产的"原始"价值和"当代"价值。

芬奇认为前两点考量属于感性的价值判断,最后一点则是基于历史记录的认知判断。但在实践中,要平衡好三者的关系往往很困难。

芬奇也就由低到高的保护干预程度给出了定义。

表 5-2　建筑保护干预程度

保 护 干 预	干预程度 (从低到高)	干 预 内 容
保存 (preservation)	1	维持遗产的物质现状,干预只为了保存其物理完整性,而不是外观上的处理。
修复 (restoration)	2	将遗产的物理情况恢复到之前某一发展阶段的形态,复原依据可根据历史关联或是美学完整性而定。
保护与加固 (conservation & consolidation)	3	为了保持建筑持续的结构稳定性的所有物理干预。
重组 (reconstitution)	4	保护与加固基础上更激烈的干预方式,相当于构件的落架重新组建。
适应性利用 (adaptive reuse)	5	将老建筑根据新用户的使用要求进行的改造,也是拯救老房子最具经济性的方法。
重建 (reconstruction)	6	将已消失的建筑以考古、档案或其他记录材料为依据在原址上重建,但所有试图重新构建过去的工作,无论有多少学术或科学依据,一定会带有主观推测。
复制 (replication)	7	在另一个地点建造一座一模一样(尚屹立)的建筑,即原形与复制品并存的情况。

由于时空差异和当代保护技术的进步,关于保存、保护加固或重组的各种具体技术方法,就不多加讨论。对于一般的中国读者而言,更有广泛意义的是书中引用的大量说明案例,这也是本书的一个写作特点,可以视为 20 世纪西方建筑保护案例的集大成。尽管有些保护理念和技术已经过时,例如往往涉及搬迁和大量重建或复制的室外建筑博物馆和博物馆内的历史房间(historic rooms)等如今不太被提倡的保护展示方法,但从案例的丰富性和资料性层面来说,这些讨论还颇具价值,并且充分展示了美国本土特色的保护利用和展示理念。

其中既有威廉斯堡这样较为熟悉的经典案例,也有许多在美国境外较少被提及的特色案例。例如犹他州盐城市的摩门教堂(Church of Jesus Christ of Latter-Day Saint)广场,探讨了美国独有的陶砖(terra-cotta)高楼结构的保护技术①,以及新建设如何与历史建筑和历史轴线相呼应,从空间设计的角度使其融为一个更和谐的城市建筑群整体,这也是芬奇从建筑师视角所强调的美学完整性(aesthetic integrity)。与威廉斯堡形成对比意义的普利茅斯种植园,虽然两者都属于室外建筑博物馆的概念,都致力于恢复并展示某个特定历史时期的风貌,阐释方式也是类似的互动性较强,展示"活着的历史"的方式,但在建筑保护和修复层面上,威廉斯堡是属于现状保护、修复到重建等多重模式并用,普利茅斯种植园则是百分百的复制品——连地点都与原址相隔 7 英里。普利茅斯种植园的一切,从建筑到物品,依附于附近的布朗大学的学术资源,都是根据考古、人类学和历史材料复制而成的。它不标榜物质真实性,而是强调通过严谨的复制工作,包括研究、制作和使用过程,展示"历史过程"。芬奇称赞其为美国最具有创新意识的室外建筑博物馆,并且认为其阐释方式从建筑、物品制作和使用功能等层面来看,即延续性的视角,都具有"历史真实性"。此外,芬奇还列举了三席蒙(San Simeon)、维兹卡亚别墅(Villa Vizcaya)、保罗盖蒂博物馆马里布别墅等都不能算是历史遗产的特殊案例。这些

---

① 使用陶材作为高楼建设材料,是美国 1880—1920 年间一个独特的现象,通常用于高楼钢结构上的外墙贴面材料。但到了 20 世纪中晚期,陶材的结构缺点开始暴露,该材料也因此停产,导致这类建筑的保护修复成为棘手的问题。在修复中,除了使用特殊生产的陶构件以外,也采用如纤维玻璃石膏或纤维玻璃水泥制成的替代材料。

建筑都是对照欧洲历史建筑原型或是根据想象结合的"高仿品",这种暴发户式的做法也是欧洲经常诟病美国文化的轻薄和粗俗的原因之一。然而芬奇并没有回避这些"不正统"的遗产,而是指出虽然这些建筑没有达到艺术史或文物界的严格学术标准,但它们必然是美国文化遗产的重要组成部分,对于它们的分类、保护和阐释都需要进行探讨。

五、芬奇保护理论的前瞻性

芬奇的见解超越了当时西方文化遗产学界以物质主义为中心的认识,更贴近当下愈趋强调消解物质和非物质二元分化的整体性保护理念;而这个超前的理念恰恰来源于没有悠久历史包袱的美国的发展经验。首先,芬奇跳脱出文物保护的静态框架,将遗产视为一种文化资源,并因此提出遗产活化利用的经济价值和社会效益。芬奇明确指出了拆旧建新的建设和城市主义貌似有效率的做法,实际上会产生隐藏的社会成本:1. 大型房地产开发项目将公共设施和基建的成本从企业责任转移到整个社会负担;2. 新开发建设将富有的工业化国家所使用的能源损耗成本转移到生产原料的贫困国家;3. 当下的建设成本会转移到未来后辈承担,例如无度建设所造成的水土和资源的耗竭、污染问题等。芬奇所指出的这些成本都是具有社会公共性和长期性的成本,因此难以量化,也未引起注意。但在全球气候变化背景下的今天,我们认识到只关注个人眼前的短期利益,忽视这些宏观长期的成本,造成了普世性的巨大问题。芬奇认为城市振兴的策略不能只通过拆旧建新来完成,通过增加历史城区的使用,增加商业活动和税收才是更为可持续的经济智慧。

另一个值得指出的超前理念,是芬奇所提出的原型与复制品之间的真实性的伦理问题。在当时的时代背景下,芬奇所指主要是手工生产和工业批量生产之间的差异,以及历史建筑和新建设(包括仿古建筑)之间的矛盾,但将这个语境放在当下的中国,也同样引人深思:关于历史建筑和仿古建筑之间,以及更进一步延伸,当我们面对超越了物质性的数字化虚拟遗产,在没有了生产数量上的限制,我们对于文化遗产的感受、观赏体验、认知、美学和情感上的联结是否会产生不同的体验,而这种差异体验的优缺点是什么? 对我们推广文化遗产价值的长远影响又是什么? 在对于数字化的遗产复制品的伦理讨论中,目前还没有成熟的研究可以回应该问题。但从芬奇的观点中,我们可以获得一些延展讨论的启发。

结　论

当代的遗产保护理念奠基于欧洲民族国家的发展历程,尤其是在第二次世界大战中文化遗产遭受严重破坏的几个欧洲民族国家,都在 20 世纪发展出较为成熟的保护经验。另一方面,"二战"的战火主要集中在欧洲和亚洲,美国本土并没有遭受到那么大的破坏,战后经济更是扶摇直上,在 1950—1960 年代社会快速发展,美国成为当时世界上最富有和强大的国家。经济起飞直接带动城市大规模的发展扩张,提倡建造大尺度新城市的理性主义城市规划理念广为流行。快速城市化对文化遗产造成的威胁,让美国人民对历史保护的议题日益关心。中国在 20 世纪末经济改革开放后至 21 世纪初,同样经历了巨大的变化,大规模的高速城镇化发展带来的后果,也刺激了本土保护意识和理念的重视和改变。虽然历史时期不同,但与欧洲相比,中美同样经历过高速发展和城市过度扩张的阵痛,或许有些经验更具借鉴性。

虽然没有与欧洲一样历史悠久的建筑遗产,但恰恰是因为没有厚重的历史包袱和缺乏相对完善的保护机制,美国发展出极为活跃的公众参与遗产保护的意识和多样创新的途径。尽管一些保护利用和展示方法具有争议性,但芬奇并未回避美国社会的问题,而是在其自身的历史发展进程和特殊文化语境下,提出了基于本土经验的理念。在欧洲历史保护理念的基础上,以芬奇为代表的美国遗产保护先驱,意识到必须建立符合美国情况的保护理念,并且在不断实践的过程中提炼出"美国经验",培养综合性本土专业人才。除了具备专业建筑保护技术的知识以外,这些人才还需要有将遗产保护与社会经济等广泛议题关联的敏感度和知识面。这也是芬奇书写这部庞杂宏大的教科书的目的。这一点也恰好与朱光亚先生提出的建筑保护的"能主之人"的培养理念相同①。无论是从理念传播、学术史还是文本记录的角度来阅读此书,都能给我们带来启发。

参考文献

［ 1 ］ Dalibard, Jacques. In Memory of Charles E. Peterson, 1906 - 2004 ［J］. APT Bulletin. 2006, 37 (1), p. 3.

［ 2 ］ David W. Dunlap. James Marston Fitch, 90, Architect and Preservationist ［J］. The New York Times, 12 April, 2000. https://www.nytimes.com/2000/04/12/arts/james-marston-fitch-90-architect-and-preservationist.html?auth = login-google1tap&login = google1tap.

［ 3 ］ Jerry L. Rogers. Reviewed Work(s): Historic Preservation: Curatori al Management of the Built World by James Marston Fitch ［J］. The Public Historian, Summer, 1991, Vol. 13, No. 3, Preservation Technology (Summer, 1991), pp. 159 - 161.

［ 4 ］ https://fitchfoundation.org /about /honorees_fitch.

［ 5 ］ ECO U, translated by Weaver W. Faith in Fakes: Travels in Hyperreality ［M］. London: Vintage, 1998, pp. 28 - 29.

［ 6 ］ Fitch MJ. Historic Preservation: Curatorial Management of the Built World ［M］. Charlottesville: University Press of Virginia, 1955.

［ 7 ］ 杨雪蕾, 朱悦. 詹姆斯·马斯顿·芬奇的历史建筑保护原则与方法探究 ［J］. 建筑与文化, 2016(9): 92 - 93. DOI: 10.3969 /j.issn.1672 - 4909.2016.09.026.

［ 8 ］ 朱光亚等. 建筑遗产保护学 ［M］. 南京: 东南大学出版社, 2019.

---

① 朱光亚等. 建筑遗产保护学 ［M］. 南京: 东南大学出版社, 2019: 29。

6

更广视野下的考古遗址保护

——《考古遗址：保护与管理》导读

王思渝　北京大学考古文博学院助理教授

从国际遗产保护学术界的现状来看，考古遗址（archaeological sites）的保护实际上很难用统一的理论将其整体囊括。这一方面源于各个国家在制度国情层面的差别；另一方面也源于"考古遗址"实际上是一个难以统一的概念，其内部还有居址、墓葬、手工业遗址、宗教遗址等在体量、材料和保存现状上都差别迥异的子类型。但与此同时，对于考古遗址的保护实践在国际上由来已久。这些实践在或偶然或规范的情况下也已形成诸多共性或个性经验，值得学术界更为详细的观察和讨论。

《考古遗址：保护与管理》（*Archaeological Sites: Conservation and Management*）①便是一本能够帮助学者们实现上述目的的论文合集。该书由莎伦·沙利文（Sharon Sullivan）和理查德·麦基（Richard Mackey）共同编著，并由盖蒂保护机构于 2012 年出版。时至今日，依然可以认为该书很好地囊括了考古遗址从本体保护、管理、利用、制度设计等一系列流程所存在的主要问题，它收录的文章跨越了 18 世纪至 21 世纪、西方和非西方世界，既囊括了案例实践性的讨论（这也是本书中比重最大的一类），也有总括性的理论反思。在这样的广度之下，本书很好地反映了国际学术界在论及考古遗址保护之时认为值得讨论的问题。因此，对该书予以导读，有助于我们更好地理解考古遗址保护这一学术问题的过去、现在与未来。

---

① Sullivan S, Mackay R. Archaeological Sites：Conservation and Management ［M］. Los Angeles：The Getty Conservation Institute，2012.

　　值得一提的是,编者莎伦·沙利文作为文化遗产保护领域资深的实践者,她的实践经验对于全书的选编也产生了明显的影响。她曾任澳大利亚 ICOMOS、澳大利亚亚瑟港历史遗址管理当局的主席,参与过《巴拉宪章》、新版《中国文物古迹保护准则》的修订,因此在全书的选编中也能看到对"文化价值"、非西方经验的重视。

　　总体来说,全书共分为五个部分,总共收录 73 篇选文。第一个部分"历史:观念、方法与问题",旨在勾勒出一条从 18 世纪以来至 21 世纪的第一个十年间与考古遗址直接相关的保护史,由此可见诸多经典的保护理论的影响;第二部分名为"保护考古资源",这也是全书中比重最重的部分,其中的内容主要讨论考古遗址保护背后的制度性问题,学术界所热议的"考古资源管理"(cultural resource management)的问题在这部分有集中的讨论;第三部分围绕本体保护,但书中所述内容不仅是保护技术层面的问题,还穿插有诸多原则性问题的讨论;第四部分讨论考古遗址的文化冲突问题,虽从篇幅上看比重较轻,但也反映出多元族群的价值权力冲突已成为国际学术界讨论的热点,不应忽略;第五部分回到管理问题上,涉及具体的规划和展示层面的讨论。下文将就这五个部分逐一展开评介。

一、保护理念的形成

　　《考古遗址:保护与管理》一书中的第一部分"历史:观念、方法与问题",核心目标旨在回应考古遗址保护的理念源于何处,其又是如何发展至今天的考古遗址保护实践的。

　　对于中国的遗产保护学界而言,或由于学科间的间隙,考古遗址与建筑等其他类型的遗产保护常被区分讨论。但在《考古遗址:保护与管理》的第一部分,并无意于区分一条不同于其他遗产类型、仅关于考古遗址的特定保护史。本书中所归纳的考古遗址保护的理念发展史,与尤嘎等学者所提的建筑遗产保护史相互交织着。出现这样的现象或许在于,英文世界中"site"的定义本身就可以囊括诸多今天意义上的建筑遗产,建筑本身便是考古的对象之一。其中,较有代表性的话题,例如遗址应当被修复为一个理想状态,还是保留其相对稳定的废墟状态,此类在建筑遗产保护中常提的经典问题,在本书中也被看作是考古遗址保护的基础。1998 年弗兰克·马泰罗(Frank Matero)等人的文章中对诸多在当代遗址保护中屡有争议的基础性关键词做出了界定,其中就包括了"原物归位"(anastylosis)和"重建"(reconstruction)。前者指代的是将历史建筑结构中分散的部分重新组装,并让复原之后的要素扮演其原有的位置和结构功能,这个过程需要对原本的中性要素保持最小干预,使其维持稳定或形态完整;而后者则是对一个遗址或建筑结构的形态和细节进行再生产,无论使用了新材料还是旧材料①。

除了上述内容之外,本书在此部分收录的文章,在以下四类问题上也显示出额外的侧重:

其一,本部分已经开始重视现代保护运动开始之前人们对古迹、遗址和保护最初的自发性意识。因此,本部分收录了 18、19 世纪回忆录中所记载的人们对罗马、特洛伊古迹的崇拜;并且专门提到,现代意义上的遗址保护与人们历来对古物和遗址的崇拜有关(尤其是对古埃及以及古典希腊罗马时期的崇拜)。此后,存在着一种价值重点的转移。学者们在关注遗址保护之时,最初的重点主要集中在美学和历史价值之上;此后,随着现代考古学的开展,学者们才开始基于获取更多的科学信息(其背后的逻辑也暗含着考古学开始成为一门科学)而保护遗址和遗物②。

其二,关注早期的考古遗址阐释工作,例如,提到亚瑟·埃文斯(Arthur Evans)于 20 世纪初在诺萨斯遗址为了辅助观众理解而做的保护性工作③。

其三,从考古学科自身发展的角度,理解考古学与遗址保护之间的双向互动关系,由此本部分收录的文章中提到的内容包括:20 世纪初关于考古学伦理的讨论已将保护视作考古学家的"第一责任";20 世纪对图坦卡蒙的考古发掘中已经表现出对记录和保护技术的重视;20 世纪中期的国际博物馆办公室(International Museums Office)已经制定了一系列考古发掘技术守则,其中包括对保护问题的规

---

① Archaeological Sites: Conservation and Management [M]. pp.15 – 16.

② Archaeological Sites: Conservation and Management [M]. p.2.

③ Archaeological Sites: Conservation and Management [M]. p.37.

定;20 世纪初期以美国为代表的大规模的基础建设带来了抢救性发掘的需要,由此引发了"考古资源管理"问题,并指出,这种发展又与"以问题导向为出发点"的、推演式的、对技术方法的可靠性有更高要求的"新考古学"的学科发展存在着冲突。

其四,关注考古遗址保护背后所承载的政治性问题,例如,本部分收录的文章中曾经提到,20 世纪初考古遗址的保护与发掘技术正是在殖民主义的进程中自"西方"带向了"东方"。劳拉简·史密斯(Larajane Smith)认为,"考古资源管理"的过程是一个国家话语体系下的官方行为,带有对物质材料的文化、政治和伦理问题的"西式"关照[①]。

二、保护作为一种选择

第二部分"保护考古资源"的选编中,暗含了遗址保护时的一个基本逻辑,即并非所有的遗址都需要被保护,在这背后仍是一个基于风险与价值的选择问题。

在这部分文章中,有大量论述直接围绕着,考古遗址会面对什么样的风险,存在着怎样的价值,又可以有怎样的政策或管理措施来基于价值、控制风险。例如,本部分收录了安吉拉·费罗尼(Angela Ferroni)关于 PISA 项目的讨论。该项目旨在关注考古资源的脆弱性(vulnerability)。并且将对脆弱性问题的讨论与"风险"(risk)、"危险"(dangerousness)等概念结合在一起,并形成了一个相应的关系网络。在这篇文章中,费罗尼指出,风险管理的过程也即降低危险、降低风险要素和降低脆弱性过程。基于此,在考古遗址的问题上,可以建立起一个相应的要素网络来分析其风险状况[②]。相较来说,费罗尼并没有就具体的威胁要素逐一展开,反而是盖塔诺·帕隆博(Gaetano Palumbo)的另一篇文章将威胁要素区分得更为具体。尤其是在非自然性的威胁方面,他将有可能威胁考古遗产的要素区分为:社会经济层面的发展、发展所带来的污染和副作用、旅游、社会动乱、盗掘、考古发掘、不合理干

---

① Archaeological Sites:Conservation and Management[M].p.133.
② Archaeological Sites:Conservation and Management[M].p.174.

预、缺乏有效的行政和立法管理①。

在考虑风险问题时,相较于其他考古遗址保护类的相关研究,本书所呈现出来的重要特色之一,便是对考古学科自身的发展与遗址保护之间的关系保持了较高的敏感度。例如,本部分会收录专门关注考古学伦理的文章。阿伦·蔡斯(Arlen Chase)等人的文章意识到,从某种程度上,以一种科学的方式来收集信息,构成了考古学成为现代学科的重要标志,考古学家需要背负职业道德和守则来行事。这包括考古学家需要谨慎权衡自身在考古发掘过程中对待遗迹和遗物的态度,也包括发掘结束之后出版考古报告、参与面向公众等一系列公共事务②。

在此过程中,影响考古学家和遗址保护之间关系的一个热点问题,便是关于抢救性发掘的讨论。抢救性发掘在很多时候被看作是现实条件有限的情况下,寻求考古学学科发展、遗产保护与经济发展之间相互平衡的重要手段。至于如何开展抢救性发掘,不同的学者提出了不同的规范,其中威廉·利佩(William Lipe)的文章最具代表性。他提出抢救性发掘需要考虑问题导向、资料收集、集中调查、地区性框架、资料存储和遗址保护六个层面。在这当中最为首要也是最难实现的层面,或许便在于抢救性发掘能否做到以考古学问题为导向。利佩看到了抢救性发掘的运行模式、评估标准和驱动力并不首要围绕考古学学科问题;甚至抢救性发掘的从业人士大多未经过考古学博士训练。基于此,利佩最终将希望放到了抢救性发掘的资助机构的专业性、政府管理部门对专业标准的要求,以及从事抢救性发掘的考古学家的专业素养之上。同时,利佩的研究还就抢救性发掘的不足展开了更为全面的讨论,例如,其对考古学学科自身的促进有限,其在事实上仍然对遗址会造成破坏等。为此,利佩希望发展出更为积极的考古资源保护策略。这便需要进一步明确考古学的价值,例如,证明考古资源在现代教育和公共生活中的地位(这也涉及进一步了解考古学的受众),证明考古资源与原住民社区之间的关系,证明考古学与其他科学研究之间的关系;再如,发展多元的公共教育手段,与博物馆、学校、

① Archaeological Sites: Conservation and Management [M]. p.186.
② Archaeological Sites: Conservation and Management [M]. p.195.

公共团体以及在地社区等展开合作。利佩还主张让考古学家进一步融入城乡规划当中。这既涉及建立起合规可行的公共决策程序,也涉及考古学家需要学会根据研究计划向规划者提供有效的建议。利佩强调了"考古式保存"(archaeological preserve)的重要性。利佩所谓的"考古式保存",主要基于其对当时美国遗址保护现状的考虑。当时的美国遗址保护已经就一系列在当时看来最为重要的遗址采取了保护制度;但是,利佩提出,考古遗址在很多时候是系统性的,除了在当时看来最为重要的遗址之外,还有诸多连带的遗址与其共同构成学术价值;并且什么样的遗址最为重要,这一标准本身就存在着变化。因此,利佩提出"代表性"(representative)的概念。他认为,与其试图保护所有的遗址,在国家的考古资源当中挑选"代表性"应是首要的;这种"代表性"应带有研究取样式的衡量标准①。这样的讨论与大卫·弗兰克尔(David Frankel)的观点也有所呼应。大卫·弗兰克尔关于考古发掘对遗址的破坏性的讨论,旨在强调考古发掘应缩小到最小化,选择发掘或保护什么样的遗址时要考量样本的有效性和同质性②。

　　既然已经涉及在条件有限的情况下选择保护什么样的遗址的问题,那么遗址的价值问题已经呼之欲出了。大多数学者承认,考古遗址并非具备了考古学的学术价值便值得保护。当考虑保护和管理问题时,评估一处遗址的工作会变得更为复杂。例如,安东尼·马蒂(Antoni Marti)提出的分析考古遗存的考量指标便包括奇特性、纪念性价值、易懂性、历史价值、符号性价值、可面向博物馆阐释的能力、环境影响③。克里斯托弗·贾奇(Christopher Judge)考量的因素包含了遗址的稀缺性、受威胁程度、完整性、研究潜力和教育价值,并对其分别进行赋分④。当然,也有部分学者会在文章中继续强调考古研究对遗址价值的重要性。例如,莎伦·沙利文的文章提出了评价一处遗址的科学或研究价值的三个考量:该遗址能否提供别的材料(例如文献或口述史)无法提供的知识;该遗址能否提供别的遗址无法提供

---

① Archaeological Sites：Conservation and Management［M］. p.229.
② Archaeological Sites：Conservation and Management［M］. p.258.
③ Archaeological Sites：Conservation and Management［M］. p.271.
④ Archaeological Sites：Conservation and Management［M］. p.313.

的知识;该知识能否解决人类历史或其他相关议题中的相应问题①。再如,马丁·卡维尔(Martin Caver)的观点是,将考古遗址视作"纪念物"来保护,实际上并非"考古学价值"(archaeological value)的言内之意;这种"考古学价值"的内涵更主要是由研究价值来决定的。由此,保护的重点不应在对既有资源的保护上,而更应考虑诸如研究的可持续性等问题②。即便有了上述争论,但是遗址价值评估的工作依然是复杂的,标准的取舍和主体的参与都会影响评估的过程与结果,尤其是其间还关涉考古学家的态度问题。正如布瑞恩·费根(Brian Fagan)的文章所指出的,考古学家更在乎研究的问题,而不在乎保护的问题,更为积极性的保护策略依然是必要的③。马特·戴维斯(Mat Davis)整理出了一份工程操作中减轻建设性破坏的流程,旨在让考古学家参与到全流程当中,并在全流程中将对考古遗址的影响纳入考量因素之一④。

三、保护不仅限于技术

全书进入到第三部分,更进一步在考古遗址本体保护层面展开讨论。

在这一部分的讨论,大量的收录文章围绕着技术性议题背后的原则展开。例如,在第二部分曾经被提到的 PISA 项目,在这一部分也再次被提到。此时的重点集中在遗址的长期维护之上。约翰·斯图尔特(John Stewart)、莎拉·斯坦尼夫斯(Sarah Staniforth)等人的工作以马赛克为例,介绍了此类遗址在监测过程中应该考虑的原则性、方法论式问题⑤。同时,作为考古现场保护的重要手段,回填、保护大棚等均是不会被学者们忽略的话题,而这些看似基础的手段又都有诸多不得不考量的因素需要权衡。

---

① Archaeological Sites:Conservation and Management [M]. p.256.
② Archaeological Sites:Conservation and Management [M]. p.295.
③ Archaeological Sites:Conservation and Management [M]. p.335.
④ Archaeological Sites:Conservation and Management [M]. p.283.
⑤ Archaeological Sites:Conservation and Management [M]. p.543.

　　此外,本书在讨论原则性问题时,已经开始倾向于不将遗址的本体保护看作是一个纯粹中性的科学问题,决策的制定过程、多学科团队的构建,对于最终保护效果的实现起到了至关重要的作用。例如,在这一部分的开篇,本书便承认,任何的考古发掘均建立在某种程度的"破坏"基础之上。因此,学者们关注的要点应该围绕在三个方面:发掘中的保护、原址保护的决策制定,以及资料记录。在这个过程中,本书尤其注意到,考古学家和保护者时常分而治之,这使得发掘工作和保护工作常相互割裂,二者在研究目标上呈现出不同的取向。由此便引出在保护和研究等不同阶段的多学科合作问题。再者,选择作用于本体的干预材料时,也存在着决策制定问题,这种决策的制定需要充分考虑是否涵盖了遗址的所有价值要素。本部分收录了特蕾莎·帕特里西奥(Teresa Patricio)的文章,其列出了关于考古遗址保护(主要针对废墟型遗址)在决策制定、团队搭建过程中的一系列考量因素。他将职业伦理、考古—保护互补性、价值认定、动态程序、完整性保护、可持续性、政治承诺和整体性方法论视作基本标准 ①。尼古拉斯·普莱斯(Nicholas Price)的关注点主要集中在发掘前保护计划的制定以及发掘过程中对保护问题的密切关注之上。具体来说,发掘前保护计划需要至少做到,在发掘资金中留出保护和出版资金、对当地环境可能带来的保护需求充分可知、对遗址本身的物质材料基本可知等②。基于此,赫库兰尼姆(Herculaneum)遗址被作为代表性案例在本部分中被提出。在这个案例中尤值得提及的便是考古学家的角色。多梅尼科·卡玛多(Domenico Camardo)提出,考古学的目的就不应是"为了发现而发掘",而是"为了了解而研究"③,换言之,发掘仅是研究的一个部分而已。由此控制研究目标、考虑最小发掘是否就能精确提取所需信息,便成了考古学家需要考虑的问题。卡玛多描述了在赫库兰尼姆遗址的一支考古队伍的构成,应包含考古学家、建筑修复师、文物修复师,必要情况下还应包含工程、湿度、化学和地理方面的专家④。尤其值

① Archaeological Sites: Conservation and Management [M]. p.371.
② Archaeological Sites: Conservation and Management [M]. p.377.
③ Archaeological Sites: Conservation and Management [M]. p.385.
④ Archaeological Sites: Conservation and Management [M]. p.387.

得注意的是,这也不完全是基于保护层面的考量。例如,修复师对于器物微观层面的观察,也有助于考古学家自身的考古学研究。

再者,既是针对本体的保护,必然会存在干预程度之多少的问题。在本部分中有大量文章涉及此类问题。例如,格林·科皮奇(Glyn Coppack)批评了所谓的"最小干预""保持发现时的原貌"等理念在实际中很难做到,风格式修复的"遗毒"一直存在。修复的程度远没有控制在对现状的考察、追求长期稳定性和公众可进入的综合考量之下。如果真的能够事前确立这样的目标,将进一步影响考古的发掘策略。他以威格莫尔(Wigmore)为例,提出当地考古研究最主要的驱动力便在于记录和分析现存遗迹,而不再是盲目地扩大发掘①。

当然,在诸多干预手段中,最受争议的莫过于在考古遗址现场进行重建。本部分中有大量的文章论及此问题。在这些讨论中,重建对于参观者的效用、对于建构宏大历史叙事的作用,常被提及。相较于整体性重建,"保护性建筑"的提法显得更为"诡辩"。凯瑟琳·沃菲特(Catherine Woolfitt)便关注到了这类做法。在她的举例中能够看出,支持这类做法的理据必须建立在特定的前提之上:考古学所能提供的复原信息清晰,以及对遗址本体确能起到保护作用②。相较之下,尼古拉斯·普莱斯对重建问题的讨论更为集中。他总结了《威尼斯宪章》《世界遗产操作指南》等国际文件中关于"重建"问题的表述;并指出,民族象征、功能延续(但实际上多已不再是原初功能)、教育与研究、促进旅游、遗址保护(一方面在于,重建在部分情况下可以促进本体的稳定;另一方面在于,重建也表明该遗址正在当代被有效使用,从而有助于其回避经济发展给其带来的压力)是常见的支持重建的理由;但与此同时,情绪性价值、难以实现真实性、宣扬错误信息的风险、对原有证据的破坏、景观层面的混乱、混淆遗址阐释、成本,则是常见的反对重建的理由。基于此,尼古拉斯·普莱斯提出了关于重建的6点原则:基于考古证据的重建后的建筑应被视为新建筑(重建是一种创造性的活动);比起成为废墟,重建之后的遗址的价值能

---

① Archaeological Sites: Conservation and Management [M]. p.425.

② Archaeological Sites: Conservation and Management [M]. p.503.

够被更好地发现,只有基于此,重建才应被考虑;关于遗址的更早期历史的已有证据必须被完整地记录,并确保该记录流传至未来;重建行为不得损害更早期历史的证据;重建的理据应清晰地向参观者说明;过往已被错误重建了的行为保持不动①。

相较于重建,对遗址或遗址的部分要素进行复制也是能提供游客体验、同时争议相对较小的模式。简·克洛特(Jean Clottes)和克里斯托弗·齐平代尔(Christopher Chippindale)的讨论旨在说明,好的游客体验并不全然追求让遗址尽可能仿真、必然看到遗址的原样;而是能够在原样的基础上,考虑现代设计和阐释手段,既能传递信息,又能引发游客的共鸣②。

四、多元文化冲突下的保护

第四部分以考古遗址的"文化价值"(cultural value)为题。在本书中所论的"文化价值"仍是一个宽泛的概念,包括了"信息、审美、历史、社会和精神"等不同的层面。在本部分的论述中,其强调的重点实际上并不在"文化价值"的定义上;而更强调的是一个基本的现象,即:同一处考古遗址在不同文化背景的社群面前,可能完全意味着不同的价值内涵。因此,尽管国际遗产保护行动中都在强调遗产的"普世性"价值,本部分的关注重点开始从专家群体中抽离,开始考虑不同社群中的不同价值导向。

本部分收录的文章均属于个案研究。当代遗产保护运动代表着一种现代性色彩浓厚的价值观和行为准则,而在不同的社群中,其并不一定全盘接受这样的价值观,常会遭遇冲突。在这样的背景下,殖民主义、原住民观点/社会结构、宗教性遗存、地方性知识是常被讨论的话题。本部分所举的代表性案例包括:非洲地区面对的情况是伴随殖民主义所带来的保护性观点对遗址所具备的传统文化价值的忽略,甚至是基于研究需要却不节制的考古发掘。在非洲国家,前殖民时代也有着社

---

① Archaeological Sites:Conservation and Management[M]. p.514.
② Archaeological Sites:Conservation and Management[M]. p.528.

群长老照看重要遗产资源的传统；但这种传统很快被殖民主义之后的法规替代。遗址被作为研究样本或特定历史的证据而面向观众展示，但忽略了其本身对于当地社群的文化价值①。泰国的问题主要体现在宗教性遗存之上，此类遗存的完整性和延续性都更大程度基于精神性的信仰，而不是物质性的构件，因此同样与现代遗产保护理念存在着较大的差距。例如，佛塔在佛教世界中的意义早已超出了塔本身的物质结构，新建佛塔或佛寺又是"功德"观中重要的组成部分，衰败之后的佛塔也没有失去其精神性的力量，而这都与现代遗产保护中提倡的理念和方法有所出入②。普韦布洛的霍皮人本身带有对祖屋的保护观，且以此影响了整个霍皮文化。在这种文化当中，现代遗产保护运动中所希望"拯救"的废墟和衰败是可被接受的。原因在于，在霍皮人看来，祖屋本身是自然世界的一部分（这在本质上也冲击着现代遗产保护理念中自然和人文二分的理念）③。澳大利亚维多利亚河岩画中的艺术性在当地原住民心中是一种先民存在的证据，对这种艺术的掌控影响着该族群内部社会结构的维系；而这同样很难被现代遗产保护运动完整地体现出来④。

面对这样的多元价值观和冲突，现代遗产保护能够采取怎样的进一步行动呢？本部分所收录的文章中屡次提及澳大利亚《巴拉宪章》中的"文化重要性"（cultural significance），提及现代遗产保护运动在整体态度上所呈现出来的趋势还是愿意听取更多元的声音的意见。落实到具体的行动中，例如，本部分中收录了西蒙·沃拉克（Simon Warrack）在吴哥窟的社区融入案例。在这份案例中，该团队所呈现出来的经验包括，保持对当地文化习惯的尊重、掌握地方语言（必要时寻求翻译）、与在地社区建立起长期的信任关系、将地方领域纳入决策团队中、在具体的保护决策上共同退让、对于尤其重要的活态仪式予以保留等⑤。但是，这样的做法是否能够形成更为原则性、总括性的规范和理念，在本部分收录的文章中尚未体现。并且，这

① Archaeological Sites：Conservation and Management［M］. p.561.
② Archaeological Sites：Conservation and Management［M］. p.572.
③ Archaeological Sites：Conservation and Management［M］. p.594.
④ Archaeological Sites：Conservation and Management［M］. p.607.
⑤ Archaeological Sites：Conservation and Management［M］. p.626.

样的做法能否解决所有的细节问题,也有待验证。例如,在霍皮人的问题上,当地的国家公园管理局试图发展出一系列项目,试图更大程度纳入多学科视角,在保护实践中融入当地人的理念和贡献。但就目前来看,当地人是否愿意参与此类"专业"项目,传统技术在当地社群中的客观流失,都构成了此类项目能否持续获得成功的挑战①。

五、规划与展示

第五部分核心对准"考古遗址管理"。这部分所谓的"管理",主要指向规划和展示两个层面。

在规划的问题上,玛莎·德玛(Martha Demas)的讨论更为全面。她首先解释了为何规划是重要的。在她的讨论中,除了强调规划可以为后续的行为制定共识性框架、形成一系列有逻辑的考量、面向未来的需求之外,她也将规划的制定过程本身,看作是一个纳入多元利益群体、让决策机制更为透明的过程。她将规划过程区分为"认定与描述""评估与分析"以及"制定决策"三个部分,并细分了相应的考虑因素。这当中还包含了关于社区融入技巧的讨论,例如,工作坊、针对性问题的提出、寻找社区内的中间人、旅游市场调研等。值得注意的是,在充分考虑决策民主和价值多元的框架下,玛莎也提出,即便在价值评估的环节,评估者的构成也应该是多元的;在现状评估时,应考虑管理现状,而对管理现状的考虑还应具体到对当地的现有组织结构能力、人力资源等问题的细致考量。她将整个过程看作是一类价值导向型的路径②。

值得注意的是,不同国家的保护规划的实现取决于不同国家的特定国情。莎伦·沙利文的讨论凸显了其本人的澳大利亚背景。她认为,"significance"一词所蕴含的价值内涵一直是多面的,需要在实证主义与人文主义之间寻求平衡(后者主

---

① Archaeological Sites:Conservation and Management [M]. p.594.
② Archaeological Sites:Conservation and Management [M]. p.653.

要指向的是对传统文化价值的尊重），在方法论上考虑社区融入等。以此为基础推衍出的保护规划，便更强调符合当地的文化和社会习惯；编订保护规划时的利益相关者除了专业人士之外，需要纳入地方群体①。除了这种理念层面的尊重之外，在本部分的讨论中还能够看出，政府行政力量的介入程度在不同的国家各不相同。例如，在拉美国家讨论保护规划之时，以下问题便都需要被考虑，即社会力量、官方机构的控制力、政治管辖权、地租类型、土地使用者、原住民社群的既有权力和城市更新的情况②。

在面向公众的展示与阐释问题上，本部分收录了乔治·布契拉提（Giorgio Buccellati）关于"大众化"（popularization）问题的讨论。他尤其看到了，"大众化"的过程是一个让信息更清晰完整地呈现在公众面前的过程，而这个过程本身是一个对考古学研究提出更高要求的过程，考古学家时常在这个过程中发现新的学术问题；换言之，他试图证明，"大众化"对于考古学而言不应是额外的任务，也是一个促进学术的过程③。这样的强调所基于的背景同样也在于，事实上存在着大量的考古学家在公众呈现的问题上参与度不高的现象。这同时还涉及大型考古遗址发掘的正当性问题、考古报告的及时面世的问题以及考古学家对遗址的阐释是否发生偏移的问题。克里斯托弗·蒂利（Christopher Tilley）的工作实际上也在强调，阐释性的活动（而非机械地信息收集）对于发展更为反身性和成熟的考古实践来说更有意义。考古报告的编写便是一类这样的活动④。此外，在承认了面向公众开放这一行为的正当性的同时，本部分也并非对展示和阐释可能带来的潜在威胁视而不见。皮埃尔·佩德雷加尔（Pierre Pedregal）和安雅·迪克曼（Anya Diekmann）整理出了观众参观可能带来的物理、化学、生物等层面的威胁；为此，前置性预案、面向观众的事前讲解和规范、必要的培训、人流管理、持续监控等都是必要的⑤。

---

① Archaeological Sites: Conservation and Management［M］. p.640.
② Archaeological Sites: Conservation and Management［M］. p.717.
③ Archaeological Sites: Conservation and Management［M］. p.727.
④ Archaeological Sites: Conservation and Management［M］. p.734.
⑤ Archaeological Sites: Conservation and Management［M］. p.743.

结　语

综上所述,《考古遗址：保护与管理》一书为我们展示了国际遗产保护学术界在论及考古遗址时所主要关心的话题和范畴。当然,也有诸多问题在此书中尚未得到充分的展开。例如,对制度性问题的讨论,依然缺乏对国家行为、市场力量乃至社会组织等不同主体更为政治学乃至社会学式的考量(这些问题在事实上都对考古遗址的保护有着至关重要的影响);对社区问题的考虑主要放在多元文化的冲突背景下,但是实际上,在抽离掉文化层面的冲突之后,考古遗址与各类利益相关社区之间的碰撞实际上是普遍存在的,从价值与权力的角度如何协调二者之间的关系,还有诸多问题可讨论;规划的问题过于注重实践性的原则总结,尚未进入对规划理念的探讨;展示利用的多种可能在本书中也未能完全展开。

尽管如此,还应看到本书的价值。它让读者充分地看到,今天的考古遗址保护研究已经有了愈发广泛的多学科色彩;从保护理念、制度设计、决策制定、本体保护和后续的管理利用,考古遗址保护的问题已经不是单一依靠传统意义上的考古学、规划学或者社会学等母学科便能够完成的,在多学科交融的视角下构建出更为全面的学科范式、操作模式以及知识体系,才是真正契合现实与理论发展的方向。对于中国遗产保护学术界而言,这包含着许多有待中国学者进一步关注的问题,例如,考古与保护的双向互动问题,社区在不同层面的参与和价值问题,多学科交融之后所带来的价值导向和操作规范问题,等等。这都在本书中的各个不同部分得到了充分的强调,但在中国仍有待进一步发展。

7

文化景观保护管理的现状及反思

——《保护文化景观：挑战与新方向》导读

宋　峰　北京大学城市与环境学院副教授

史艳慧　伯明翰大学地理地球和环境科学学院荣誉研究员

陈雪琦　北京大学城市与环境学院硕士研究生

关于文化景观的保护和管理实践，我们推荐的书是 2015 年出版的由肯·泰勒（Ken Taylor）、阿彻·圣克莱尔（Archer St Clair）和诺拉·米切尔（Nora J. Mitchell）合作编写的《保护文化景观：挑战与新方向》（*Conserving Cultural Landscapes: Challenges and New Directions*）[①]。2012 年《世界遗产公约》40 周年，为纪念 1992 年"文化景观"作为一种特殊类别进入世界遗产领域，以及 2011 年通过的《关于历史性城镇景观（HUL）的建议书》，在新泽西罗格斯大学召开了"文化遗产和保护研究项目"会议，本书的内容由会议上顶尖的专业人士和学者所作报告的基础上发展而来。

这本书的编者之一肯·泰勒（Ken Taylor）是澳大利亚考古学与人类学学院遗产与博物馆研究中心荣誉教授，近年来，他单独或合作编写了大量有关世界遗产文化景观的专著和期刊文献。另外，UNESCO 世界遗产中心及其咨询机构也出版了世界遗产文化景观的系列文件。但我们之所以选择《保护文化景观：挑战与新方向》，一是因为这本书基于会议文献，涉及内容更加综合全面，不仅包括列入《世界遗产名录》的文化景观遗产地，也包括世界遗产领域之外的文化景观项目；二是由

---

① Taylor K, Clair A, Mitchell N. Conserving Cultural Landscapes: Challenges and New Directions [M]. Oxford: Taylor & Francis Group, 2014.

于参会人员不限于学术界,作者不仅有高校研究人员、来自世界遗产咨询机构的专业人士,还有直接或间接参与文化景观保护管理工作的从业人员,这样读者可以倾听来自不同领域的声音,并对文化景观的保护管理工作有一个更为宏观的把握。

不过值得注意的是,虽然本书涉及的内容已相当丰富,但仍主要局限于遗产范畴,不管是内容还是研究范式都带有明显的遗产视角,而对遗产之外如学术领域的重视是不足的,一方面表现在对学术领域已有的研究成果鲜有涉及,另一方面则表现在对一些重要且有争议的术语缺乏辨析地使用。因此,本文在介绍这本书的同时,也将跳出遗产的视角对其进行批判性审视。只有先对文化景观的关联话题有一个面面观,才能对实践领域存在的现状问题有更清晰的认知、定位和把握,才可能在未来更好地制定保护管理策略。

一、文献导读

本书共 22 章,其中第 1 章为引言。后 21 章可分为五个部分。这五个部分有各自的主题,但并非全然分离,而是互相交叉有所涉及,下面将分别予以介绍。

引言部分

作者在简要介绍本书的会议背景后,阐释了文化景观的内涵,并进行了简单的学术梳理。在综述奥托·施吕特尔(Otto Schlüter)、弗朗兹·博厄斯(Franz Boas)和杰克逊(J.B. Jackson)等人的工作后,作者强调本书提到的文化景观是一个整体概念,其意义和价值"并不在于固定的历史要素,而是反映了随时间推移发生的变化,包括人类价值观的变化、对自然环境看法的变化、身份和归属感的变化"。

在学术梳理后,作者构建了文化景观保护的新范式,提出了六项指导原则,作为"与文化景观的价值和特征直接相关的"管理框架的基础:

① 与文化景观相关的人群是主要利益攸关者;

② 成功的管理是包容和透明的,治理是通过对话和协议形成的;

③ 文化景观的价值在于人与环境的互动,管理的焦点在于这种关系;

④ 管理的重点是引导变革,以保持文化景观价值;

⑤ 文化景观的管理应被整合到更大的景观背景中进行;

⑥ 成功的管理有助于社会的可持续发展。

这六项原则不仅适用于世界遗产文化景观,也同样适用于其他类型的景观。

然后作者提出对于遗产保护工作,文化景观能够从以下四个新兴方向提供启发:

① 将遗产领导从机构管理转向社区管理,强调多样性;

② 把文化景观视为有生命的、不断演变的社会生态系统,把系统和过程而非场址作为主要对象;

③ 将对价值的认知扩展到非物质要素,包括当地居民与景观和传统知识的联系等精神价值;

④ 文化景观对理解可持续性、环境变化和遗产之间关系的贡献。

在此之后作者阐述了本书的目的:

① 文化景观方法提供了一个基于文化的保护战略的整合视角框架,尊重快速变化的世界中价值的复杂性和丰富性;

② 可持续文化遗产保护、管理和治理的关键问题具有全球范围内的可比性,全球经验分享对于制定成功的保护理论和实践方法至关重要;

③ 将理论和实践整合到保护规划和治理体系中,以便当地利益攸关者能够进行合作,并认识到当地社区在尊重多元文化利益和人权工作中的领导作用;

④ 在地方、国家和全球层次上推进生物文化多样性保护与文化自然保护的政策战略相结合;

⑤ 使新一代学者和专业人士参与到文化遗产保护的整合方法中,这种方法由人地关系定义,除物理要素外,还包括模式、互动和关联。

引言中作者强调了文化景观的内涵对世界遗产领域传统保护理念带来的革新,如景观是"过程"而不仅是"结果",是"文化建构的产物,不仅包括人们塑造和组织景观的物质性方式,还包括人们在景观塑造过程中的信仰、价值观和意识形态",因此在遗产保护实践中应将"系统和过程而不是场址作为主要对象"。这一认识是正确的,但泰勒在其学术回溯中,对文化景观的学术发展过程存在一些误解,这一点在泰勒更早的景观综述中同样存在:泰勒认为在 20 世纪 70 年代以前,景观研究经历了"从结果到过程"的转变,即文化景观的早期研究将文化景观视作一个结果,如施吕特尔提出"地理研究的基本目标是将景观形态作为文化结果"以及卡尔·索尔那句著名的"文化是驱动力,自然区是媒介,文化景观是结果"等①。但这其实是泰勒等很多学者拘泥于文字和语义方面的解读。事实上,景观学派从施吕特尔开始就强调文化景观的发生学视角,提出景观研究"不仅是对现象分类并确定其分布和结合的过程,也研究其随着时间和过程而变化的特点"②;索尔也强调,对文化景观形成的研究,不能排除对演变过程的视角③。此外,泰勒还认为索尔的景观形态学方法"狭隘地限制在科学方法的范围内,专注于文化多样性的物质方面"④,这其实也是一种误解;人类生活、思想和组织、文化习俗和制度等非物质要素同"过程"一样,自景观研究伊始就是文化景观的应有之义⑤。

第一部分：对过去和未来发展方向的反思

第一部分的 4 篇文章主要涉及世界遗产领域文化景观的相关问题,即文化景观因其"整合的自然与文化关系"的特点,在 1992 年作为文化遗产亚类引入世界遗产领域的过程、背景,以及为世界遗产事业带来的革新与挑战。

第 2 章作者梅希蒂尔德·罗斯勒(Mechtild Rössler)作为时任 UNESCO 世界遗产中心的副主任(2015 年荣升为主任,直至 2021 年 9 月退休),全面地介绍了文化景观在世界遗产领域的基本情况,认为应针对文化景观的特点制定综合的管理策

---

① Taylor K, Lennon J. Managing Cultural Landscapes [M]. Oxford：Taylor & Francis Group, 2014, pp. 21 – 28.

② (英)罗伯特·迪金森著. 葛以德等译. 近代地理学创建人 [M]. 北京：商务印书馆, 1980：83 – 84, 130 – 157.

③ 邓辉. 卡尔·苏尔的文化生态学理论与实践 [J]. 地理研究, 2003(05)：625 – 634.

④ Taylor K, Lennon J. Managing Cultural Landscapes [M]. Oxford：Taylor & Francis Group, 2014, pp. 21 – 28.

⑤ (英)罗伯特·迪金森著. 葛以德等译. 近代地理学创建人 [M]. 北京：商务印书馆, 1980：83 – 84, 130 – 157.

略,还比较了《UNESCO景观建议书(1962)》《世界遗产公约(1972)》及《欧洲景观公约(2000)》三种不同的工具在景观的定义、适用范围、保护方法和真实性/完整性等方面的异同,从法律地位、操作原理、目标和景观定义等方面区分了"文化景观"与"历史性城镇景观"的差异。罗斯勒认为,文化景观有潜力促进世界遗产的区域平衡和代际公平,而且在未来可以成为可持续保护的研究案例。

第3章涉及文化景观的保护问题,讨论了文化景观在适应变化和发展方面常常表现出的非凡韧性和复杂性;并通过5个不同的案例,强调这种韧性的取得,离不开当地社区长久以来充分利用当地资源,并基于代代相传的传统知识以维持的过程。作者认为,迫切需要了解文化景观在社会经济系统、社区管理和知识等方面的复杂性,实现世界遗产文化景观的长期持续发展。

第4章和第5章则更具批判性,将争议进一步聚焦至文化与自然之间的关系问题上。首先,《世界遗产公约》虽然被誉为"将文化遗产和自然遗产的保护结合在一个工具中唯一的国际协议",却割裂地对待自然与文化之间的关系,其一方面是因为《世界遗产公约》成立时将国际自然保护联盟(IUCN)、教科文组织(UNESCO)和美国三个公约的倡议未加整合地直接组合在一起——有些人认为是天才之举,有些人则认为留下了鸿沟的妥协;另一方面由于行政原因,UNESCO秘书处在科学和文化部门之间轮换了20年,直到1992年才单独设立秘书处将这两个部门合并在一起,咨询机构、缔约国的文化和自然部门也是互相独立地开展工作的。也就是说,由于涉及不同的学科、组织、公众和专业人士,即使置于单一的倡议下,其在文化和自然方面仍是分开运作的。其次,由于世界遗产文化景观概念的提出,始于欧洲代表团提出的"乡村景观"概念,并非基于扎实的学术研究和比较,而更大程度上来源于世界遗产的"政治正确":"'乡村'的概念只适用于法国、意大利等西欧国家,对许多国家来说毫无意义。……该公约是文化或自然的。……为了实现这个想法,我们必须将乡村景观与这两个分支中的一个联系起来,所以他们用了'文化'这个词。"而且也与世界遗产领域人类学家占支配的地位有关:"人类学家把所有人类活动描述为文化活动,而人类学家在UNESCO有很大的影响力。"因此在某种程度上,文化景观在世界遗产领域的确立是一个妥协的结果。再次,文化景观通过后,《操作指南》突出普遍价值(Outstanding Universal Value)的十条标准相应调整,原来国际古迹遗址理事会(ICOMOS)单独鉴定的第(i)到第(vi)条和国际自然保护联盟(IUCN)单独鉴定的第(vii)到第(x)条标准被合并在一起。看起来,文化景观似乎促使世界遗产向"自然与文化的融合"迈出了一大步,但仍然存在很多问题。第一,在实际操作中很难认定文化景观的OUV,一方面是因为一些当地社区并不愿意承认自己与景观之间关系的特殊之处,他们更倾向于认为这是一种普适性的人地关系;另一方面,由于关于价值的认知是多元、主观且因人而异的,文化景观涉及众多的利益攸关者,具有更强的复杂性与层次性,使OUV更加难以评估。第二,对于那些大尺度且带有人类活动和非物质文化价值的自然地区来说,难以符合OUV所强调的杰出性和选择性要求,可能被排除在类似的国际公约保护之外。第三,OUV的十条标准虽然已经合并,却没有探索出一套整合的操作流程,文化和自然遗产地的提名以及评估程序依旧单独进行,缺乏相互参考。因此,目前处于文化和自然中间地带的文化景观还存在很大的模糊性,并不清楚"是狗还是狼"。因此呼吁世界遗产标准的理解、评估和管理方式都需要进行相应的革新,以促使自然和文化遗产之间更好地整合,IUCN和ICOMOS也应更紧密地合作,更多的利益攸关者都需要参与进来,以形成新的创造性管理模式。

第二部分：社区管理和多元价值观

第二部分的4篇文章主要关注原住民景观和自然圣地,聚焦文化和自然间的密切联系在保护自然圣地生物文化多样性方面的重要性。这里的"神圣"并非宗教语义的"神圣",而是强调原住民、传统社区和当地居民与地方构成的深刻而重要的连结。对文化多样性和多元价值观的强调,一直是UNESCO等国际机构的目标,而人类学家所做的关于文化多样性的大量工作,也就解释了他们在UNESCO中的巨大影响力,如引言部分谈及了博厄斯的文化相对主义,列维—斯特劳斯(Levi-Strauss)也在其所著的《种族与历史,种族与文化》中提出:"文明意味着所有文化的共存,并且各自提供最大的多样性,甚至文明基于这种共存。世界文明……

只能是世界范围内的各自保留其独特性的文化之间的联盟。"①另外,国际机构对选择性和杰出性的强调,则促使了对现代文明未波及的、人地关系更为简单传统地区的大量研究,因此,自文化景观确立为文化遗产亚类以来,一个相当繁荣的研究主题便是对距离现代文明中心较远地区的所谓神圣景观的人地关系的探知。

第7、8、9章分别涉及了美国东南部古拉—吉奇人、加纳沿海草原生态系统传统神圣景观和俄罗斯阿尔泰地区卡拉科尔山谷的文化景观,通过对这些神圣景观自然与当地社区、法律和习俗等作用关系的研究,强调神圣景观在历史文化价值之外,积淀在遗址中的传统知识等精神价值;而当地社区传统的发展和管理模式,将在很大程度上助力于应对现代文明的挑战,实现可持续发展。因此,自上而下的传统管理方式必须进行转变与革新。

第6章主要探索了多种形式交叉治理的话题,作者认为IUCN第V类——"陆地/海洋景观保护地"与世界遗产文化景观有较大重合,这是一种跨学科并极具包容性的方法,它将对自然和文化的保护联系起来,并认识到当地社区在塑造和保护景观方面的核心作用。文化景观因其复杂的自然和文化价值,往往难以被外部游客或管理者所理解,因而在保护管理实践中,必须尊重当地社区的世界观和核心价值观,尊重当地不同的知识系统和实践经验。随着"景观"一词在保护管理规划中越来越多地用以指代具体地理范围,人们逐渐认识到保护并非将其视作"孤岛"进行单独管理,而是需要在生态系统和更大尺度的景观层面上进行才更加高效。而所谓的"连通性"保护,不仅指生态系统自身、人与自然之间的联通,在管理层面还应促使保护管理者和规划者超越政府保护的区域边界,将不同管理制度下的区域——包括由社区或与社区合作管理的区域,将更多的利益攸关者、组织和政府机构容纳进来。对照第V类保护地的多元治理机制,作者认为第V类保护地的四种保护管理类型——政府机构、私有个体、共享管治和原住民及当地社区的管治——均适用于文化景观。

---

① （法）克洛德·列维—斯特劳斯著. 于秀英译. 种族与历史, 种族与文化［M］. 北京：中国人民大学
　　出版社, 2006.

第三部分：新方法和政策框架——《关于历史性城镇景观（HUL）的建议书》

第三部分的 3 篇文章主要关注历史性城镇景观（HUL），聚焦大规模城市化背景下历史性城镇景观方法的应用。如果说第二部分涉及的是现代文明影响较小的地方，那么这一部分则讨论的是现代文明的核心——城市地区。三篇文章均分析了《关于历史性城镇景观的建议书》中所强调的历史性城镇景观的历史层积性及要素关联性为遗产保护带来的理念革新，并认为未来一方面应根据城市的历史发展特征来管理城市，将城市遗产传承给后代；另一方面应将文化景观的理论和实践应用到城市环境中，以便从以个体为中心的传统遗产保护，转变为既考虑对象关系又考虑个体独特性的生态框架。

第 12 章，作者吴瑞梵（Ron Van Oers）作为《关于历史性城镇景观的建议书》的主要倡议者和贡献者，分析了 HUL 的概念、定义及适用范围，认为其适用于任何遗产类别。在分析中国广州恩宁路地区改造案例后，作者强调 HUL 的定义、概念和方法与亚太地区的城市规划和保护传统密切关联，需要将东方视角下文化景观的概念纳入考量范围。第 11 章详细分析了在不同历史阶段遗产保护理念的变迁，认为过去几百年间遗产保护领域经历了从古物的，到纪念的、美学的，再到如今的生态偏见，其中 HUL 建议属于上述生态偏见的范畴内，强调其在物质空间属性（a thing）基础上的过程属性（a process）。第 10 章主要探索了如何将促进社区参与、提供合适的规划工具、法律系统和金融工具等具体方法，应用于 HUL 的保护管理工作中，强调这样一个多样化、强大的遗产管理工具在实践中的重要作用。

第四部分：文化景观管理面临的日常挑战

第四部分的 5 篇文章主要围绕文化景观的日常管理，主张围绕景观中的资源价值本底制定管理策略，以通过管理过程指导应对未来的变革与挑战。这部分所关注的文化景观，既包括世界遗产文化景观，也包括国家或州一级的文化景观地，它们的规模和范围存在巨大差异。

第 13、17 章主要强调当地社区代代相承的景观管理知识之于生态系统异质性和生物多样性保护的重要性,社区参与在文化景观的鉴别和政策制定等管理环节中也扮演着重要角色。

第14、15、16章则论述了大尺度景观的保护问题。其中,第16章以2000年列入《世界遗产名录》的法国卢瓦尔河谷文化景观为案例地,对景观的物质、文化、经济和社会环境等多元要素,遗址地和当地社区与环境的互动方式进行了综合评估,强调当地社区的集体记忆是遗产价值的决定性因素与共同财产,突出当地社区参与及合作治理的必要性。第14、15章研究了美国大尺度景观管理方法的特点和意义。在美国,大尺度景观管理源于大尺度自然资源保护和跨行政边界工作的需要,并随着土地和水资源保护运动的成功,逐渐成为美国联邦政府的优先方法。如今,虽然美国的大型景观管理仍以自然为中心,但美国国家公园管理局(NPS)的国家遗产区(NHA)计划等举措表明,保护对象已逐渐转向由人类活动和自然共同塑造的文化景观。由于规模和范围上的巨大差异,文化景观尤其是大尺度景观在管理实践中往往要跨越行政边界,因此需要认识到跨区域协同管理、建立共享的区域身份认同、重视当地社区需求的重要性。此外,为防止社会经济和环境条件的改变,以及前一阶段以自然为中心的保护理念对文化价值的忽视,导致部分重要文化要素和历史事件的消失或破坏,可以将传统用途和生产生活习俗植入保护管理工具或合作协议中,从传统知识和文化价值观的永续出发,推动人地关系和文化景观本体的永久性保护。

第五部分:气候变化和全球转型——文化景观的未来发展

第五部分的5篇文章主要关注文化景观的未来发展,聚焦在气候和环境变化大背景下文化景观的保护问题。

第18章主要综述了国际、地方组织和研究机构,在学术和实践方面对气候变化影响的应对经验,提出了有关建议。第19、22章通过具体案例——安第斯文化景观和塔吉克斯坦拉什特河谷文化景观——的演变过程,分别描述了当地居民在应对可持续发展、人类活动、地震等方面威胁的作用和角色,认为当地社区的作用仍然在很大程度上被忽视;建议采用新的保护范式,将文化景观概念应用于公共和私营部门、正式和非正式管理的保护实践中,创造一个基于传统知识,蕴含着地方、传统、记忆和遗产的自豪感,文化与自然和谐共处的文化景观。

　　第20、21章则更具批判性。作者认为虽然各类官方文件都指出原住民文化景观正受到全球气候变化的巨大威胁,但其研究是不充分、不适应的,需要综合认识气候变化对环境、文化习俗、身份认同等方面的影响,在应对气候变化之余,不能忽视当地社区的利益及传统知识在维护文化景观中的关键作用。尽管人们已经认识到洪水、风暴、地震等自然灾害对文化景观影响的非典型性及破坏性,当前《世界遗产名录》等旗舰保护工具仍更多地关注极端自然事件对遗产构成的威胁,旨在通过一系列保护管理手段提升遗产地抵御和恢复自然风险的能力;却缺乏人类在文明建设中适应、降低危险的意识。作者认为是时候弥补上述差距,重新平衡遗产保护和减少灾害风险之间的不对称关系,从自然资源保护主义者的角度,将环境风险适应纳入遗产框架,以建立一个更完整、具有当下价值、改善灾害管理程序的文化景观遗产。

二、反思与讨论

　　本书涉及了文化景观相关的一系列问题,内容全面、结构清晰、主题前沿。但整体上看,除引言和第三部分提及有相关概念的学术溯源外,普遍对于文化景观领域的学术研究缺乏关注。对于当下文化景观领域的一些关键问题,虽有所提及却力不从心,大多局限于表面现象描述,而没有触及深层次原因;如书中使用了较大篇幅区分文化景观与混合遗产、历史性城镇景观,但究其本质,三者之间究竟有何区别、又在何种程度上是统一的? IUCN景观保护的方法、美国大尺度景观方法以及世界遗产文化景观方法的适用对象,是否有相通之处? 世界遗产地强调真实性与完整性,但引言中提到文化景观管理的重点是引导变革,两者之间是否存在矛盾,又该如何协调? 等等一系列问题,值得在遗产语境之外,进行更深层次的学术性反思。

　　事实上,学术方面对文化景观一个多世纪的关注已经积累了大量研究成果。文化景观于19世纪由德国学者卡尔·李特尔(Carl Ritter)引入德国学术界,用以讨论地表形态。随着地理学研究对象逐渐从自然环境转移到人文环境,有关景观的研究开始出现"自然景观"与"文化景观"的分野。李希霍芬(Ferdinand von Richthofen)的主要研究对象是自然景观,主要贡献在于对地表形态,即地貌的发生学过程进行的研究;受此启发,他的学生施吕特尔及其追随者则将文化景观作为人文地理学的首要研究对象,提出文化景观是由人类文化所建立的地理景观,强调原始景观向文化景观的转变过程以及景观要素之间的相互关系①。由于乡村和城市在形态上存在很大不同,施吕特尔之后文化景观又分为以索尔为代表的乡村景观和以康泽恩(Conzen)为代表的城镇景观学派(如图7-1所示)。施吕特尔认为,凡

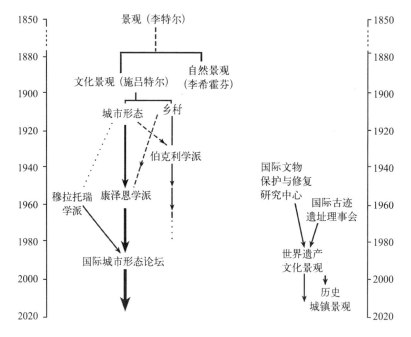

图7-1　文化景观的学术领域发展脉络与遗产领域保护实践历程

(来源:见注②)

---

① Schlüter O. Bemerkungen zur Siedelungsgeographie [J]. Geographische Zeitschrift, Vol. 5, No. 2, 1899, pp. 65–84.

② 本图基于城市形态学家及城镇景观研究专家怀特汉德(J.W.R. Whitehand)教授在2013年庐山举办的"东亚世界遗产文化景观——庐山论坛"上的主题发言。此次论坛由中国住房和城乡建设部风景名胜区管理办公室和联合国教科文组织驻华代表处联合举办,怀特汉德教授的发言题目为《文化景观研究作为城市遗产管理的基础》。

是地表之上目之所见、手之所触的人工地物都是景观,而由于世界上已经几乎不存在没有受到人类活动影响的区域,因此凡是自然与文化相互交融的地理空间,均可视为文化景观。从这一点来看,无论是世界遗产文化景观,还是 IUCN 的"陆地/海洋景观保护地",还是美国大尺度景观中所谓的自然和文化要素,都是人地关系演化过程中从未分开的主客关系体的不同存在形式,均属于文化景观范畴。只不过学术意义上的文化景观在广泛的地域空间上具有尺度差异性和等级结构性,受某种形式保护的景观则由于对受保护对象特征的不同规定和侧重而具有选择性,必须经历一个价值判断的过程。

从学术方法来看,无论施吕特尔、索尔还是康泽恩,均认为文化景观是不同时期的社会群体在特定文化社会背景下作用于景观之上的累积性过程,因而文化景观的研究与实践应该采用发生学方法,对人地关系的历史过程加以分析。也就是说,对文化景观的研究主要是从现状景观入手,通过对景观历史演化过程中的人地相互作用关系的回溯,实现对文化景观现状的理解和认知。这一方法论上的普适性,使其可以将学术上的文化景观研究方法应用于文化景观遗产地保护管理工作的研究,在对文化景观遗产地承载的人地关系认知的前提下,制定科学合理的保护管理政策。因为只有对景观物质要素和人地关系过程有所认知,才能明晰各利益攸关或权力攸关者对景观保护和管理的关切点与关系模式,从多个维度透视景观所包含的物质和非物质要素价值,制定兼顾各方利益的管理策略。

而本书中 UNESCO 与学术领域之间的各不相谋,还体现在对遗产本身学术研究的缺乏关注上。除第 19 章对遗产一词仅有的词源学解读外,全书并没有对遗产有关的研究展开讨论。虽然世界遗产在 UNESCO 网站有明确定义,但遗产本身并不是一个不言自明的概念。我们在这里并不打算过于深入地去讨论,有兴趣的话可以关注布莱恩·格拉汉姆(Brian Graham)、阿什沃斯(G.J. Ashworth)和滕布里奇(J.E. Tunbridge)等人的相关研究①。在他们看来,虽然世界遗产追求真实性,但遗产本身

---

① Graham B,Ashworth G,Tunbridge J. A Geography of Heritage [M]. London:A Hodder Arnold Publication,2000.

只是一种旨在满足当代消费的商品①,遗产的概念是当代社会把过去作为一种社会、政治或经济资源的方式。遗产是可以被解释的,它的价值可以从不同角度被感知——通常反映出社会的分歧,遗产不同用途之间的分歧也会引发潜在的利益冲突。结合世界遗产领域最近出现的争议,将引发对书中内容更为深刻的思考,如真实性和完整性是世界遗产的重要指导原则,但正如书中所说,文化景观应采用过程性视角,尤其当下文化景观还面临着适应、依赖和生存等方面日益增长的挑战,如何协调这两项原则,对于文化景观来说是一项艰巨的挑战。近来最为典型的案例就是英国"利物浦——海事商城"景观于 2021 年因大规模开发被《世界遗产名录》除名,由此引发了一系列争议:以文化景观、城市型遗产为代表的世界遗产的保护理念应该偏重保存(preservation)还是保护(conservation),世界遗产地如何兼顾保护和发展,可能是世界遗产领域和文化景观接下来需要解决的一个重要问题。

结　语

文化景观遗产操作方式和体系结构的不断调整与完善,基于人们在遗产实践过程中对人地关系这一历史性、系统性和复合性问题所进行的不断思考,表现出人们对文化景观和遗产概念认知的不断深入。但从目前来看,由于对文化景观的本质认知不清,以及对学术研究的参考不足,世界遗产领域的文化景观存在许多问题、争论和难题。一方面,世界遗产文化景观类别的出现,说明人们对世界遗产中的人地关系有了进一步认识;但作为文化遗产的亚类,世界遗产文化景观的价值认知,仍然在很大程度上受限于原有的价值评判和操作流程等方面的制约,这一点也显示出世界遗产委员会相关机构在处理遗产地人地关系上的局限与无力。另一方面,世界遗产注重遗产地的真实性和完整性,而文化景观的学术研究则注重景观演化的过程性以及区域的尺度差异性和结构性,另外遗产相关的研究也认为遗产本

---

① Ashworth G. From History to Heritage — From Heritage to Identity. In Ashworth G, Larkham P (ed.), Building a New Heritage:Tourism, Culture and Identity in the New Europe [M]. London:Routledge, 2013, pp. 13 - 30.

身只是一种旨在满足当代消费的商品,因此需要继续探索如何协调文化景观的真实性和发展性、完整性和区域尺度差异性。

　　我们当然可以说,世界遗产是一个不同的领域,理应有自己独有的范式和话语体系,UNESCO 作为一个政治性的国际组织,自然应侧重政策制定和实施等内容。但我们相信,对文化景观学术成果的引荐有助于解决这些问题,地理学过程性的认知视角,以及地理学的内在结构性与尺度差异性,能够为遗产语境下的文化景观在价值判断、等级结构、类别划分等方面提供指导,以弱化不同语境下文化景观在研究对象和方法论上的壁垒,实现文化景观遗产的有效识别、准确认知和科学管理。我们认识到问题所在并厘清原因,有所改变,才能希冀更好的未来。在这一点上,求真与致用并不矛盾。

8

乡村遗产保护的文化转向

——《为需要而建造：乡土建筑中的文化议题》导读

刘邵远　复旦大学文物与博物馆学系博士后

引　言

相较于保罗·奥利弗（Paul Oliver）1997 年主持编纂出版的扛鼎之作《世界乡土建筑百科全书》（*Encyclopedia of Vernacular Architecture of the Word*），2006 年出版的自选集《为需要而建造：乡土建筑中的文化议题》（*Built Meet Needs: Cultural Issues in Vernacular Architecture*）①（下文简称《为需要而建造》）可以被视为奥利弗对自己学术思想和实践历程的总结性梳理与回顾。

保罗·奥利弗是推动 20 世纪乡土建筑研究的先锋学者，1927 年出生于英国诺丁汉，青少年成长于伦敦北部，自 20 世纪 60 年代初期开始调查、研究和讲授世界各地的乡土建筑传统。英国《卫报》在 2017 年奥利弗去世时刊登的讣告中写道："全世界只有 1% 的房屋是由建筑师设计的。90 岁去世的保罗·奥利弗致力于研究其余部分：源自民间的而非为其设计的建筑（architecture that was of the people rather than built for them）"②，显示出奥利弗对乡土建筑传统中人民主体性的坚持，这也使他获得了"vernacular man"③这一称呼的赞许。而这也是《为需要而建造》一书中所传达的核心思想：乡土建筑和传统的多样性根本上表达了不同族群的实用需求与价值观。

---

① Oliver P. Built to Meet Needs: Cultural Issues in Vernacular Architecture [M]. London: Routledge, 2006.

② Harwo E, Russell T. Paul Oliver Obituary [N/OL]. The Guardian, (2017 - 08 - 31) [2024 - 05 - 28]. https://www.theguardian.com/artanddesign/2017/aug/31/paul-oliver-obituary.

③ Knevitt C. Vernacular Man [J]. Architects Journal, Vol.207, No.3, 1998, pp. 24 - 25.

奥利弗的研究和推广工作,为构建一种乡土建筑话语作出了宝贵的贡献,同时使其在学术上更容易理解和可信,《为需要而建造》一书亦不例外。相较于令人生畏的三大卷本《世界乡土建筑百科全书》,该书在理论和现实案例中左右逢源,简洁通俗而不失力度与深刻,从中可以一窥奥利弗及其所代表的乡土建筑学术研究脉络。回到奥利弗所经历的 20 世纪后半叶的历史语境中,我们可以发现,乡土建筑或乡土传统研究在西方世界并非一帆风顺,尤其是从专业领域走向社会公众层面时,其所引发的关注和反响往往囿于一隅,以至于奥利弗称大量召开的相关会议最后都变成了"对本就认同者布道"(preaching to the converted)[1],颇有些无奈的味道。

因而对于奥利弗来说,该书出版的主要目的不在于全方位厘清和描述世界各地的乡土建筑类型和传统[2],而是将自己过去 30 年里所撰写的具有代表性的、或被低估的乡土建筑文章重新分类集结,以便系统性地表达他关于乡土建筑研究与实践的理念与过程。这些文章的写作大多来源于奥利弗与其同事、学生和社区成员在实际工作或项目中遇到的突出问题,因而行文没有故作高深,而是坦然地诉说着他在每一个问题上的认识。

在本书中,奥利弗以七个不同的主题来渐次拓展他对于乡土建筑的讨论。第一部分为乡土建筑的定义问题。第二、三部分论述了乡土建筑与特定自然与社会文化环境的关系,以及乡土传统与建造技术的传播传承机制。第四至六部分则以一种实用主义的角度讨论对乡土建筑及其传统的处理和利用,其中第五部分具体谈到了其作为遗产的保护问题。第七部分则是总结,提出了乡土建筑在 21 世纪中面临的挑战和作用。

以往的中文研究中,对奥利弗的遗产保护理念提及较少,较多强调他在乡土建筑研究转向方面的贡献,本文主要对《为需要而建造》一书中涉及保护问

---

① Oliver P. Built to Meet Needs：Cultural Issues in Vernacular Architecture ［M］. London：Routledge, 2006, pp. xxii.

② 奥利弗认为该项工作已经大部分在《世界乡土建筑百科全书》的编纂中完成,关于编纂该书的思路、历程和反思详见于《为需要而建造》一书第一部分收录的《界定与实践的难题》(Problems of Definition and Praxis, 1999)一文。

题的文章进行评述。应该说,该书并非讨论乡村遗产保护的专著,奥利弗视野
下的乡土建筑也并不局限于乡村社会,但他在文章中提及的案例大多来自非
西方发展中国家的乡村聚落,具有一定的参考价值。同时,他从文化的角度对
乡土建筑进行的重新认知以及对现实的关怀,于我们今天仍有启发,或许可以
帮助我们理顺相关概念和思路,为中国乡村遗产保护的下一次转向提供坐标
参照。

一、奥利弗对乡土建筑定义的讨论

　　作为对乡土建筑定义进行过深入讨论的学者之一,奥利弗对于该术语的界定
和使用与特定的时代背景、学科思潮以及个人取向有着不可分割的联系,从本书第
一部分收录的 3 篇发表于 1978、1993、1999 年的文章中可以一窥究竟。

　　20 世纪 60 年代以来,欧美各国经历了一系列汹涌的政治和社会运动,人们对
平民阶层生活的关注和肯定日益增多,文化不再被限定在对所谓高雅文学艺术和
审美追求上。现代科技所造成的资源浪费和环境破坏,也促使人们尝试从乡土传
统中提取新的发展智慧。在浪漫主义怀旧思潮的感染下,乡土建筑甚至成了人们
躲避现实、批判当下、赞美过去的“避难所”。战后摆脱殖民的新兴发展国家则纷纷
效仿西方建立民间生活博物馆(museums of folk-life)的做法,通过彰显乡土传统来
寻求民族自信,但是破坏的趋势仍然不可阻挡。

　　在这样的时代背景之下,奥利弗亦被感染。原本醉心研究美国黑人蓝调音乐
的他,因年少时曾受建筑师父亲的影响与熏陶,也开始呼吁人们重视那些表征不同
文化价值观、非主流的乡土建筑,认为前者应该得到与宫殿、大教堂或由建筑师为
精英设计的豪宅一样多的认可。但是他对怀旧思潮所表现出的价值取向不以为
然,不赞同对所谓“天真”“单纯”的传统文化进行不加批判的美化与赞赏。他认
为,人们大多时候只是为乡土建筑所构成的形式美感所触动,而建筑师介入乡土建
筑实践时,最肤浅的设计就是对乡土建筑外观拙劣的模仿。对于伯纳德·鲁道夫
斯基(Bernard Rudofsky)名噪一时的“没有建筑师的建筑”展览,奥利弗曾表达了对

其过度美化和浪漫主义做法的批评,认为乡土建筑只被当作了"美的对象"(beautiful objects)①。

这些思潮构成了乡土建筑研究的背景,但是奥利弗认为,要想进一步回答"为什么要研究乡土建筑"这个问题,首先需要回答"乡土建筑到底指的是什么"。在他看来,在实际使用中,乡土建筑的定义处于一种游移不定的状态。首先,vernacular 意为方言(的)、本地语(的),该词源于拉丁文 vernaculus,原意为本地的、土生土长的(native)。vernacular 一词与 architecture 结合后,指称如方言般具有不同地域特征、区别于主流的建筑风格。但是每个国家的地理、族群和主流建筑文化不同,因而 vernacular 在不同的国家和文化中有不同的含义,譬如在美国、加拿大等国家,承包商修建的郊区住房、街道服务设施(如商店、连锁超市、快餐店,甚至是加油站)和公共机构建筑被认为是 vernacular architecture。但在英国人眼里,这些属于专门为民众设计的"大众建筑"(popular architecture),而非由民众利用当地材料自发建造和维护管理的建筑。不列颠群岛村庄中用石头砌筑的坚固房屋被当地认为属于乡土建筑范畴,但在一些国家,则往往意味着使用轻型材料所建造的小型简单建筑。所以当 vernacular architecture 一词引入国内时,就产生了不同的译法和指向性。有的学者翻译为更加反映地域和民间属性的"风土建筑",有的则突出中国乡村社会的独特性,译为"乡土建筑"。

其次,architecture 也有很大的局限性。在西方,它往往指称一种已被定性的建筑或建筑艺术——耗费大量资源精心设计的、反映权力和财富的纪念性建筑。在这样的前提下,尽管乡土建筑已经为建筑学界所注意,但建筑学专家和师生倾向于用现代的、注重形式逻辑的建筑设计方式看待具有横向思维(lateral thinking)的乡土建筑传统,从而无法触碰到背后的文化内涵。

因而奥利弗在早期的研究中表现出了对使用乡土建筑这一术语的犹豫和不满,而更喜欢用"栖居之所"(shelter)这一中性的概念来指代那些反映所有人类居

① Vellinga M. A Conversation with Architects: Paul Oliver and the Anthropology of Shelter [J]. Architectural Theory Review, Vol 21, No 1, pp. 9 - 26.

住方式和环境的建造物,从而适应他对非纪念性、非正式和非建筑师设计的建筑物的研究,以摆脱传统建筑设计思维的束缚。但是奥利弗也认识到"栖居之所"这一概念的构成是"基础的而非复杂的,是实用的而不具备审美愉悦感的"①,因而他逐步接受了当时已普遍使用的乡土建筑一词,用以涵盖来自部落、民间、农民和大众社会中由人们自己,而非雇佣建筑师或专业设计师所建造的所有类型的建筑。尽管他认为该术语过于宽泛而价值有限,但他仍然尝试拓展它的内涵。

在这个过程中,人类学的理论和方法起到了关键作用。奥利弗汲取了人类学在揭示不同族群文化意义和价值观上的优势,在他看来,这恰恰是乡土建筑研究最为紧缺和重要的部分。他认为此前的英国人类学研究,包括马林诺夫斯基(Bronislaw Malinowski)、拉德克利夫—布朗(Alfred Radcliffe-Brown)等人类学家都太忙于原住民社会亲属关系、继承系统的分析,虽然披露了很多文化信息,但并没有将相关的建筑和环境背景考虑进去。受结构功能主义的影响,奥利弗将乡土建筑视为产生它们的社会和文化的一部分,乡土建筑在维持特定社会的文化规范、习俗和需要方面发挥着基本作用。因而对于乡土建筑类型的划分,不应停留在结构、材料或形式上,而应该更多地从文化的角度去评估它在满足其所处社会的价值观和需求的能力。这样一来,以往的"环境决定论""资源决定论""气候决定论"等解释乡土建筑起源发展的框架,就显得过于单一而缺乏洞见。至此,奥利弗强调,乡土建筑只有通过调查建筑物所体现的社会身份、象征意义、文化价值观和经济关系,才能真正理解不同地区乡土建筑的形式、使用和意义,从而真正丰富乡土建筑这一术语的文化内涵。

随着《世界乡土建筑百科全书》的编纂工作逐步提上议程,面对全球范围内纷繁复杂的乡土建筑形式和各地对于该术语的不同认知,奥利弗指出,乡土建筑就像方言一样,是不同民族、区域和地方人们的建筑语言形式,虽然提出一个涵盖全世界所有形式和不同功能的乡土建筑定义看起来几乎不可能,但是比起从技术和物

---

① Oliver P. Built to Meet Needs: Cultural Issues in Vernacular Architecture [M]. London: Routledge, 2006, p.4.

质层面去对乡土建筑进行界定,从满足使用者需要的角度去考虑,将更加适宜和具有包容性。进而奥利弗综合环境—文化两个角度对乡土建筑进行了定义:

> 乡土建筑由人们的住所和其他所有建筑物构成。它们习惯上是由其所有者或当地社群使用传统工艺建造,并与其所处的环境背景和可获得的资源相关。所有形式的乡土建筑都是为了满足某种特定的需要,以适应产生它们的文化的价值观念、经济类型和生活方式。①

他认为,界定乡土建筑的关键在于:它主要处于什么样的环境条件?它是由什么材料建造而成的?它的类型是什么?它使用了什么技术?更重要的是,它由谁建造以及建造它的目的是什么?

奥利弗没有给乡土建筑加上一个年代限制——而这往往是提及乡土建筑遗产时人们下意识的假定——遗产往往年代久远,乡土建筑亦如是。尤其在英国,传统的乡土建筑研究主要关注工业革命以前的遗存,人们认为随着 19 世纪 40 年代铁路的发展,人口和资源的流动导致了英国乡村的衰败和乡土传统的丧失,因而只有在此之前的建筑物才够得上英国的乡土建筑标准。

在奥利弗看来,年代并不是界定乡土建筑的必要条件,年代的重要性是相对的,它取决于我们在什么样的语境下去讨论它的价值,他反对将研究历史形成的价值观和标准代入到对活态传统的研究中而不加质疑。他认为英国的这类研究本质上是考古学的,着迷于追寻建筑的最早年代并建立相应的类型谱系。但是时间不等同于建筑本身的新旧,它还可以与结构细节或形式的持久性、空间安排、仪式活动、特定技术的使用等乡土传统相关。所以不管是一座中世纪建造的英格兰房屋,还是非洲大地上近几年人们依据传统新建的住所,都属于奥利弗所称的乡土建筑。

----

① Oliver P. Built to Meet Needs：Cultural Issues in Vernacular Architecture ［M］. London：Routledge, 2006, p.30.

二、奥利弗的乡土建筑实践及其保护观

1997 年出版的《世界乡土建筑百科全书》汇集了全球超过 8 亿多座乡土建筑的信息,这些信息由来自全球各地的建筑学家、艺术史家、民俗学家、人类学家、地理学家、历史学家等共同合作完成,在乡土建筑这个共同的主题框架下呈现出庞杂而多元的价值取向。毫无疑问,拯救乡土遗产(vernacular heritage)和记录消失的建筑传统是其中能够引起广泛共鸣的目标。就奥利弗而言,"保护"并非颠扑不破的真理,它同样应该被置于不同的文化语境下进行考察。

奥利弗对乡土建筑的关注与实践参与始于 20 世纪 60 年代初,当时他被邀请到西非加纳的库马西科技大学(Kumasi University of Science and Technology)建筑学院任教一段时间。借此机会,他短暂考察了加纳不同族群的定居点,为当地人独特的居住环境和生态观念所吸引。与此同时,他参与了加纳的一份短期项目,涉及重新安置因在该国北部建造新水坝而流离失所的人,这让他看到外部专家在介入时,由于忽略当地乡土传统而设计建造新住所的一些缺陷。此后他在牛津布鲁克斯大学(Oxford Brookes University)延续了对灾后重建住房中文化问题的研究,并从中意识到非西方国家对于遗产保护的不同态度。在《重建住房可接受性的影响因素》(Factors Affecting the Acceptability of Resettlement Housing,1984)和《发展中国家乡土遗产保护》(Conserving the Vernacular in Developing Countries,1986)两篇文章中,奥利弗以土耳其屈塔希亚省格迪兹地区的灾后重建案例进行了详细的说明。

1970 年土耳其发生了一场里氏 7.1 级大地震,政府和国际社会在施展救援的过程中,尝试为当地人提供新的安置住房。为了压缩成本,相关单位和组织对住房进行了统一的标准化设计,继而陆续提供给不同族群的灾民居住使用。在这个过程中,奥利弗细致考察了当地人在入住标准化房屋后因居住传统和文化价值观念的不同所产生的种种矛盾。政府所建造的房子规模适用于父母和子女的现代核心家庭,但当地却习惯大家庭同住,当有的家庭继续维持这一传统时,就会导致房屋

过度拥挤和缺乏隐私,并且造成其他房屋空置。当地的伊斯兰教道德准则强调对妇女和家庭隐私的保护,但是政府住房设计的空间布局和用于采光的大窗户,无法满足上述要求。轻木结构的薄砖墙取代了原来的石条和土墙,意味着每一声噪声都能被房间里的其他人听到,也几乎不能保护人们抵御冬天的严寒或夏天的酷暑。尽管当地大多数是生活艰苦的农民,并不追求居住上的舒适,而且他们以传统建造的房子并不以其美学品质、工艺和对细节的关注而闻名,但是如果基本的社会和文化需求无法得到满足,就要灾民自己重新对政府安置房进行大的改造,这对于刚刚经历地震灾难的人们来说,无疑将造成新的问题和困扰。

与此同时,奥利弗对那些受灾影响较小、仍然保有原来乡土建筑的村庄进行调查,以期进一步评估政府安置方案的得失。让他意想不到的是,这些看起来像是一个使用古老技术的原始社会,几乎没有一个村庄的建筑有超过 80 年的历史,基本上都是过去 40 年里新建的产物。尽管土地和房屋是这些贫困农民为数不多的财产之一,但是他们对于维护房子缺乏兴趣,任何男性户主在儿童的帮助下都可以拆除和建造房子。他们认为,建造一所房子是每个人都要学会的任务,如果一所房子超出了它的使用寿命,它就会被一所新的房子所取代,并在可能的情况下,继续使用前者的材料。奥利弗感叹道,这个社会的房子给人一种寿命逐渐衰减的错觉,这或许可以归因于地震的威胁,但就像在其他容易发生地震活动的社区一样,对这类灾害的恐惧不如对农作物歉收或卖不出好价钱的恐惧那么严重,满足人们的既有生活方式和社会需求,比单纯追求建筑的耐久性更为重要。

奥利弗认为,在格迪兹,西方遗产保护观念——对建筑本体寿命的延续——几乎是一个毫无意义的命题。尽管在离该地区两百英里(约 321.8 千米)地方之外著名的萨夫兰博卢城①,相似的住宅更加精致并得到人们自发的保护,但那也不是原始居住者的文化概念,而是与这个国家里受教育群体所秉持的城市价值观有关,这

---

① 萨夫兰博卢在 1994 年被列入《世界遗产名录》。萨夫兰博卢于中世纪前即已建成,位于安纳托利亚高原边缘山区。从 13 世纪开始直到 20 世纪铁路出现,萨夫兰博卢一直是东西贸易线上一个重要的驿站和商业中心。它的老清真寺和老浴室建于 1322 年。在 17 世纪,它的城市发展达到鼎盛,旅行者出资赞助建成的中心市场规模逐渐扩大,商品门类日渐齐全,其城市布局与建筑风格影响了奥斯曼帝国大片地区。

些群体通常并不生活在乡镇中。进而,奥利弗分析了欧洲的文化遗产保护观念。他认为,所有的保护都是在一定的文化语境下发生的,通常来说,产生遗产的原有文化业已消逝,人类努力所进行的保护都是对新的文化价值的表达。一旦开启保护的进程,就具有了深刻的文化含义。在不同的环境下,这些含义可能会不同。有时它与历史感和对消失的民族成就的尊重有关;更多的时候,它们与祖先崇拜有关,不管是真实的还是想象的,保护者将自己和它联系在一起。保护通常是一种象征性的行为,展示了对现在和未来的骄傲和价值观。无论动机是什么,未来在保护的决策中起着很大的作用。保护很少只针对目前,而常常以子孙后代的名义来显示正当性并追求经济上的支持。

但是在西方的文化价值观中,建筑亦可以被看作是一种商品——潜在的被投资的对象。如果它的货币价值下降,它很可能会被牺牲而另建他物,从而实现它的经济潜力。遗产保护虽然被认为是正当的行为,但是对于究竟要保护什么却充满了争议。因而"二战"后,纪念碑式的建筑得到了保护,而乡村和乡土建筑一度以"经济"的名义被拆除和摧毁,除非因为某些关联性价值而得到保护,而不是它们作为建筑的价值,比如英国诗人华兹华斯和莎士比亚的故居。

对比下来,奥利弗认为在许多非西方国家,并非不重视保护遗产的象征价值。宗教意义是保护建筑的一个主要原因,不断兴起的民族主义也起到了相当大的作用,在一个国家的历史上,一些建筑被视为革命斗争或国家地位的象征。但是更多情况下,许多文化中对建筑的态度与西方国家非常不同,也可能与《威尼斯宪章》的签署者所认同的态度完全不同。《世界遗产名录》反映了西方文化旨在保护"伟大的纪念碑"的急切态度,但"伟大的纪念碑"的概念与许多社会的价值观背道而驰,前者试图打断建筑生命逐渐衰落的过程,通过修复使它永久存在。奥利弗用大量的案例证明,在很多非西方社会中,建筑物可能会倒塌,也可能会被更换或进行最小限度的维修。建筑本身并没有特别的意义,重要的是在里面发生的仪式。在一些情况下,保护的概念不仅与当地价值观相冲突,而且与人们的生活方式相违背。甚至对有些社会来说,破坏一座建筑是文化传承的必要条件。

因而奥利弗认为,保护不仅仅是一个技术问题——保护旧材料和传统工艺,保证脆弱的建筑始终健康,保持乡土建筑的原始风貌——保护根本上是一个文化命题,是对人的尊重。就像格迪兹的乡土建筑,作为建筑它们没有华丽的装饰,也没有精致的窗台。通过保护为子孙后代树立榜样,也不属于他们的文化概念。当需要新房子,或者旧房子不再符合要求时,就会被推倒重建。它们似乎也没有重大的象征价值,没有狂热的拥护者,也不带来民族主义或宗教自豪感,甚至对它们的兴趣——在它们的主人看来——都是对他们极度贫困的病态迷恋。但是,对他们生活方式的认可和尊重,照顾他们文化中敏感的地方,采取合理的安置措施,给予材料和资金的支持和援助,而非推行统一标准房的住宅,可以鼓励他们为未来建造一个更加安全、良好和具有历史延续性的环境,或许有助于恢复因灾害失去的自信和自豪感。事实上,有一些人已经回到原来的地方,正在利用那些在地震中保留下来的建筑材料重建家园。

奥利弗相信从长远来看,“大多数社会会以尊重和自豪的方式回顾他们的乡土建筑和传统。保护源于文化中的自尊,而不是屈尊于外部的建议和采取的措施,文化价值观的吸引力和积极的社区参与,将最终决定乡土建筑保护和管理的效果”①。

三、乡村遗产的未来:博物馆化还是其他?

《发展中国家乡土遗产保护》这篇文章主要针对的是非西方发展中国家在乡土遗产保护上遭遇到的问题,奥利弗对西方基于纪念物的遗产保护观念进行了解构,并在文末写道,“当人们开始严肃对待不同文化及其建筑的本质属性时,‘保护’就不再成为一个问题。”②不过奥利弗并未就具体的保护问题进行更多的论述,他提到像露天博物馆(open-air museum)一样拆除重建或新建去保护这些乡土建筑,可能是解决发展中国家或部落地区保护问题的一种办法,但是这也可能是当地

① Oliver P. Built to Meet Needs:Cultural Issues in Vernacular Architecture［M］. London:Routledge,2006,pp.284 - 285.

② Oliver P. Built to Meet Needs:Cultural Issues in Vernacular Architecture［M］. London:Routledge,2006,p.284.

居民无法接受的、由外部施加的措施。

新世纪伊始,奥利弗以《再现与表征:露天博物馆中的乡土遗产保护》(Representing and Representing the Vernacular:The Open-Air Museum,2001)一文详细回顾和梳理了欧洲地区的露天博物馆保护实践,以检讨这种模式。这种将乡土建筑从原来的乡村聚落中移走,然后在其他地方重新安置的保护,在欧洲社会已经发展了 100 余年。那么它是否表明乡土保护在欧洲已经达成了基本共识,不再成为问题,并且反映了某种趋势或范式?

在过去的 100 年中,城市的扩张、郊区的增长、人口的迁移、高速公路的建设、小型农业经济的衰落和农业规模效益的增长,导致欧洲乡村景观发生严重变化。乡村或被资本开发,或被拍卖,或被政策改造,无数的农田、森林和数不清的乡土建筑尽数消失。在这样的背景下,自 20 世纪 50 年代以来,在欧洲各国的保护团体、当地历史协会和博物馆的努力下,重新引起了人们对乡土建筑应有的重要价值的关注。露天博物馆这一发端于斯堪的纳维亚半岛的收藏方式被频繁用于乡村保护中,它相当于一个建筑博物馆,对分布在一定区域内、可能来自不同地方的数栋建筑进行展示,其建立往往是由个人或一群有共同关心或兴趣的人促成,通过购买等手段,有选择地保存了特定时期的文化或宗教团体的建筑,并且以支付门票的方式供外来者进入,大体上可以被看作是一种自下而上的保护方式。

露天博物馆的创始者们大多专注于建筑的视觉形象,在宣传手册上用浪漫的话语来进行描述。人们也尝试在其中还原一些反映生产生活的场景和活动,比如复原室内起居环境、收藏展示各类乡村工艺品和农具、蓄养马匹、开办养蜂场、体验民俗技艺和非遗活动等。在英国,一些古老的农舍至今已被重新安置了 50 年,似乎也已经与它们周围的环境融合。

奥利弗认为露天博物馆的有些做法,尤其在宣传上,混淆了异地重建和传统乡土社会自发重建的概念。异地重建实际上是通过人们对于历史上该文化的理解和策展人的解读,用毫无生机的建筑群和古朴的家具还原"过去生活"图景的尝试,看似真实的背后,实则没有一座博物馆的展示能够保持价值中立。尽管欧美露天博物馆经过多年的发展,在文化研究、保护技术和展示利用方面已经比较成熟,但是在博物馆功能定位、保护建筑选择、价值表达、博物馆选址和游客的自由度等方面仍然存在争议，这也使得露天博物馆在欧洲各地区呈现出参差不齐的状况。

虽然许多露天博物馆很受欢迎，并被用于教育目的，作为学童步入过去的机会，能够让历史变得鲜活起来，并让下一代意识到并尊重这些遗产。但是奥利弗认为，许多露天博物馆的展示都具有欺骗性，它们是被发明出来的传统，而不是真实的环境，是通过筛选、隔离、理想化某一时期的文化伪造出来的"生活"，充斥着现代人的怀旧感伤。乡土建筑在不同时代产生的痕迹、变化和影响被刻意地清除掉，变得像是过去某个神话时代的化石。通过保存乡土建筑中的部分标本，人们沉溺在理想化的环境中，保护博物馆围墙之外的乡土建筑的责任感被削弱了。博物馆通过创造出一幅好看的"图画"，将乡土建筑与过去联系起来，也通过围墙与现代世界隔离开来。在这个墙内，建筑与建筑之间的关系被策展人重新发明，它往往基于某一特定展览主题而非原有文化和环境背景。许多建筑因其独特性或规模、工艺或装饰的特殊品质而被选择和展示，那些简单、不那么独特的建筑受到的评价较低，但后者对环境背景整体构成有着重要作用。在奥利弗看来，以上种种负面影响表明欧美露天博物馆的现存形式和价值导向本身是存在问题的。

对发展中国家来说，通过露天博物馆的形式去进行保护无可厚非，并且应当尽力避免上述文化失真的问题。但是无论怎么做，文化也不可能原封不动地保存下来，在奥利弗的研究中，他绝不认为文化和建筑是完全孤立和静态的①。因而在他的设想中，乡土传统是动态传承的过程，将在未来住房问题上发挥重要的作用。因为前者有着天然的优势，在持续使用可再生资源、应对气候变化以及满足社会和文化需求等方面具有很大的潜力。21世纪将迎来人口膨胀和住房需求的激增，这也表明延续不同地区的自建和社群营造传统是必要的。所以与其在一个虚假的和做作的环境中去虚构历史、对乡土遗产进行浪漫化的描述，发展中国家的乡土传统需要更多的尊重和支持，而非单纯地博物馆化；同时也要给予技术层面的指导，以应对传统建造工艺的衰亡。

_____

① 他在本书的第三部分详细说明了文化、建筑、技术、材料等方面的传播和交叉影响机制。

四、总结与思考

从对建筑学的反思,到对人类学的借鉴,奥利弗以极强的包容性和跨文化的视角,承认来自世界各地乡土建筑传统的多样性,并试图通过研究建筑与产生建筑的社会文化之间存在的错综复杂关系来理解这种多样性,从而丰富了乡土建筑的文化内涵。他并非寻求同人类学家进行直接对话,他的主要意图是提高建筑师对乡土建筑及其传统承载的文化意义和价值观的认识,以改善现有的研究、设计、教育和保护现状。

奥利弗的乡土建筑实践以及他对文化的尊重,使得他对于乡土遗产所能够发挥的价值和作用秉承着一种既理想、又务实的态度。他强调要在不同的文化背景下审视保护的价值取向,并在某种程度上对西方的保护观念进行了解构,后者在乡土建筑的保护上态度也不明确,而充满着矛盾与争议。尤其在欧美国家的现代化建设已经基本完成、社会结构趋于稳定的情况下,露天博物馆保护只是一种弥补手段,甚至是有些无奈的手段——这往往意味着乡土传统已经丧失了在原有社群继续发展的生命力。发展中国家与其追随模仿,不如从更为本质的文化和现实需求着手去做些可能的工作。他认为每一个族群的乡土文化都应得到尊重,保护源于文化内部的自尊,价值蕴含在民众的日常生活和传统延续中,并从建筑师的本位出发,认为乡土传统将在未来的住房问题和人居环境塑造中发挥重要作用,不仅是从现实经济需求层面(人口和住房需求激增)的考量,同时也是从精神和情感层面的考量,这是他从诸多灾后重建案例的研究中所获得的启示。

在国内外乡土建筑研究领域,运用人类学的方法和理论,以建筑、空间、技术等为切入点,结合相关的人类活动,研究背后的社会历史演进过程、文化意义、心理结构与价值观念等已经蔚然成风,奥利弗等学者在 20 世纪后半段所推动的学术目标,已经在很大程度上得到实现。就中国乡村遗产保护而言,当下很多学者和专家亦注意到有必要从当地社群的角度对遗产的文化意义和价值观做进一步的解读和阐释,并且越来越强调遗产的动态保护和活态传承。

　　毫无疑问,对于乡村遗产的文化研究与阐释是保护的基础,它不仅要具备建筑学和人类学的理论与方法,随着人们对乡村遗产构成要素与载体的认识的不断完善,还需要进一步扩大学科视野。对乡村遗产的文化解释一定是、也应该是多元和多角度的,但是前者和遗产保护意义上的价值研究还是有差别的,后者除了需要整合对于遗产的不同文化解释,还要综合考虑当下各种现实因素和社会总体发展需求,评估遗产在社群和区域中的未来发展潜力,识别出遗产价值载体。在此基础上摸索出一套有效的保护理念和方法,并在实践中反复检验。

　　应该注意到的是,奥利弗存在和同时代人类学家一样的问题,即过度强调传统文化价值观对当地居民的制约作用,并且在书中经常对现代化和全球化的影响及外部干预抱以负面的措辞,倾向于将存在于前殖民时期或前现代时期的乡土传统看作是真实的,优先于后来经历了现代化、发生混合变异的乡土传统。"保护"一词在奥利弗这里也并不具有很高的评价,因为它往往意味着外部施加的、被动接受的和失去生命力的。

　　一方面,这提醒我们要重视当地社群秉持的传统价值观及其赋予遗产的意义,保护活动应该增强村民在社会和文化实践中的被承认感、尊严感和主人翁感,而不是相反。但这并不简单等同于西方社区的"自下而上"的组织模式。另一方面我们也应该看到,变化是必然的,促进乡村社会转型的因素是多元的,文化只是其中一个方面。在大部分时间里,物质生产力决定了乡村社会转型的速率。在这个转型过程中,保护活动需要发现乡村遗产"革故鼎新"和"积厚流光"的不同面向。奥利弗关于灾后重建的案例表明,很多时候遗产的价值是隐形的,但是一旦遭遇到剧烈的社会变迁和生活变动,恰恰能够起到抚慰人心、增强凝聚力的作用,并满足人们的实用需求。至于"保护"一词在中国本土化实践中的内涵与价值取向,当下的乡村振兴战略为其创造了新的发展语境、资源与空间,这有待于我们在研究和实践中不断丰富和修正。

9

文化线路的概念及其动态性、非物质性

——《文化线路宪章》及相关报告导读

孙　静　北京大学考古文博学院博士研究生

2008 年,国际古迹遗址理事会(ICOMOS)第十六届大会通过了《关于文化线路的国际古迹遗址理事会宪章》①(简称《宪章》)。作为 20 世纪 90 年代以来遗产学界对文化线路进行长期理论研究和保护实践的总结性成果,《宪章》正式厘清了文化线路的概念和内涵。《宪章》规定:

> 文化线路是一条陆路、水路、陆水混合或其他类型的线路,具有物理界限,以独特的动态机制和历史功能为特征,服务于特定的、明确的目的,且必须满足以下条件:第一,它必须来自、并反映了人类的交往互动,以及较长时期内国家和地区间的商品、思想、知识和价值观的多维、持续、互惠的交换;第二,它必须在时空维度上促进了文化交流,并反映在物质和非物质遗产中;第三,它必须整合成一个自身存在与历史关系、文化属性相连接的动态系统。

在《宪章》颁布之前,文化线路的概念、内涵和实际操作等都经过了遗产学界的长期讨论。2005 年 ICOMOS 第 15 届大会上,时任文化线路国际科技委员会(International Committee on Cultural Routes,简称 CIIC)主席玛利亚·罗莎(María

---

① ICOMOS. The ICOMOS Charter on Cultural Route〔EB /OL〕. (2008 - 10 - 04)〔2022 - 06 - 02〕. https://www.icomos.org /images /DOCUMENTS /Charters /culturalroutes_e.pdf.

Rosa)作了《一种理解、合作及可持续发展的新遗产类型以及 CIIC 的角色》①报告。报告中介绍《宪章》制定情况的部分与《宪章》最终成文非常接近,可以视为《宪章》的草案和基础框架,它代表了当时遗产学界在经过 10 年讨论和实践后,逐渐形成的对于文化线路及相关问题的主流认识,与《宪章》之间的出入则体现了文化线路议题中争议和变动较大的部分。

以这份报告为切口,我们首先对文化线路这一遗产类型的概念进行解读,再结合其他一些重要文章的论述,对概念所包含的一些重要特性进行深入阐释。

一、文化线路类型概念确立的基本历程

遗产学界对于文化线路的认识经历了一个伴随着遗产实践逐渐深入、完善的过程。其作为一个世界遗产概念运用在实际操作中,可追溯到 1993 年"圣地亚哥·德·孔波特拉朝圣之路"登录为世界遗产。咨询机构在圣地亚哥朝圣之路的申遗评估中指出:

> 以往在世界遗产名录上的遗址和文物古迹要么是单体纪念物,要么是粘连的整体,要么是主题集合物。遗产整体通常呈核心(点状或片状)形式而非线状,但圣地亚哥朝圣之路是一例线状遗产。世界遗产名录中已有的两条线状古迹(中国长城和哈德良长城),都是可以明显识别的连续的军事建筑。圣地亚哥朝圣之路实质上却是一条沿途有相关建筑和聚落的交流通道,这使它不同于世界遗产名录的其他文化遗产,并难以用现行《操作指南》的标准进行评估。因此,必须马上组建一个工作组对现行《操作指南》进行修订和增补,只

---

① Ducassi S, Rosa M. A New Category of Heritage for Understanding, Cooperation and Sustainable Development: Their Significance Within the Macrostructure of Cultural Heritage [R]. Xi'an: ICOMOS, 2005.

有这样才能顺应这一类型遗产的需要。①

评估提出需要将文化线路作为一种前所未有的新遗产类型,此后的 10 余年间,ICOMOS 围绕该任务进行了大量工作,直至 2008 年《宪章》颁布。

1994 年,西班牙马德里召开"作为文化遗产的线路"(Routes as Part of Our Cultural Heritage)会议。专家会议的报告(以下简称《马德里报告》)正式建议将文化线路作为一种遗产类型,并对文化线路的内涵、要素、界定标准、登记程序等做了基本讨论。《马德里报告》提出遗产线路的概念包含四个方面:建立在动态迁移和思想交流基础上,具有时空连续性;其总体价值超过构成遗产要素价值之和;反映国家或地区之间的交流和对话;具有宗教、商业、行政或其他方面功能的多维度特性。报告还指出,遗产线路是特殊的、动态的文化景观,其真实性依赖于路线的意义及其组成要素,路线的持续时间、目前的使用频率,以及人们对路线的发展愿景需要纳入考虑②。但这次会议仍将文化线路看作特殊的文化景观,并没有对文化线路作为新遗产类型进行明确定义,也没有建立相应的识别和管理方法。

1998 年,为了解决文化线路作为新遗产类型的概念以及相关问题,ICOMOS 组建了文化线路国际科技委员会③。此后,CIIC 组织了若干次国际会议和工作坊推进工作。

1999 年,分别在西班牙伊比萨和墨西哥瓜纳华托召开了两轮"文化线路的方法、定义和操作"(Methodology, Definitions and Operative Aspects of Cultural Itineraries)会议。2001 年,在西班牙帕姆劳拉召开"普遍背景下的文化线路及非物质文化遗产"(Cultural Routes and Intangible Heritage within a Universal Context)会

① ICOMOS. Advisory Body Evaluation of Routes of Santiago de Compostela [EB/OL]. (1993 - 12 - 06) [2022 - 06 - 02]. https://whc.unesco.org/en/documents/153996.

② ICOMOS. Report on the Expert Meeting on Routes as a Part of Our Cultural Heritage [R]. Madrid: ICOMOS, 1994.

③ 2005 年,ICOMOS 成立国际科技委员会(International Scientific Committees of ICOMOS,简称 ISCs),CIIC 成为其下辖 28 个分支委员会之一。

议,并出版《非物质文化遗产及文化线路的其他方面》①,细化了文化线路的物质文化遗产部分,并说明了普遍背景下的非物质文化遗产以及文化线路与二者的关系。2002 年,在西班牙马德里召开"文化线路与文化景观的概念及实质差异"(Conceptual and Substantive Independence of Cultural Routes in Relation to Cultural Landscapes)会议,进一步对文化线路和文化景观进行了辨析,首次明确指出文化线路和文化景观是两个不同的概念,文化线路具有包括非物质性和空间流动性在内的动态性,而文化景观本质特点更多的在于静态性和规定性,并产生了《马德里:考虑与建议》②(简称《马德里建议》)。2003 年,在推进《宪章》制定的过程中,CIIC 召开了两个工作坊③,分别讨论文化线路的概念、遗产操作以及无形价值。这两次的讨论对后续《宪章》的内容尤其是非物质文化遗产相关部分产生了较大影响。

2005 年,文化线路以遗产线路(Heritage Routes)的表述被列入《操作指南》④,正式成为文化遗产的新类型,与文化景观、历史城镇和城镇中心、遗产运河并列。《操作指南》对文化线路进行了定义:

> 文化线路由各种物质遗产元素组成,其文化意义来自各国家或地区之间的人员交流和多维对话,反映了文化在时空维度上的交互作用。

同年,ICOMOS 第 15 届大会将文化线路列为四大议题之一,围绕文化线路及其宪章制定开展了当时为止规模最大的讨论。

---

① CIIC. The Intangible Heritage and Other Aspects of Cultural Routes. In ICOMOS (ed.), Cultural Itineraries and Intangible Heritage in a Universal Context [M]. Pamplona: Gobierno de Navarra, 2002, pp. 113 – 117.

② ICOMOS. Madrid: Consideration and Recommendation [R]. Madrid: ICOMOS, 2002.

③ ICOMOS. Revision of the Operational Guidelines [R]. Madrid: ICOMOS, 2003; ICOMOS. Preliminary Ideas for the Drafting of an International Charter on Cultural Routes [R]. Victoria Falls: ICOMOS, 2003.

④ UNESCO. Operational Guidelines for the Implementation of the World Heritage Convention [EB/OL]. (2005 – 03 – 10) [2022 – 06 – 02]. https://whc.unesco.org/archive/opguide05-en.pdf.

二、作为遗产类型的文化线路概念

在 2005 年 ICOMOS 第 15 届大会上,玛利亚·罗莎所作报告《一种理解、合作及可持续发展的新遗产类型以及 CIIC 的角色》,回应了一些文化线路与相关概念的争议和混淆,叙述了对文化线路概念提出的背景、意义以及 CIIC 的主要工作。报告的最主要部分详细介绍了《宪章》制定的进展情况,即列出了已经大致成形的《宪章》草纲,包括宪章目标、文化线路定义、要素定义、具体指标、线路类型、遗产辨识、方法论等七个方面。

介绍《宪章》制定情况之前,玛利亚·罗莎的文章首先对文化线路的概念做了笼统叙述,并辨析了作为一种遗产类型的文化线路与其他一些邻近概念的区别。文章提出:

> 作为一种遗产类型,文化线路是人类为了达到某种特定且明确的目的而有意创造或利用历史交流线路所带来的文化动力的结果。因此,文化线路所反映的遗产内容,展示了一种出于特定目的的人类迁徙和交流的具体现象。它们不仅包含了促进人口流动和文化往来的物理交通线路,还包含物质的和非物质的,尤其是那些与线路的特定目的和历史功能相关的文化遗产及其价值。①

> 文化线路是一种在界限明确的道路及其遗产存在之中发展形成的历史现象,它反映了特定的功能,并需要用科学根据去证明。文化线路发生在自然环境(陆地、水体等)以及不同的地理范围(地方、全国、地区、洲际和跨洲际)中。②

① Ducassi S, Rosa M. A New Category of Heritage for Understanding, Cooperation and Sustainable Development: Their Significance Within the Macrostructure of Cultural Heritage [R]. Xi'an: ICOMOS, 2005, p. 1.

② Ducassi S, Rosa M. A New Category of Heritage for Understanding, Cooperation and Sustainable Development: Their Significance Within the Macrostructure of Cultural Heritage [R]. Xi'an: ICOMOS, 2005, p. 2.

文化线路是一种"历史现象"的表述,也被引用到《宪章》中。这种现象的本质是人类的迁徙和交流;现象的实现手段是创造或利用有明确界限的交流线路;现象的载体是物理交通线路以及各种相关的物质和非物质文化遗产。

诚然,这种表述的初衷是强调文化线路相较于传统遗产类型的特殊性,但在后来的讨论中,这样的表述由于将作为一种遗产类型的文化线路定义成历史现象而受到一些学者的质疑①。现象的本质、实现手段以及载体等,还是应当作为一个概念内涵的整体去理解,而不是直接将文化线路简单等同于历史现象。如果要将文化线路准确地放在文化遗产分类的框架中,或许"现象的遗产反映"或者"现象的遗产内容"这样的表述更恰当。

在以上关于文化线路的阐述中,暗含了三个认定条件:一是文化线路具有整体性;二是文化线路具有明确的目的,并因此具有特定的功能;三是文化线路的认定具有科学依据。

1. 整体性

在指出文化线路包含物理交通线路以及各种相关的物质和非物质文化遗产及其价值后,文章强调:

> 尽管文化线路可能包含各种文物古迹和遗址,以及文化和自然景观,但这个概念指的是一个超越其构成要素之和,并因此赋予线路意义的价值整体。②

从物理形式上看,文化线路是一个不同类型遗产的线性集合,以界限明确的交通线路为中心,沿线串联起文物古迹、遗址、景观、城镇等遗产。但文化线路并不仅仅是这些遗产的简单物理集合,它的整体性更体现在作为一个要素集合,其整体价

---

① 孙华. 论线性遗产的不同类型 [J]. 遗产与保护研究, 2016, 1(1): 48 - 54.

② Ducassi S, Rosa M. A New Category of Heritage for Understanding, Cooperation and Sustainable Development: Their Significance Within the Macrostructure of Cultural Heritage [R]. Xi'an: ICOMOS, 2005, p.2.

值大于构成要素的算术加总价值,并且正是这种具有超越性的整体价值,赋予了文化线路之所以成为遗产集合的意义。正如有学者曾指出的,与其说文化线路是一种特殊的遗产类型,倒不如称之为一种遗产集合体,这个集合体外含了无形的、文化层面的要素①。

2. 目的性和特定功能性

前文已经明确指出,文化线路所展示的人类交流现象具有明确的目的性,以及特定的功能性(用途)。文章又针对这一点做了专门阐述:

> 文化线路可以是一条为了特定且明确的目的专门开凿出来的道路,或是出于不同目的完全或部分借用已有道路的线路。但其作为文化线路的存在和意义只能通过出于该特定目的的用途,以及专门创造和服务于线路的功能元素来诠释。
>
> 文化线路有时作为伴随着充分力量以实现特定目标的人类意志的先验计划而出现。……在其他情况下,文化线路是不同人为因素集体干涉并向一个共同目标引导的长期发展过程的结果。②

文化线路的整体价值通过服务于特定目的的用途体现,集合中的遗产要素作为文化线路功能性的一部分而存在,它们分别具有各自的遗产价值,进入文化线路的集合后又得以实现作为个体难以达成的目的和用途,从而共同构成了文化线路的整体价值。

文化线路的目的性可以源于一个短期的、集中的先验意志,并通过强力的人为干预付诸现实,比如古代官方主导修筑的驿路、驰道等。但更多时候,文化线路的

---

① 景峰. 丝绸之路文化线路系列跨境申遗研究 [D]. 北京:清华大学, 2008:87.

② Ducassi S, Rosa M. A New Category of Heritage for Understanding, Cooperation and Sustainable Development:Their Significance Within the Macrostructure of Cultural Heritage [R]. Xi'an:ICOMOS, 2005, pp. 2-3.

发展是一个长期过程,多种人为因素在特定目的下共同作用,使得人类交流和互动的范围和内容不断扩展,最终形成文化线路。

3. 科学性

如果说整体性和目的性是文化线路自身的特征条件,那么科学性则是遗产外部的观察者对文化线路的认知条件,即强调文化线路认定的科学依据。

文化线路的科学性是玛利亚对于概念混淆争议的回应。她指出,文化线路的认定不是通常认为的由某些群体的想象和意愿去构建一个要素之间恰好有共性和联系的文化遗产集合,或是作为发生在一个既定行程或路线上的历史活动纪念:

> 必须明确,一条文化线路不是想法或要素的简单联系,也不是一次军事远征,不是一次不会产生任何文化交流和传续的勘察、冒险或者探索之旅……我们也不能将没有在长时间文化交流下形成文化遗产的大规模迁徙,以及没有体现出文化线路特征的交流路网包含在文化线路的范畴中。[①]
>
> (文化线路)是基于遗产证据的历史或文化事实,这些遗产证据产生于其自身的实质性内在动力。[②]

从文化线路作为一种"遗产"被认识的角度而言,具有共性的遗产要素不是被有意识地构建成为文化线路的,它们的共性基于长时间的人类交流行为,天然属于某个文化线路集合,正如玛利亚所说,这些要素"产生于其自身的实质性内在动力"。

以欧洲的"文化线路"概念为范例,欧盟委员会所定义和实践的文化线路"是

---

① Ducassi S, Rosa M. A New Category of Heritage for Understanding, Cooperation and Sustainable Development: Their Significance Within the Macrostructure of Cultural Heritage [R]. Xi'an: ICOMOS, 2005, p. 2.

② Ducassi S, Rosa M. A New Category of Heritage for Understanding, Cooperation and Sustainable Development: Their Significance Within the Macrostructure of Cultural Heritage [R]. Xi'an: ICOMOS, 2005, p. 2.

一个遗产和旅游相结合的文化教育项目,旨在发展和创立一条或一系列基于历史线路的旅游线路;是一个对于理解和尊重欧洲共同价值、具有跨国意义的文化概念或现象"[1],玛利亚认为欧洲提出"创造自己的文化线路"口号,有其特殊的地缘政治原因,目的是寻求地区身份认同,与世界遗产委员会认定的文化线路有本质区别。

秘鲁古迹遗址保护协会(ICOMOS-Peru)时任副主席阿尔伯特·马托雷尔[2](Alberto Martorell)也曾就旅游线路、文化线路、历史线路之间的差异发表过相似看法:

> 文化线路不是被发明或设计出来的,它是被发现的。……旅游线路可以根据游客兴趣、地理距离、可利用设施、名胜古迹以及众多因素被设计出来,这种设计从逻辑上缺乏科学依据。[3]

> 历史线路要被认定为文化线路,其使用必须引起了人群、商品、思想、知识和价值观的长时间交换。[4]

意即构成旅游线路的要素本身没有内在联系,完全是根据人的需要被统合设计出来的;历史线路和文化线路的区别则在于是否存在长时间的人类交流行为。

以上思考最终凝结成了玛利亚文章中对文化线路的概念表述,并被《宪章》完整引用。此处我们重申一下这一定义:

> 文化线路是一条陆路、水路、陆水混合或其他类型的线路,具有物理界限,

---

[1] Council of Europe. Cultural Routes Management:From Theory to Practice [M]. Strasbourg:Council of Europe Publishing, 2015:15.

[2] 阿尔伯特·马托雷尔同时还担任法令、行政与财务议题国际科技委员会(ICOMOS International Scientific Committee on Legal, Administrative and Financial Issues,简称ICLAFI)副主席。

[3] Martorell-Carreño A. Cultural Routes:Tangible and Intangible Dimensions of Cultural Heritage [R]. Victoria Falls:ICOMOS, 2003.

[4] Martorell-Carreño A. Cultural Routes:Tangible and Intangible Dimensions of Cultural Heritage [R]. Victoria Falls:ICOMOS, 2003, p. 2.

以独特的动态机制和历史功能为特征，服务于特定的、明确的目的，且必须满足以下条件：第一，它必须来自、并反映了人类的交往互动，以及较长时期内国家和地区间的商品、思想、知识和价值观的多维、持续、互惠的交换；第二，它必须在时空维度上促进了文化交流，并反映在物质和非物质遗产中；第三，它必须整合成一个自身存在与历史关系、文化属性相连接的动态系统。①

文章还规定了文化线路认定的四个要素：

① 自然背景：文化线路形成于某种自然背景并对其产生影响，作为互动过程的一部分赋予背景新的特征和内容；

② 内容：文化线路的构成内容以交通线路为主、其他功能性关联的物质和非物质遗产为辅；

③ 整体价值：文化线路的总体价值超过构成遗产要素价值之和；

④ 动态性：在物理形式之外，文化线路扮演了文化交流通道的角色，具有动态性。

《宪章》在文章的基础上，将"自然背景"的表述修改为"自然和/或文化背景"，并新增了"环境"要素，即文化线路与周围地理环境、区域自然或文化环境密不可分，地理环境决定文化线路的形状、走势并影响其发展，区域环境则为文化线路提供框架，赋予其独特风格，不同地段的景观塑造了文化线路的多样性特色。"背景"（context）和《宪章》后加入的"环境"（setting）的区别在于，背景要素更为宏观且抽象，它是指包括大范围自然环境、历史背景、文化背景等在内的文化线路的形成背景，并侧重于阐述文化线路对形成背景的影响；环境要素则比较具体且可操作，如沿线地理环境、景观、社会文化等，并侧重于强调环境对文化线路的影响以及二者的整体性，对于划定文化线路遗产点的保护范围和缓冲区有直接影响②。

---

① Ducassi S, Rosa M. A New Category of Heritage for Understanding, Cooperation and Sustainable Development: Their Significance Within the Macrostructure of Cultural Heritage [R]. Xi'an: ICOMOS, 2005, p. 4.

② 景峰. 丝绸之路文化线路系列跨境申遗研究 [D]. 北京：清华大学，2008：84.

三、文化线路动态性的相关讨论

文化线路之所以能成为一种特殊的遗产类型，在于它本身具备一些与其他遗产类型相区别的类型特性。这些特性中，以动态性和非物质性最为重要，它们是文化线路与其他遗产类型相区别的关键，集中了遗产学界大量的讨论。以下，我们将在玛利亚的文章和《宪章》的基础上，结合其他一些学者的重要文章和观点，对文化线路的动态性和非物质性进行拓展阐述。

动态性是文化线路的核心要素之一，反映在文化线路定义的每一个限定条件中。文化线路的动态性寓于线路所承载的人类互动和文化交流行为，包括商品、思想、知识、价值观等内容的交换中。这种动态过程在空间维度上表现出明显的流动性，又由于线路承载的互动交流行为长期持续，因此在时间维度上也表现出一定的动态性。

遗产线路[①]在 1994 年《马德里报告》中被定义为一种特殊的、动态的文化景观，这种观点一直被纳入《操作指南》附件。从此，文化线路和文化景观的区别作为文化线路类型界定的重要议题，以"动态性"为议题核心引发了很多讨论和争议。

2002 年《马德里建议》指出："文化线路与文物古迹、历史城镇、文化景观等文化遗产类型不同的是它具有动态性，可以将其认为是各类遗产的集合体"，文化线路可以包含并持续产生文化景观，但孤立的文化景观却不能构成文化线路。尽管《马德里建议》明确了文化线路与文化景观是不同的遗产类型，且差异的关键在于文化线路具有包括非物质性和空间流动性在内的动态性，而文化景观的本质特点更多的在于静态性和规定性，但这种辨析标准又在某种程度上把文化景观的概念曲解了。

---

① 玛利亚·罗莎在文章中指出，遗产线路和文化线路的区别在于前者包含了自然遗产，如鸟类的迁徙路线。在文化遗产语境中，文化线路和遗产线路所指一致。

《操作指南》对于文化景观的定义是：

> 文化景观代表着"自然与人类的共同杰作"，见证了人类社会和居住地在自然限制和／或自然环境影响下随着时间的推移而发生的进化，也展示了社会、经济和文化外部和内部的发展力量。①

2005 年《会安草案：亚洲最佳保护范例》②（以下简称《会安草案》）又进一步强调文化景观不是静态的地理景观，而是动态的文化景观；不仅是物质的，还包括非物质的价值观念、文化传统、技术和经济体系；保护文化景观不仅是保存现状，还应保持其可持续性。这就与《马德里建议》的内容相冲突了，甚至如果根据《会安草案》的表述，文化线路和文化景观在动态性以及非物质要素上，还存在着极大的相似性。

针对文化线路和文化景观围绕"动态性"形成的概念混淆，一些学者曾做过辨析。景峰引用《马德里建议》的观点，认为文化线路和文化景观都具备动态性，但文化线路以迁移为特征，涵盖了无形和空间的动态特点；文化景观更具定居性，并受自然的限制，在地理背景下不是动态的③。孙华则认为，文化景观强调人类聚居区对土地持续利用的技术及其过程反映，具有现实动态性和非物质文化特征，而文化线路遗产发展已经终止，具有的是历史动态性；世界遗产学界解读文化线路概念时强调其动态性及非物质要素，恰恰是将文化线路和文化景观的特征弄颠倒了④。

阿尔伯特·马托雷尔就二者的区别做过全面辨析⑤，我们择要翻译并列表9-1。

---

① CIIC. The Intangible Heritage and Other Aspects of Cultural Routes. In ICOMOS. Cultural Itineraries and Intangible Heritage in a Universal Context [M]. Pamplona：Gobierno de Navarra, 2002, pp. 113-117.

② UNESCO. Hoi An Protocols for Best Conservation Practice in Asia [M]. Bangkok：UNESCO, 2009.

③ 景峰. 丝绸之路文化线路系列跨境申遗研究 [D]. 北京：清华大学, 2008：89.

④ 孙华. 论线性遗产的不同类型 [J]. 遗产与保护研究, 2016, 1(1)：48-54.

⑤ Martorell-Carreño A. Cultural Routes：Tangible and Intangible Dimensions of Cultural Heritage [R]. Victoria Falls：ICOMOS, 2003, p. 6.

表 9 - 1 　 文化景观与文化线路的区别

	文 化 景 观	文 化 线 路
起因	人类的行为结果由影响其基本特征的自然环境决定	完全由人类设计的一种交流和交通手段
本质	反映了人类与特定自然环境的关系	是一种远距离文化群体之间复杂交流、交换关系的手段和见证
功能	诠释了特定自然环境的生态和文化功能,甚至人类在其中的作用也根据自然景观对自然环境的影响程度进行推断	一种历史性交流线路
范围	即使是线状景观,文化景观也应放在生态系统的背景中理解	文化线路的范围由历史上确定的界限决定,这种历史界限与自然边界无关
结构	文化景观的结构可以理解为一种包含文化元素的模式,类似"斑块—廊道—基质"模式,就线性景观或廊道而言,必须具备自然连通性	文化线路的结构取决于交流线路的多种布局形式,"各种自然环境下构成文化线路的遗产集合由互动行为和强烈的彼此关系所塑造,并造成了线路的不同结构布局,如线状、带状、廊道、交叉、网状等"①
意义	文化景观适于解释人与自然的关系	文化线路适于理解由一条既定文化线路联系起来的两个或以上文化群体之间的关系、交换和相互影响,且是理解拥有共同根源和影响的文化遗产的关键术语
构成要素	关键要素是生态决定的自然环境,人类的行为结果受限于环境,并且反映其主要特征	关键要素是交流线路本身,很多与道路相关的其他遗产形式及其功能可以在沿线找到,如:旅馆、储藏场所、港口、防御建筑、城市中心、文化景观等
研究	理解文化景观的关键是其生态特征以及人为干预的程度(衡量指标除可见干预外,还包括人类干涉区域植物更新速率,或其他相同程度的微小干预等),重要因素包括灌溉工程、建筑、与场所价值相关的仪式中心等,特别是与环境功能相关的因素,如交通、保护等	理解文化线路的关键是物理线路本身,与其功能相关的遗产,与参与人群之间的交流对话过程相关的物质性和非物质性遗产证据
适用指标	关键指标包括:生物多样性、濒危物种保存状况、生物和非生物流动及其变化、人类对这些变化的影响、家畜繁殖的影响、传统土地利用模式、传统活动、传统建筑及其材料、水资源管理等要素	关键指标包括:路网结构及其物质基础、线路的历史使用资料、沿线(或某些特定地点)是否存在有共同起源的文化证据、与道路功能相关的建筑、活动中受到相互影响的要素如音乐等等

---

① ICOMOS. Guanajuato Conclusions of Seminar on "Methodology, Definitions and Operative Aspects of Cultural Itineraries"(2nd part)[R]. Mexico City and Guanajuato:CIIC/ICCR, 1999, p. 2.

续　表

	文 化 景 观	文 化 线 路
动态性	文化景观的特殊动态性应该理解为发生在有特定基质的生态系统内部的生命方程，人的行为结果对于这些方程有影响，当系统基质要素在一定范围内不再占主导地位时，生态系统的自然边界就产生了	文化线路的动态性是由沿线人群和货物的往来赋予的，它由对这一过程的历史研究确立和界定，尽管环境状况对于某些线路有很大影响（比如海上航行线路），但线路的动态性并不遵循自然法则，而是人类进程及利益，并因此只能以文化现象去理解

综上，文化线路和文化景观无疑都具有动态性。二者动态性的区别在于：

① 从空间维度来看，文化线路具有空间动态性，随着人类的迁移互动，文化线路的形成背景和周围环境是不断变化的；文化景观的空间背景则是静态的，其动态性寓于特定自然环境下人类居住地的变化。

② 从时间维度来看，文化线路的动态性发生在遗产曾经的形成和使用过程中，如果文化线路只在历史的某一段时期发挥作用，那么它在现实中就是静态的；文化景观的动态性则主要表现为人类居住地的纵向演变，结合生态系统内容来看是现实动态的。在这一点上，玛利亚的看法和孙华的观点有一些相似性，她在文章中指出：

> 如果将文化线路看作是特殊的、动态的文化景观，文化线路最重要的特征和价值——历史价值就会被割裂。①

即认为文化线路的动态过程是具有历史性的②，与文化景观活态的现实动态性有所区别。

③ 从与自然环境或生态系统的关系来看，文化景观的动态性基于有特定基质

① Ducassi S，Rosa M. A New Category of Heritage for Understanding，Cooperation and Sustainable Development：Their Significance Within the Macrostructure of Cultural Heritage [R]. Xi'an：ICOMOS，2005，p. 4.

② 当然，这并不意味着文化线路的动态性从时间维度上看仅具有历史动态性，文化线路现实动态性在下节讨论其非物质性时阐述。

的生态系统,因为自然环境是人类生业发展的必要条件;而文化线路的动态性则基于人类的意志和行为本身,自然环境只能为文化线路提供框架,对线路动态产生影响。

根据以上分析,我们可以认为包括《马德里建议》《操作指南》《会安草案》等在内的官方遗产文件,对于文化线路和文化景观的动态性表述并非完全冲突,文化线路以空间流动性为基本特征的动态性有别于文化景观的动态性。正确地理解二者的动态性,才能进一步理解文化线路如何得以成为一种特殊遗产类型,从而更好地进行文化线路的认定和保护。

四、文化线路非物质性的相关讨论

文化线路的非物质性体现于所包含的非物质要素中,这些非物质要素主要指在文化线路承载的人类文化交流过程中形成或传续的语言、宗教、礼俗节庆、技艺、表演艺术等非物质文化遗产。

正如《马德里建议》指出的,文化线路与文化景观差异的关键在于,前者具有包括非物质性和空间流动性在内的动态性,非物质性与动态性一样,都是文化线路作为遗产类型的核心要素。同时,非物质性相较于动态性的讨论空间更大,争议也更多,CIIC 所举办的会议中有两次是专门围绕文化线路的非物质性展开的;《宪章》与玛利亚的文章相比出入相对较大的部分也是关于非物质性的,这都反映了 21 世纪以来遗产学界对于文化线路认识的不断调整和发展。

1. 文化线路由物质要素和非物质要素构成

文章和《宪章》首先在"内容"一节中一致指出:

> 文化线路必须具备必要的物质要素作为文化遗产的见证,并为其存在提供实体证明。所有非物质要素也给构成整体的各元素赋予意义。

①　决定一条文化线路存在的必要物质要素首先是道路本身,它是一个被设计出来的工程项目,或形成于实现特定目标的人类活动过程中。

②　其他基本要素是与其历史线路功能相关的物质遗产(补给站、边境哨所、仓库、休息和寄宿场所、医院、市场、码头、要塞、桥梁、交通工具、工业矿业设施,以及反映不同时代科技和社会进步的其他生产和贸易设施、历史城镇、文化景观、宗教圣地、礼拜和祈祷场所等),同时还包括见证了沿线涉及人群间交流和对话过程的非物质遗产。①

马托雷尔也认为:

文化线路的复杂性使它们转变为更广泛的文化遗产表现形式和理解方式,结合了物质和非物质的构成要素,并且本质上强调关键的人为因素。②

可见,物质要素是文化线路作为遗产存在并被人识别的必要基础,非物质要素的重要性则在于反映线路的整体意义和价值。如前述,文化线路的整体价值通过服务于特定目的的用途体现,反映并促进了人类文化交流;非物质文化遗产作为文化交流的直接体现,其对于文化线路价值的确认作用是不难理解的。

2. 文化线路非物质要素的重要性被进一步"扩大化"

在文化线路的"辨识"一节中,文章再次强调文化线路的辨识必须基于一系列见证了线路意义的物质证据和元素;《宪章》则在文章的基础上进行了一些删减和补充,对应部分提及物质要素的表述仅有:"(文化线路的)物质和非物质遗产价值

---

① Ducassi S, Rosa M. A New Category of Heritage for Understanding, Cooperation and Sustainable Development: Their Significance Within the Macrostructure of Cultural Heritage [R]. Xi'an: ICOMOS, 2005, pp. 4 – 5.

② Martorell-Carreño A. Cultural Routes: Tangible and Intangible Dimensions of Cultural Heritage [R]. Victoria Falls: ICOMOS, 2003, p. 1.

动态地形成于相互的文化影响中。"①将遗产的物质和非物质性价值并列,作为互动文化影响下的产物。

同时,文章和《宪章》都提出:

> 文化线路的非物质遗产是理解线路意义和相关遗产价值的基础。因此,对物质要素的研究应与其他非物质要素的价值相结合。②

在文章强调了物质要素重要性的前提下,这种对于非物质要素的评价本不至于产生太大混淆;《宪章》却没有突出物质要素的重要性,更没有指明二者在文化线路辨识中的差异,仅仅保留了文章对于非物质要素基础性作用的表述,显得有些本末倒置。一些学者更是认为,这是把原本非必要的非物质文化遗产当成了文化线路的必要元素③。

文章还提出:

> 即使文化线路某一部分的物质性证据没有得到较好的保存,其作为文化线路整体的存在和价值,依然可以通过非物质元素体现。④

《宪章》在遗产真实性的小节中保留了这一观点,只是删除了"价值"一词,保留并补充为非物质性要素可以体现文化线路的存在及其真实性。

———————————

① Ducassi S, Rosa M. A New Category of Heritage for Understanding, Cooperation and Sustainable Development: Their Significance Within the Macrostructure of Cultural Heritage [R]. Xi'an: ICOMOS, 2005, p. 6.
② Ducassi S, Rosa M. A New Category of Heritage for Understanding, Cooperation and Sustainable Development: Their Significance Within the Macrostructure of Cultural Heritage [R]. Xi'an: ICOMOS, 2005, p. 5.
③ 孙华. 论线性遗产的不同类型 [J]. 遗产与保护研究, 2016, 1(1): 51.
④ Ducassi S, Rosa M. A New Category of Heritage for Understanding, Cooperation and Sustainable Development: Their Significance Within the Macrostructure of Cultural Heritage [R]. Xi'an: ICOMOS, 2005, p. 5.

　　显然在以上表述中,非物质遗产并非仅仅作为文化线路的构成要素反映其价值,甚至在某种程度上超越了物质遗产之于线路存在的基础性作用,不但被认为是线路整体意义和价值的基础,还可以在物质遗产缺失的某些情况下,作为单方面证据证明文化线路的存在、价值及真实性。

3. 文化线路的非物质要素范畴在非物质文化遗产标准定义的基础上有所扩展

《保护非物质文化遗产公约》定义了非物质文化遗产概念及其内容:

> "非物质文化遗产",指被各社区、群体、有时被个人视为其文化遗产的各种实践、表演、表现形式、知识、技能及其有关的工具、实物、工艺品和文化场所。这种非物质文化遗产世代相传,在各社区和群体适应周围环境以及与自然和历史的互动中,被不断地再创造,为这些社区和群体提供认同感和持续感,从而增强对文化多样性和人类创造力的尊重。
>
> ……
>
> "非物质文化遗产"包括以下方面:
>
> ① 口头传统和表达,包括作为非物质文化遗产媒介的语言;
>
> ② 表演艺术;
>
> ③ 社会实践、仪式、节庆;
>
> ④ 有关自然界和宇宙的知识和实践;
>
> ⑤ 传统手工艺。①

　　马托雷尔以印加路网和圣地亚哥朝圣之路为例,进一步阐述了文化线路的非物质性。在谈及印加路网的非物质文化遗产时,他指出:

---

① UNESCO. Convention for the Safeguarding of the Intangible Cultural Heritage [EB/OL]. (2003 – 10 – 13) [2022 – 06 – 02]. https://www.unesco.org/en/legal-affairs/convention-safeguarding-intangible-cultural-heritage.

这些(印加路网的非物质文化遗产)可以是历史上的,也可以是现代的,甚至可以到目前仍在使用。①

我们得以在遗产地见证的非物质性价值,是其居民赋予这一文化遗产的表现形式的价值,是在遗产地被认定为世界遗产之前的整个遗产形成过程中就得到强化的价值。②

非物质价值在被认定为世界遗产之前的整个线路形成过程中都有所强化,意味着非物质文化遗产的传承没有发生中断,与非物质文化遗产的定义是相符的。由于非物质文化遗产通常要以人为活态传承媒介,作为保护对象的非物质文化遗产一般指传承至今的、仍具有现实动态性和使用价值的那些。但在进行概念讨论时,并不排除文化线路在历史上曾包含的非物质要素,哪怕这类要素没能作为非物质文化遗产传承至今,只要有相关实物或场所、文献资料等证明其真实性亦可。

此外,非物质文化遗产的内容并未将所有非物质文化元素涵盖在内。社会学上将非物质文化分为三个方面:

① 与自然环境相配合和适应而产生的,如自然科学、宗教、艺术、哲学等;

② 与社会环境相配合和适应而产生的,如语言、文字、风俗、道德、法律等;

③ 与物质文化相配合和适应而产生的,如使用器具、器械或仪器的方法等。

其中,道德、价值观、法律、政治制度,甚至一些个性化的感觉等非物质文化要素,通常不直接创造可作为"遗产"的结果或表现形式,缺少遗产的典型性和珍稀性,因此不被看作标准意义上的非物质文化遗产。

马托雷尔在对圣地亚哥朝圣之路的非物质性进行讨论时,就选择了一个超出非物质文化遗产标准范畴的例子,从法律方面阐述了该线路对人道主义和国际化

① Martorell-Carreño A. Cultural Routes: Tangible and Intangible Dimensions of Cultural Heritage [R]. Victoria Falls: ICOMOS, 2003, p. 4.

② Martorell-Carreño A. Cultural Routes: Tangible and Intangible Dimensions of Cultural Heritage [R]. Victoria Falls: ICOMOS, 2003, p. 4.

的非物质性价值。在中世纪上半叶的欧洲，外国人进入他国领土是违法的，但由于圣地亚哥朝圣之路跨越西班牙—法国边境，法国教会、西班牙王室在 12、13 世纪颁布了一系列法令给予朝圣者特殊的合法地位。1434 年，约翰二世还为朝圣者创设了安全通行证，允许他们从意大利、法国、德国、匈牙利、瑞典、挪威等多国前往西班牙，并且扩大了权利范围，允许其在西班牙进行买卖交易、财产使用等活动。这些围绕圣地亚哥之路颁布的法令和措施对推动欧洲人道主义及国际化发展具有重要意义。对于类似这样由法令带来的无形价值，我们显然很难用非物质文化遗产的框架去涵盖，但它们也同样是文化线路所包含的非物质要素，并且反映了重要的非物质价值。

4. 文化线路作为一个遗产整体也具有非物质性

无论是直接将文化线路作为一种文化交流的历史现象，还是将它看作这种现象的遗产载体，都可以认为文化线路作为一种形成于并反映了人类文化交流过程的遗产集合，本身就具有超越遗产个体的、基于文化交流和历史关系的非物质性整体。

2001 年 CIIC"普遍背景下的文化线路及非物质文化遗产"会议的结论指出：

> 除了物质现实之外，文化线路还包含一个动态因素……这种重要的文化流动反映在精神和传统上，形成了文化线路的非物质文化遗产。基于非物质和物质文化遗产，这些线路构成了一个阐释人类精神的非物质大熔炉。①
>
> 朝圣路线的价值超过了纪念碑本身的价值，因为它们代表一种非物质性或精神实质的集体非物质文化遗产。②

---

① ICOMOS. Pamplona Conclusions of International Seminar on："1. Intangible Heritage and Cultural Routes in a Universal Context；2. Steps Towards Making a Pre-inventory of Cultural Routes：a）Strategies and Teams；b）Projects and Contents"［R］. Navarra：CIIC, 2001, p. 4.

② ICOMOS. Pamplona Conclusions of International Seminar on："1. Intangible Heritage and Cultural Routes in a Universal Context；2. Steps Towards Making a Pre-inventory of Cultural Routes：a）Strategies and Teams；b）Projects and Contents"［R］. Navarra：CIIC, 2001, p. 5.

这甚至直接将文化线路表述为"非物质大熔炉"或"集体非物质文化遗产"。对于文化线路非物质性的这类认识,影响到了后来的概念讨论和《宪章》制订:玛利亚文章中将文化线路当作是一种历史交流现象,与这种认识在本质上是一致的;非物质文化遗产是理解文化线路整体意义和价值的基础的观点,应该也源于这种认识。

基于以上文化线路非物质性的各种认识,可以发现,非物质性不像动态性一样可以在文化线路与文化景观之间做出清晰区分。遗产学界不断扩展文化线路非物质性的内涵和重要性,导致我们很难做出与文化景观非物质性相区别的明确的理论规定。对于遗产非物质性的过度侧重,使得文化线路的实质远远超越了一个遗产要素集合,某种程度上会削弱遗产识别和认定的客观性,令遗产边界难以确认。非物质要素,尤其是缺少关联物质证据的非物质要素,还会增加遗产真实性的确认和保存难度。我们不否认非物质性是文化线路之所以成为特殊遗产类型的关键因素之一,但如何对文化线路的非物质性进行辨析和阐释,恐怕还需要更谨慎的思考。

结　语

在文化遗产类型体系中,文化线路是一种与文化景观、历史城镇和城镇中心、遗产运河并列的特殊遗产类型①。它形成于并反映了人类互动和文化交流的长期历史过程,是一个整体价值超越构成要素价值之和的不同类型遗产集合,以动态性和非物质性作为该类型的核心特性。

---

① 2021 年 7 月,第 44 届世界遗产大会审议通过了对《操作指南》的最新修订,删除了特殊类型遗产附录,包括文化景观、历史城镇和城镇中心、遗产运河、遗产线路四种特殊类型遗产的定义、细类划分、价值阐释等内容。会议认为,附录对于不同遗产类型的解释不够详尽,并且存在对遗产分类的误导。修订之后,除文化景观部分被归入正文,作为正式遗产类型外,其余特殊类型遗产内容均仅以手册形式发布。截至本文完稿时,世界遗产委员会尚未对这一重大修订做出补充说明。详见 UNESCO. The Operational Guidelines for the Implementation of the World Heritage Convention ［EB/OL］. (2021 - 03 - 1) ［2024 - 05 - 18］. https://whc.unesco.org /en /guidelines.

从 1993 年圣地亚哥朝圣之路被登录为世界遗产,到 2005 年列入《操作指南》,文化线路作为一种遗产类型得以确认的过程历经 10 余年。文化线路的出现对于国际遗产保护领域具有重大意义和影响。如吕舟曾指出的,文化线路这一遗产类型将文化遗产和自然环境更紧密地结合,以一种新的角度去理解文化遗产环境;它能更好地体现文化遗产的真实性和完整性;遗产规模决定了其价值多样性是其他遗产类型难以比拟的,并且这一特性使得文化线路在文化旅游和遗产保护管理上更平衡发展;它提高了对于文化多样性的保护,并使其与现行遗产评估体系更好地结合;它可以促进对跨国遗址的保护;它有助于建立世界范围内的遗产保护网络,并促使对人类文明的点状展示转变为对重要人类活动的线状或区域性展示①。

但是,文化线路的特殊性和革新性又给其概念内涵的界定带来了更大困难。遗产学界对于文化线路的讨论不断扩展深入,即使《文化线路宪章》业已颁布,也仍然留下了一些争议空间。本文对此做了一些阐述,以时任文化线路委员会主席玛利亚·罗莎的文章和《宪章》为基准,结合相关会议成果,梳理并肯定了国际遗产学界对文化线路概念、内涵、动态性、非物质性等方面的基本认识,同时对可能引起争议的部分内容进行辨析,以对文化线路的基本概念和关键特性做出澄清。

迄今为止,已有包括圣地亚哥朝圣之路、印加路网、丝绸之路天山廊道、阿曼乳香之路、日本纪伊山地的圣地与参拜道、熏香之路——内盖夫的沙漠城镇、墨西哥皇家内陆大干线等多处文化线路被登录为世界遗产,作为遗产类型的文化线路概念得到了广泛的认可和运用。随着当今遗产形势的愈发复杂化,文化线路的概念及其内涵还将在越来越多的遗产实践中被继续深入探讨并完善,成为文化遗产体系中一抹不可忽略的独特亮色。

(本文原载《自然与文化遗产研究》2023 年 6 期,第 71—80 页。此次重刊略有修订。)

---

① Lv Z. Cultural Routes and the Network Construction of the World Cultural Heritage Conservation［R］. Xi'an：ICOMOS, 2005, pp. 3 - 4.

遗产实践

10

活态遗产保护管理方法探索[①]

——《活态宗教遗产保护》导读

赵晓梅　复旦大学文物与博物馆学系副教授

"活态遗产"是近年在文化遗产领域中的新兴概念,多被视为一种特殊的遗产类型。实际上,这一概念在 2000 年代初期由国际文化财产保护与修复研究中心(ICCROM)提出之时,就被当作遗产地管理的一种方法,应用于功能仍在延续、物质与非物质要素并存的文化遗产地。ICCROM 最先在亚太地区宗教遗产、城镇遗产等领域,推行这种以遗产社区为核心、以文化延续为目标、自下而上的保护管理理念,以尊重当地传统的管理哲学,反思西方中心主义保护原则。在方法论的发展过程中,其适用范畴、管理系统与实施程序不断拓展、细化,也在欧洲等地加以运用。

本章以 ICCROM 活态遗产方法开山之作《活态宗教遗产保护》文集为主要导读书目,辅以该方法的主要发起人及其他研究者的相关论著,梳理活态遗产概念内涵、实践应用的发展脉络,探讨这一保护管理理念在我国的应用前景。

一、《活态宗教遗产保护》述评:活态遗产概念之始

2005 年 ICCROM 发行保护研究文集第 3 辑《活态宗教遗产保护》(*Conservation of Living Religious Heritage*),这是"活态宗教遗产——保护圣地与圣物"(Living Religious Heritage: Conserving the Sacred)论坛的会议论文集。这次论

① 本文为国家社会科学基金文化遗产保护传承研究专项"以人民为中心推动文化遗产保护传承高质量发展研究"(24VWB006)子课题阶段性成果。

坛于 2003 年 10 月 20—22 日在罗马举办,邀请全球各地活态宗教遗产的专家、学者与管理者分享各自的遗产管理案例、开展学术讨论,同时也邀请到布鲁塞尔文化、遗产与发展国际中心、国际古迹遗址理事会(ICOMOS)前任总干事长让—路易斯·卢森(Jean-Louis Luxen)做主旨发言①。

最终形成的文集由前言、导论与 11 篇案例研究构成。颇为遗憾的是,文集中没有收录主旨演讲以及两个在会上发表的案例研究。前言由时任 ICCROM 总干事尼古拉斯·斯坦利—普莱斯(Nicolas Stanley-Price)撰写,他介绍了文集的基本情况。

导论由赫布·史多夫(Herb Stovel)撰写,他是当时 ICCROM 遗产地部门主任。史多夫回顾、总结了会议涉及的主要议题,他提出内在的活态性(livingness)是活态宗教遗产不同于一般意义文化遗产的地方。这一特殊类型遗产的保护必然不会局限于物质中心论的历史价值,而是更关注地方的价值观念以及遗产与宗教社区的联系。尽管宗教遗产是全球数量最庞大的遗产类型,但它不像木构建筑或考古遗迹有专题研究、讨论,至今没有国际通行的保护规章,缺乏系统性关注,亟须建立表达信仰系统的整体性方法。同时,宗教自身的多元性也使之与普遍价值存在张力,需要更多的沟通与对话。作为传统文化的一部分,宗教遗产还面临如何应对变化、现代性与当代社会转型等问题。

论坛讨论的议题围绕协调信仰与保护的关系而展开,主要包括:1. 变化的礼仪和功能需求;2. 共存的不同信仰之间的竞争;3. 宗教内部随时间变化的起起伏伏;4. 宗教遗产地面临的世俗压力(如旅游开发);5. 宗教遗产地或文物的博物馆化;6. 信仰延续与科学保护之间的冲突。在论坛十几个案例分析的基础上,史多夫提出了一些未来可能的解决途径:1. 协调宗教社区与保护社区(专家)的价值观念;2. 协调(现代)保护与(传统)宗教法则(如一些宗教禁忌);3. 直面现代性,建立与现代世俗生活原则的积极关系。

在结论部分,史多夫总结了论坛研讨的主要成果:1. 表达、维系信仰是活态宗

---

① Stovel H, Stanley-Price N, Killick R (eds.). Conservation of Living Religious Heritage：Papers from the ICCROM 2003 Forum on Living Religious Heritage：Conserving the Sacred ［C］. Rome：ICCROM, 2005.

教遗产的重要价值;2. 物质形态的宗教遗产带有非物质形态的重要价值,二者密不可分;3. 活态宗教遗产面临各种威胁,应当在全球保护政策中予以优先考虑;4. 理想情况下,应由宗教群体与保护专家合作开展遗产保护;5. 活态遗产在当代的变化是其延续性表达,保护专家应容许一定的变化;6. 在多元文化的语境中加强不同信仰的交流,促进世界和平,创造宽容社会。

　　构成文集主体部分的 11 个活态宗教遗产案例分别来自新西兰、丹麦、斯里兰卡、日本、津巴布韦、希腊、意大利、墨西哥、马来西亚、以色列和梵蒂冈,就职于博物馆、高校、遗产基金会、政府部门以及 ICCROM 的遗产管理者对宗教建筑、宗教仪式、圣物、圣地、文化景观及馆藏文物等不同类型宗教遗产的保护、管理问题进行了阐述(表 10 - 1)。这些案例涉及天主教、基督教、东正教、犹太教、伊斯兰教、佛教、神道教以及原住民和地方信仰,地域上覆盖亚洲、欧洲、非洲、美洲与大洋洲,可谓呈现出世界各地多元的宗教遗产以及相对普遍的保护管理问题。

　　从导论和案例研究的内容来看,文集以"活态宗教遗产"为名,初步界定了宗教遗产的内涵与范畴,提出活态性特征在遗产保护与管理中的重要性与特殊性,进而提出信仰的延续是宗教遗产的基本目标,因此要与"现代"意义的科学保护相协调,积极融入当代"世俗"生活。多个来自前殖民地的案例,均以宗教的非物质特征,对欧洲中心的物质遗存保护理念与真实性概念进行反思,提出理解、尊重当地宗教"传统"的重要意义,也提出了建立整合性方法的诉求。这种对非物质遗产要素与价值的表述,体现出鲜明的时代特征——在论坛的同一个月,联合国教科文组织(UNESCO)发布了《保护非物质文化遗产公约》。

　　总结来说,文集基于丰富的实践案例,重点揭示了宗教遗产的活态性与延续性价值,将宗教社区视为与遗产所体现的价值观念最为密切的人群。作为 ICCROM "以人为中心"遗产项目的前期成果,文集以宗教遗产这一特定类型,为活态遗产思路(living heritage approaches,简称 LHA)的保护管理理念奠定了基础。而从如今活态遗产理念与方法的发展趋势来回顾这一"案例手册",其局限性也十分明显。首先,案例分析对宗教团体、地方居民、外来游客与保护专家的定位较为模糊,还未形成层次分明的遗产社区划分标准。其次,尽管不少案例均以特定的宗教教

表 10 - 1　案例研究涉及地区、宗教与遗产类型

编号	文 章 标 题	国 家	涉及"宗教"	宗教遗产类型
1	毛利社区建筑遗产保护	新西兰	原住民信仰	集会房屋等建筑
2	克里斯蒂安斯费尔德：一处生机勃勃的宗教遗产——21 世纪对 18 世纪晚期、19 世纪初期丹麦摩拉维亚教聚落的影响	丹麦	基督教教派	宗教聚落与建筑
3	当下的往昔——斯里兰卡佛教遗产地的照护	斯里兰卡	佛教	佛塔与圣地
4	伊势神宫和祇园祭——日本活态宗教无形文化财价值与真实性的案例研究	日本	神道教	建造与祭祀仪式
5	被包围的活态宗教圣殿——津巴布韦马托波山恩杰莱莱(Njelele)圣殿/姆济利卡齐国王墓地及其相互矛盾的需求	津巴布韦	地方信仰	祈雨神殿及周边自然与文化景观
6	协调阿托斯圣山信仰和保护诉求的挑战	希腊	东正教	修道会建筑与圣物
7	意大利中部瓦莱皮耶特拉(Vallepietra)圣三一的民间崇拜——传统变迁与非物质文化遗产保护	意大利	天主教	宗教圣地与仪式
8	墨西哥在社区之中保护宗教遗产	墨西哥	天主教	神像与仪式
9	依照伊斯兰世界观与教法管理伊斯兰馆藏文物	马来西亚	伊斯兰教	馆藏文物
10	以色列博物馆中的圣物保护	以色列	犹太教	馆藏文物
11	作为对话交汇点的宗教遗产——大教堂工作坊的经验	梵蒂冈	天主教	宗教圣物与遗产

义、仪式传统为立论点,分析了遗产及其价值的非物质性,论述了这些物质层面和非物质层面跟遗产社区的密切联系,但显然还未建立起以人为中心的系统解读和整体性方法,更多的是对现存管理问题的呈现或已有经验的分享,论述偏于零散。再次,非西方案例对西方物质中心论的反思,仍然以启蒙运动以来的理性分析、科学观念为最终目标,仅仅试图协调不同价值观念的冲突,大多未能完全以当地哲学理念为根基来展开更具批判性的反思与论证。因为这个原因,文集始终将宗教与信仰视为"传统",忽视了宗教文化与仪式自身的"现代化"过程,也在一定程度上否定了宗教信徒、遗产地居民的主观能动性。最后,价值认知是"成为"遗产的核心环节,孙华将遗产价值划分为存在价值(本质价值)和外在价值,前者指创造之初

被赋予的价值,如使用功能、审美功能、纪念意义等,后者则是今人赋予的价值,如历史、经济、社会价值等①。遗产化(heritagisation)就是从存在价值到外在价值的让渡,而活态遗产的所谓"活态"特殊性,就是使用功能的存在价值一直没有被遗产化的外在价值所完全消解。那么,活态遗产的保护和管理要以文化展示、传承的外在价值为前提? 这一问题实际上挑战了"活态遗产"概念自身,既然没有经历全然的遗产化过程,它们是否一定要被冠以"遗产"之名? 又是"谁"来定义了这些"遗产"? 如果不将它们称为"遗产",我们对它们的价值认知与日常使用是否会与如今的状况不同?

从 LHA 的后续发展来看,以上局限性的第一点在后来的方法论建立过程之中得以改善,第二点没有实质性发展,而最后两点实际上撼动了 ICCROM、UNESCO 等权威机构所确立的"遗产"本质,无论在学术研究中,还是在实际管理工作中,仍待进一步反思、探讨。

二、韦杰苏瑞亚与活态遗产地项目:内涵演变与方法论建立

活态遗产方法的建立、推广与加米尼·韦杰苏瑞亚(Gamini Wijesuriya)关系密切。韦氏是斯里兰卡保护建筑师,在获得科伦坡莫拉图瓦大学建筑学硕士之后,于1983 年担任斯里兰卡考古局保护部负责人。其后,他在美国卡耐基梅隆大学和英国约克大学研读历史保护与考古学、遗产管理,1998 年博士毕业于荷兰莱顿大学。之后,他又在新西兰保护局短暂地工作了两年,于 2004 年起就职于 ICCROM,专注于遗产保护和管理的能力建设活动,直至 2017 年退休②。

据韦氏自述,他自 1990 年代初在约克大学求学期间开始关注斯里兰卡佛教遗址的重建问题。1998 年,在他获得博士学位的同年,他的研究对象之一——佛牙庙被炸毁。之后的重建工作经历了从专家主导、社区参与到社区主导、专家介入的范

---

① 孙华. 文化遗产概论(上)——文化遗产的类型与价值 [J]. 自然与文化遗产研究, 2020, 5(01): 8 - 17.

② UNESCO Oral Archives:Gamini Wijesuriya [EB/OL]. (2018 - 06 - 29) [2022 - 03 - 26]. https://whc.unesco.org/en/oralarchives/gamini-wijesuriya.

式转变,也使韦氏从理论层面思考如斯里兰卡佛教圣地这样的活态宗教遗产保护与管理问题,最终形成了活态遗产理念①。

在加入 ICCROM 之后,韦氏担任活态遗产地(Living Heritage Sites)项目(2003—2008)负责人。这个五年项目初期有两个重要举措,一是在罗马召开前文介绍的"活态宗教遗产"研讨会;二是同年在曼谷举办的项目策略发展会议,决定在湄公河地区开展先导研究,并于两年后在泰国北部帕府举办"赋权社区"(Empowering Communities)的工作坊,分享研究进展,交流活态遗产方法。在 2006年 ICCROM 活态遗产地工作坊报告中,韦氏等人将活态遗产定义为"人与自然互动全部表达的总和",这些有形与无形的表达经历了演变、重新阐释和修改的过程,呈现出社会的种种变迁②。韦氏将遗产的"活态"特征与功能延续理念追溯至现代保护运动初期的《马德里会议决议(1904)》,认为从过去到现在的延续,呈现出与西方线性时间观念不同的历史延续性(historical continuity),体现出对《威尼斯宪章》《世界遗产公约》等西方中心主义遗产观念的反思③。

2012 年,基于活态遗产地项目的经验,ICCROM 启动"在保护中推广以人为中心的方法"(Promoting People-Centred Approaches to Conservation,简称 PCA)五年项目。以这个项目为依托,凭借 ICCROM 在国际保护行业培训的机构定位,韦氏在 2015 年开设"推广以人为中心的方法——在保护自然和文化中吸引社区"(Promoting People-Centred Approaches:Engaging Communities in the Conservation of Nature and Culture)培训班,通过从业者与社区在遗产地的实地观摩、案例分享与交流等活动,实施从业者与遗产地社区的能力建设。同年,他和项目顾问萨拉·考特(Sarah Court)共同编纂了实施指南《保护文化遗产的以人为中心方法——活态遗

---

① Wijesuriya G, Thompson J, Court S. People-centred Approaches:Engaging Communities and Developing Capacities for Managing Heritage. In Chitty G(ed.), Heritage, Conservation and Communities:Engagement, Participation and Capacity Building[M]. London:Routledge, 2017, pp. 34-50.

② Wijesuriya G, Nishi K, King J. Living Heritage Sites Workshop:Empowering the Community[J]. ICCROM Newsletter, No. 32, 2006, p. 18.

③ Wijesuriya G. Living Heritage. In Heritage A, Copithorne J(eds.), Sharing Conservation Decisions[R]. ICCROM, 2015, pp. 43-56.

产》,从遗产和社会(heritage and society)关系角度分析 LHA 的重要意义,介绍决策者(机构)、遗产保护从业者和社区如何在具体遗产保护管理中推行这一方法,同时也引介了诸如参与性管理、文化绘图、遗产阐释、社区发展等具体工具①。

韦氏将 LHA 视为 PCA 起源之一,详尽阐述了活态遗产的缘起、特质与适用范围②。从发起时间来看,活态遗产地项目与《保护非物质文化遗产公约》同年建立,我们在 2003 年 ICCROM 论坛文集中也明显感受到《公约》的影响。尽管如此,韦氏仍坚持认为 LHA 最初是建立于对建筑等不可移动遗产保护与管理方法的探索,也将 LHA 的理念追溯到"保护就是对变化的管理"(conservation as the "management of change")、历史性城镇景观(historic urban landscape)等更多针对"建成遗产"的管理理念,认为 LHA 是通过基于社区(community-based)的管理理念,对已有基于本体(fabric-based)和基于价值(value-based)保护方法的改善和补充③。基于本体的方法是《威尼斯宪章》所建立的国际保护原则,而基于价值的方法则是《世界遗产公约》所推行的④,也是如今的主流遗产保护方法。相比于这两种方法,LHA 以核心社区(core community)联结不同形态的遗产要素,在遗产保护管理中避免物质与非物质、可移动与不可移动遗产的彼此区隔,试图建立一种更加整体的方法。

在韦氏看来,延续性(continuity)是活态遗产的关键特质,这是遗产活态性的核心,也是判定活态遗产的标准。韦氏对于延续性内涵和构成的探讨经历过一些发展阶段。在 2007 年的一篇文章中,韦氏认为延续性主要指原初用途(original use)

---

① Court S, Wijesuriya G. People-Centred Approaches to the Conservation of Cultural Heritage: Living Heritage [R]. Rome: ICCROM, 2015.

② Wijesuriya G. Living Heritage. In Heritage A, Copithorne J (eds.), Sharing Conservation Decisions [R]. ICCROM, 2015, pp. 43-56.

③ Logan W, Wijesuriya G. New Heritage Studies and Education, Training, and Capacity-Building. In Logan W, Craith M N, Kockel U (eds.), A Companion to Heritage Studies [M]. Malden: Wiley-Blackwell, 2015, pp. 557-573.

④ Poulios I. Discussing Strategy in Heritage Conservation: A Living Heritage Approach as an Example of Strategic Innovation [J]. Journal of Cultural Heritage Management and Sustainable Development, Vol. 4, No. 1, 2014, pp. 16-34.

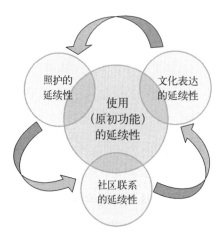

图 10 - 1　LHA 延续性的构成要素
及其相互关系①

的 延 续, 而 这 一 功 能 延 续 与 社 区 联 系
(community connections)和演变(evolution)
相 关 联②;在 同 年 的 另 一 篇 文 章 中, 韦 氏 又
将延续性与功能(function)、社会联系并列,
构 成 遗 产 的 文 化 内 涵③,可 见 当 时 他 还 未 明
确 延 续 性 的 内 涵。最 终 在 2015 年, 韦 氏 提
出 活 态 遗 产 的 延 续 性 主 要 指 遗 产 在 当 代 仍
延 续 最 初 的 使 用 功 能, 而 社 区 联 系、文 化 表
达(cultural expressions)和 照 护(care)则 是
构 成 延 续 性 的 其 他 要 素, 由 此 构 建 起 活 态 遗
产延续性体系(图 10 - 1)。

　　总体来说,韦氏在 LHA 中所定义的延续性,是基于遗产保护和管理的现实需
求而"建构"的,如何定位并实现延续仍值得讨论。20 世纪初,李格尔在文物价值
的分类研究中,就已经提出以文物(遗产)的创作意图来区分不同的文物类型及其
价值和修复要求④。20 世纪中叶,布兰迪又将艺术作品(遗产)的生命历程细化为
第一史实、间隔期和第二史实⑤。尽管这些论述并未围绕"延续性"展开,但为我们
理解遗产观念、价值认知的历史演变提供了启示。在笔者看来,功能延续、调适与
转变是社会认知变迁的结果,它是在最初的作者意图之上,不断根据历代使用者的
需求而发生变化的。功用延续只是结果而不是原因,更不应是保护和管理的目标。

① Wijesuriya G. Living Heritage. In Heritage A, Copithorne J (eds.), Sharing Conservation Decisions [R].
ICCROM, 2015, pp. 43 - 56.

② Wijesuriya G. Conserving Living Taonga:The Concept of Continuity. In Sully D (ed.), Decolonising
Conservation-caring for Maori Meeting Houses Outside New Zealand [M]. Walnut Creek:Left Coast
Press, 2007, pp. 59 - 69.

③ Wijesuriya G. The Restoration of the Temple of the Tooth Relic in Sri Lanka:A Post-Conflict Cultural
Response to Loss of Identity. In Stanley-Price N (ed.). Cultural Heritage in Postwar Recovery:Papers
from the ICCROM FORUM Held on October 4 - 6, 2005 [C]. Rome:ICCROM, 2007, pp. 87 - 97.

④ (奥)李格尔著. 陈平译. 对文物的现代崇拜:其特点与起源. 载于陈平. 李格尔与艺术科学 [M]. 杭
州:中国美术学院出版社:315 - 352.

⑤ (意)切萨雷·布兰迪著. 陆地译 [M]. 上海:同济大学出版社, 2017:100 - 111.

尽管 LHA 一直将遗产和社会的关联作为考察对象,但它过于突出作为最终人类活动成果的"功能"以及由此带来的可持续发展等当代效用,而忽视分析具体社会文化语境对功能赋予所造成的影响,也未反思如何在变迁之中理解遗产与社区的关系,进而才能形成对活态遗产所在社会文化的系统性认知,以此建立整体的遗产保护管理方法。

在 PCA 项目的积淀过程中,韦氏拓展了活态遗产的内涵与适用对象。韦氏认为我们今天所说的活态遗产,不仅仅限于延续原有功能的遗产,甚至还可以包括那些功能已发生转变的遗产。从这个意义上说,所有的遗产都是活态的,因为所有的遗产都在当代承载着一些功能,因此 LHA 具有更加广泛的应用范围。这一方法划定了价值和利益相关者的层级,将核心社区视为遗产不可分割的组成部分,基于接受变化、突出延续性的保护管理哲学,形成自下而上、社区主导的互动过程,最终达成可持续发展的效果①。他将遗产在当代社会的适应性改变视为延续性的表达,尽管否认博物馆化是一种良性的功能改变,但也仅仅将藏品可供宗教信徒膜拜视为解决途径。韦氏始终将 LHA 定位于保护和管理的思路,这一理想化的管理系统,通过管理用途、生计和互惠的延续与变化来连接社区及其物质表达——遗产②。不可否认,LHA 在遗产保护、管理中推动了社区从有限的介入(involve)、自主的参加(engage)到成为核心的主导(lead)的角色转变,LHA 适用范围的拓展,有助于更大范围地推广遗产管理的民主化进程。但由于缺乏对功能变化原因的深入分析,片面凸显基于社区的遗产管理在加强认同、推进可持续等层面的作用,而未对成为遗产之后外在价值对存在价值的"侵蚀"过程进行考察,这一保护管理思路如何在不同区域的具体社会情境中开展在地化的实施,仍有待于实践探索与理论总结。

总结来看,韦氏对 LHA 的阐释突出该方法在文化多样性、文脉依赖和社区决

---

① Wijesuriya G. Living Heritage. In Heritage A, Copithorne J (eds.), Sharing Conservation Decisions [R]. ICCROM, 2015, pp. 43–56.

② Wijesuriya G. Introducing People-centred Approach to Conservation and Management of Hani Rice Terraces. In ICOMOS China (ed.), Proceedings of International Workshop on the Sustainable Development of Honghe Hani Rice Terraces [C]. Beijing: ICOMOS China, 2015, pp. 23–35.

策等方面的重要作用。这一思路的发展基于大量实践案例的经验总结,但显然对其应用场景的分析,特别是遗产所在的当代社会情境及其变迁历程,缺乏扎实的阐述与完整的论述,偏于理想化的结果呈现。

三、其他研究者的学术实践：多元拓展与实施细化

LHA 可以被视为非西方遗产理念对西方物质形态保护的反思,ICCROM 在国际层面支持的案例实践也集中于亚太地区,但这并不是说 LHA 不适用于西方世界。在英文论著之中,2014 年出版的《古存于今：活态遗产方法——希腊曼代奥拉案例研究》(*The Past in the Present: A Living Heritage Approach-Meteora, Greece*)一书,就是以一处欧洲东正教修道社区的拜占庭遗产为对象,展现西方地区应用 LHA 的潜力。其作者为爱奥尼斯·普利欧斯(Ioannis Poulios),现任教于印度艾哈迈达巴德大学。他曾为 ICCROM 活态遗产地项目工作,这本著作是基于 2008 年他在伦敦大学学院博士学位论文而形成的。普氏的著作以韦氏的方法论框架为基础,以理论梳理和案例比较,形成了更多元的遗产内涵,也建立起 LHA 的具体应用途径。

从活态遗产的概念来看,普氏依据遗产与社区的不同联系(association),梳理出几种不同的活态遗产地类型：社区居住于遗产地、遗产与(在地)社区联系持续演变、不在地但有特殊关联的社区、保持原有联系的社区①。这种分类方式也透露出他在延续性解读中与韦氏的差异,普氏认为保持社区与遗产联系才是 LHA 的最终目标,尽管他在延续性构成分析中仍然照搬了韦氏的框架。他还列出 LHA 规划实施的具体步骤,分为：1. 基于延续性识别活态遗产地与核心社区；2. 建立与核心社区的合作；3. 遗产地调查；4. 遗产地评估,包括价值、文化表达的层级分析以及延

---

① Poulios I. The Past in the Present: A Living Heritage Approach-Meteora, Greece [M]. London: Ubiquity Press, 2014, pp. 25 – 27.

续性变迁分析;5. 决策与行动;6. 基于延续性分析的定期检查①。这一工作程序凸显了普氏对延续性的重视,正是基于社区与遗产关联的延续性强弱来划分社区层级,进而根据不同社区的价值认知判定价值层级。普氏认为,社区层级的划分是LHA区别于基于价值的保护方法之处,后者的价值评估是对所有利益相关者价值认知的平等表达,而前者赋予核心社区以更多的权重②。

该书的另一大贡献是清晰建立了遗产认知的"延续性"时间观。相较于基于理性哲学的线性时间,普氏强调活态遗产的持续创作过程,将过去视为仍在进行之中的现在(the past is part of the ongoing present),由此消解掉过去、现在与未来的界线③。如果我们将普氏的遗产时间观与布兰迪的时间概念做一个比较(图10-2),就可以发现,在遗产创造者层面,普氏以持续变迁的核心社区(集体)取代布兰迪艺术作品的"唯一"作者;在"观者"(受众)层面,由于LHA赋予核心社区优先权,他们同时也是评判遗产价值的主导群体,压倒了其他受众的价值认知。基于这样层级化的认知权重,普氏将社区创造过程一直拉向未来,由此取消了布兰迪定义的间隔期和作为第二史实的当下。正因为如此,普氏的结论是,遗产管理应从物质形态的保存(preservation)逐渐转变为面向未来活态现实的创造,彻底颠覆了西方基于物质层面的真实性观念④。

在此之外,关于LHA或者以活态遗产为名的英文文献十分有限。应用LHA分析建筑遗产的论文仅见于另一个希腊拜占庭修道社区的案例探讨⑤以及一处黎

---

① Poulios I. The Past in the Present:A Living Heritage Approach-Meteora, Greece [M]. London:Ubiquity Press, 2014, pp. 135-138.

② Poulios I. Discussing Strategy in Heritage Conservation:A Living Heritage Approach as an Example of Srategic Innovation [J]. Journal of Cultural Heritage Management and Sustainable Development, Vol. 4, No. 1, 2014, pp. 16-34.

③ Poulios I. The Past in the Present:A Living Heritage Approach-Meteora, Greece [M]. London:Ubiquity Press, 2014, pp. 141-143.

④ Poulios I. Moving Beyond a Values-Based Approach to Heritage Conservation [J]. Conservation and Management of Archaeological Sites, Vol. 12, No. 2, 2010, pp. 170-185.

⑤ Alexopoulos G. Management of Living Religious Heritage:Who Sets the Agenda? The Case of the Monastic Community of Mount Athos [J]. Conservation and Management of Archaeological Sites, Vol. 15, No. 1, 2013, pp. 59 - 75.

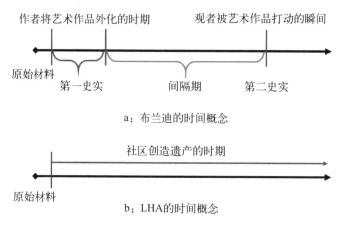

图 10 - 2　时间概念的比较：布兰迪修复理论与 LHA
（作者自绘）

巴嫩历史建筑可持续旅游的分析①，两篇论文并未呈现出特别的新意，可见这种偏于实操、在亚太地区探索较多的遗产管理方法并未引发全球遗产研究界的普遍关注。而以活态遗产为名的研究论文更多见于博物馆和非物质遗产案例，前者主要讨论露天博物馆与在地社区表演等问题②，而后者则因为非物质遗产被定义为一种活态实践（living practice）③，因此被冠以"活态遗产"之名，显然这两类均不符合最初 LHA 对活态遗产的定义。这一情形在我国遗产研究著述中也普遍存在，活态遗产的概念在非遗领域应用最多，还见于农业遗产、运河遗产与生态博物馆等类型遗产的展示与旅游分析。

四、总结与讨论

总体来看，LHA 在遗产内涵、价值认知和保护管理策略上均对主流理念提出

① Osman KA, Farahat BI. The Impact of Living Heritage Approach for Sustainable Tourism & Economics in Mount Lebanon [J]. HBRC Journal, Vol. 17, No. 1, 2021, pp. 491 - 517.

② Young L. Villages That Never Were: The Museum Village as a Heritage Genre [J]. International Journal of Heritage Studies, Vol. 12, No. 4, 2006, pp. 321 - 338.

③ Pinto TDO. Songbird and Birdsong: Listening to the Finches in the Harz Region, Germany [J]. Sound Studies, Vol. 6, No. 2, 2020, pp. 215 - 238.

了挑战。在遗产内涵方面,它强调以遗产和社区的共存关系,将人视为遗产不可分割的组成部分,以此建构遗产要素系统。在价值认知层面,它一方面强调非物质与物质价值的同等重要,另一方面也通过社区权重的赋予而以核心社区的价值观为准,判定遗产价值、实施管理措施。正因为如此,在保护策略上,它推行自下而上、让社区决策的管理原则,LHA 研究者将之自诩为与基于价值保护方法的本质差别。但实际上,比较两种方法的工作程序,LHA 并未突破既有遗产保护管理框架,价值评估仍在其中占据重要地位,只不过它对价值认知主体赋予了不同权重,价值研究也依旧是遗产保护管理绕不开的核心问题。

不可否认,LHA 有助于我们重新思考如何认知遗产价值,它以文化脉络中的社区联系挑战了遗产专家主导的价值评估路径。在历史、艺术、科学三大价值之外,通过社区的文化解读来拓展价值内涵,也形成以延续性为核心的价值理解方式。然而,它仍然没有解答遗产化过程中的价值让渡问题。如果核心社区只是把"遗产"视为一种持续演变的文化实践,那么又为何将之定义为"遗产"呢?如果社区有权抉择他们的"遗产"的未来使用(存在价值),而不必顾及"全人类"对文化展示的"精神"需求(外在价值),那么为何将之置于有明显"官僚"意味、"权威"色彩的遗产管理系统之中?这种提法或许过于极端,但将问题放置在极端情况之中来考察,是我们反思现状的一种有效途径。

LHA 的另一显著不足在于整体性方法的构建。笔者百分百赞同以遗产创造者、使用者的视角来理解遗产价值,建立物质与非物质要素的密切联系。但显然无论在案例分析还是理论总结中,这些不同形态的要素仍然是被人为选择而不是系统整合的。也就是说,我们所见到的各类要素或许存在某种基于"传统"文化的联系,但是社会文化本身没有作为一个动态系统而被整体地、全时段地分析与呈现,这种认知缺陷显然不利于我们全面解读遗产的社会文化情境与价值形成过程,更遑论实施适当的保护管理。

尽管 LHA 有这样或那样的不足,但它给我们带来更多的是未来在我国应用的启示。以核心社区的文化观念来认知遗产价值是 LHA 的内核所在,可以促进更完整的价值理解,展现中华文明内部的文化多样性。在遗产构成要素识别中,LHA

综合考察物质与非物质要素,符合城乡历史文化保护传承体系建构的最新要求。而 LHA 对延续性的重视也体现在我国现阶段文化遗产管理中对文化传承与展示利用的工作重心转移之上,符合社会参与遗产保护管理的现实需求。但这并不是说,LHA 可以无缝衔接到我国现有遗产管理框架之中,这一理念、方法的在地化实施仍需要大量的经验积累和实践探索,特别是如何实现或适当改造"赋权"社区的路径、方式,在具体的工作落实中颇具挑战。

参考文献

[1] Alexopoulos G. Management of Living Religious Heritage：Who Sets the Agenda? The Case of the Monastic Community of Mount Athos ［J］. Conservation and Management of Archaeological Sites, Vol. 15, No. 1, 2013, pp. 59 - 75.

[2] Court S, Wijesuriya G. People-Centred Approaches to the Conservation of Cultural Heritage：Living Heritage ［R］. Rome：ICCROM, 2015.

[3] Logan W, Wijesuriya G. New Heritage Studies and Education, Training, and Capacity-Building. In Logan W, Craith MN, Kockel U (eds.）, A Companion to Heritage Studies ［M］. Malden：Wiley-Blackwell, 2015, pp. 557 - 573.

[4] Osman KA, Farahat BI. The Impact of Living Heritage Approach for Sustainable Tourism & Economics in Mount Lebanon ［J］. HBRC Journal, Vol. 17, No. 1, 2021, pp. 491 - 517.

[5] Pinto TDO. Songbird and Birdsong：Listening to the Finches in the Harz Region, Germany ［J］. Sound Studies, Vol. 6, No. 2, 2020, pp. 215 - 238.

[6] Poulios I. Moving Beyond a Values-Based Approach to Heritage Conservation ［J］. Conservation and management of Archaeological Sites, Vol. 12, No. 2, 2010, pp. 170 - 185.

[7] Poulios I. Discussing Strategy in Heritage Conservation：A Living Heritage Approach as an Example of Strategic Innovation ［J］. Journal of Cultural Heritage Management and Sustainable Development, Vol. 4, No. 1, 2014, pp. 16 - 34.

[8] Poulios I. The Past in the Present：A Living Heritage Approach-Meteora, Greece ［M］. London：Ubiquity Press, 2014.

[9] Stovel H, Stanley-Price N, Killick R (eds.）. Conservation of Living Religious Heritage：Papers from the ICCROM 2003 Forum on Living Religious Heritage：Conserving the

Sacred［C］. Rome：ICCROM, 2005.

［10］Wijesuriya G, Nishi K, King J. Living Heritage Sites Workshop：Empowering the Community［J］. ICCROM Newsletter, No. 32, 2006, p. 18.

［11］Wijesuriya G. Conserving Living Taonga：The Concept of Continuity. In Sully D（ed.）, Decolonising Conservation-caring for Maori Meeting Houses Outside New Zealand［M］. Walnut Creek：Left Coast Press, 2007, pp. 59－69.

［12］Wijesuriya G. The Restoration of the Temple of the Tooth Relic in Sri Lanka：A Post-conflict Cultural Response to Loss of Identity. In Stanley-Price N（ed.）. Cultural Heritage in Postwar Recovery：Papers from the ICCROM FORUM held on October 4－6, 2005［C］. Rome：ICCROM, 2007, pp. 87－97.

［13］Wijesuriya G. Living Heritage. In Heritage A, Copithorne J（eds.）, Sharing Conservation Decisions［R］. ICCROM, 2015, pp. 43－56.

［14］Wijesuriya G, Thompson J, Court S. People-centred Approaches：Engaging Communities and Developing Capacities for Managing Heritage. In Chitty G（ed.）, Heritage, Conservation and Communities：Engagement, Participation and Capacity Building［M］. London：Routledge, 2017, pp. 34－50.

［15］Wijesuriya G. Introducing People-centred Approach to Conservation and Management of Hani Rice Terraces. In ICOMOS China（ed.）, Proceedings of International Workshop on the Sustainable Development of Honghe Hani Rice Terraces［C］. Beijing：ICOMOS China, 2015, pp. 23－35.

［16］Young L. Villages That Never Were：The Museum Village as a Heritage Gentre［J］. International Journal of Heritage Studies, Vol. 12, No. 4, 2006, pp. 321－338.

［17］（意）切萨雷·布兰迪著. 陆地编译. 修复理论［M］. 上海：同济大学出版社, 2017.

［18］（奥）李格尔著. 陈平译. 对文物的现代崇拜：其特点与起源. 载于陈平. 李格尔与艺术科学［M］. 杭州：中国美术学院出版社：315－352.

［19］孙华. 文化遗产概论（上）——文化遗产的类型与价值［J］. 自然与文化遗产研究, 2020, 5（01）：8－17.

11

日本城镇遗产保护与社区营造的方法论

——西村幸夫四书导读

傅舒兰　浙江大学建筑工程学院区域与城市规划系副教授

　　"社区营造"（まちづくり）是构成日本遗产保护,尤其是历史城镇遗产保护的特征化手段。本土自发的环境保护运动、英美来源的市民参与活动启发、遗产保护概念引入与法规制定等,都是日本在 1990 年代以后广泛开展社区营造活动的基础。特别是 1995 年以后日本推动的地方分权,社区营造逐渐取代"都市计画（城市规划）"成为日本城市规划实践的主流。

　　社区营造非强制性、由居民形成"合意"的开展方式,十分符合日本传统社会的文化特征。同时,不断展开的活动实践,也促成了地方经验的形成,进而提炼出具有日本特色的城市规划模式。这一模式特别适合土地权属复杂的城市建成区规划,换言之就是历史城区的保护更新实践。

　　西村幸夫教授及其所属的东京大学都市设计研究室,是贯穿和推动这一发展过程的主要力量。不仅通过论著奠定了日本城镇遗产保护规划的学理基础,也通过实践活动促进了日本各地的历史城镇遗产保护与公益社团结成。另外,还通过留学生的培养、担任当地政府参事等方式,将社区营造的思想和方法输出至东南亚和中国台湾等地,进而促进了这些地方的城镇遗产保护工作。

　　为使读者较为快速全面地理解日本社区营造思想来源、理论形成发展特征等,本文对西村教授的论著进行了梳理,选取具有代表性的四书展开简述。

一、日本遗产保护理论奠基之作:《都市保全计画》

　　《都市保全计画（城镇保护规划）》于 2004 年 9 月由东京大学出版会出版,是一部涵盖日本与世界其他主要国家（地区）城镇遗产保护制度与规划实践的总论之作,奠定了日本城镇遗产保护的理论基础。

书分上下篇展开。上篇讲述"日本的都市保全计画",包含第一与第二章。第一章从历史环境保护思想发展的视角,梳理了明治维新以来日本城镇遗产保护制度的形成史。该章是在作者1984年提交的博士论文《历史环境相关研究——日本的发展史与现状(歴史的環境に関する研究—日本におけるその歴史的展開と現段階)》①,以及1985年日本建筑学会计画系论文报告集②连载学术论文《明治中期到二次大战之前以建筑物为中心的文化财保护行政的展开——历史环境的概念生成史》等基础上形成的。不仅开辟了日本遗产保护规划的研究领域,也是本书立足的基础。该书分五个时期③归纳的历史发展时期与特征,成为随后展开日本遗产保护研究的基本共识。

第二章是日本城镇遗产保护规划的实务概论。作者基于本书成为日本城镇遗产保护规划教科书和工具书的写作目的,在这个章节概述了制定保护规划所需要学习掌握的规划基础(规划内容组成、规划制定步骤、不同尺度的规划要点)、关键技术手段(适用不同对象和范畴的引导与控制手段),以及经典城市范例(京都、金泽、镰仓、盛冈)。

下篇讲述"世界的都市保全计画",即国际遗产保护理念与规划制度,包含第三与第四章。第三章收录整理了世界主要国家(地区)的城镇遗产保护制度及其发展概要,包括英国、法国、美国、意大利、奥地利、韩国、中国等。篇幅长短与组织结构,根据国别内容不尽一致。从内容上看,是精选2002年出版的《城市风景规

---

① 西村幸夫. 歴史的環境に関する研究—日本におけるその歴史的展開と現段階—[D]. 東京: 東京大学, 1984.

② 现称《建筑学会论文集》,俗称"黄表纸",有严格的审查制度,是日本建筑学界唯一认可的学术论文。

③ 第一个时期是保护制度雏形期(1868年到1897年),因捍卫国家"宝物"思潮,日本开始针对古社寺、名所旧迹等采取保护措施。第二个时期是保护制度成立期(1897年到1945年),通过不同范畴的国家立法,推进史迹(宝物/古社寺)、城市规划分区(风致地区/美观地区)、自然景观(国立公园、森林保护)等保护。第三个时期是保存运动扩大期(1945年到1975年),包括《文化财保护法》的制定以及地方勃发不同领域的保护运动(遗迹、历史风土、城市绿地、都市美观、历史街区)。第四个时期是保护制度扩充期(1975年到1995年),由点到面的保护对象范畴的拓展,带来了以城市景观条例为主的制度扩充。第五个时期是环境保全型规划期(1995年以后),由于地方分权的推进,以市民为主体的社区营造成为城市规划的主流,为保护美丽国土维护市民景观利益,开始制定《景观法》。

划——欧美景观控制方法与实务》①的内容,增加东亚国家和地区的成果。

第四章主要从国际关系角度审视城镇遗产保护,梳理了国际保护理念与思潮的发展、相关的国际间组织机构、重要的国际公约(古迹遗址保护协会章程、建议书、欧洲条约、世界遗产条约)等。可以说是开展世界遗产申报工作前,必须掌握的基础知识。

总的来说,该书的上篇是回顾日本城镇遗产保护发展过程、有助于全面认识和理解当前日本城镇遗产保护制度形成的重要读物。我们可以发现,在不断发展完善的制度背后,有地方保护运动这股关键的推动力量。1945 年到 1975 年不断扩大的地方保护运动,带来了日本以城市景观条例为主的制度扩充。这种以民众运动为根基推进保护的特征,又在 1995 年地方分权以后,通过以市民为主体的社区营造反映出来。城镇遗产保护工作也不完全依靠法定保护规划,而是通过社区营造的活动或运动予以推进。作者之所以能在博士研究期间开辟遗产保护研究的新领域,也与其投身地方保护运动的经历不可分割③。可以说,日本城镇遗产保护从产生开始,便具备了市民运动的底色,与社区营造的实践同步发展。

图 11 - 1　《都市保全计画》出版物封面
(来源:见注②)

---

① 西村幸夫. 都市の風景計画:欧米の景観コントロール手法と実際 [M]. 京都:学芸出版社, 2002.

② 西村幸夫. 歴史的環境に関する研究—日本におけるその歴史的展開と現段階—[D]. 東京:東京大学, 1984.

③ 1979 年 3 月完成了题为"近世寺内町的规划——以大和今井为例(近世寺内町の展開—大和今井を中心として)"的硕士论文。从内容来看,是以《多闻院日记》等史料为主,分析近世寺内町选址、分地等规划手法和特征的论文。虽然研究对象是历史城镇,但分析方法还是城市规划领域常用的数理统计等。

二、海外社区营造方法的引入:
《活用历史的社区营造——英国公民设计运动》

该书写作的对象是英国小镇哈里奇。哈里奇是英国东海岸埃塞克斯郡的港口小镇,因1968年组建市民团体(The Harwich Society)参与规划设计而闻名。西村幸夫受团体负责人鲁特先生邀请,从1984年到1991年连续造访当地市民团体,参与活动各个环节,学习英国市民团体活动的组织过程和操作要点。该书共分七章,记录了他在英国所学。

第一章介绍英国公民设计(civic design)运动的起源。在各地环境保护运动的基础上,1957年英国成立了公民信托(civic trust),1960年代完成了组织化后在各地展开活动,也直接导致了近代志愿者活动概念的形成。第二章到第六章介绍了五个案例,各有不同特征。埃塞克斯郡的哈里奇,以多样的市民参与活动为特色;德文郡的锡德茅斯,有着英国最古老的市民社团;诺福克郡的诺里奇,由奥格东太太主导了一系列环境改善;德比郡的维克斯沃斯,是人口过少后通过运动获得再生的案例;舍洛普郡的铁桥峡谷,是环境教育的典范。最后第七章,是对日本社区营造的启示,其中着

图11-2 《活用历史的社区营造——英国公民设计运动》出版物封面

（来源：见注①）

① 西村幸夫. 歴史をいかし生かしたまちづくりです 英国シビック・デザイン運動から[M]. 東京: 古今書院, 1993.

重涉及英国宜居性设施(Amenity)的概念、环境运动的教育意义,以及规划审批流程中体现市民意志的设计等。

该书的出版,恰当日本仿效英国体制成立遗产保护基金会(Japan National Trust)的契机。可以说,某种程度上,成了各地建立市民组织开展实践的参考教材。同时,他也在自己主导的历史城镇保护项目中组织了市民活动,其中比较早期和著名的案例是岐阜县古川町。这一案例还编入台湾地区的小学教科书。

类似的还有一书,是 1994 年出版的《美国的历史环境保护》①,是作者总结MIT 访学经历(1991—1992)的产物。但由于体制差异,这一介绍美国社区推动遗产保护经验的书籍,影响较为一般。

三、适应日本地方社区营造的方法论: 《街区阅读——地方社区营造的调查方法入门》

由于日本城镇遗产保护从产生开始就具备了市民运动底色,因此能够很好接受英美做法。以遗产保护为目标的文化资源发掘,结合地方城镇振兴发展的目标,在各地逐步出现了体现地方特色的社区营造实践案例。以东京大学都市设计研究室为例,在西村幸夫担任教授期间开展的社区营造项目就达 43 项。这些项目大部分都是"自主活动项目",也就是学生自发开展、教授提供必要交通和活动经费的项目。这种项目形式与西村教授学生时代自发参与今井町,或者与同学"町井研究会"开展各地历史街区研究的经历一脉相承,也是他让"城市来教"教学理念②的具体实践。

但是,不能否认社区营造也需要方法。在实践中,可以非常明显地感受到这一点。虽然从表面上看,社区营造成功与否,往往取决于地方社区是否有关键人物引领③。但实际上,推动街区调查和历史文化挖掘的,首先还是具备专业基础的学

① 西村幸夫. アメリカの歴史的環境保全 [M]. 東京: 実教出版, 1994.
② 西村幸夫. 东京大学最终演讲: 我与都市共学的这条路 [M]. 台北: 远流出版社, 2020.
③ 西村幸夫著. 王惠君译. 再造魅力故乡: 日本传统街区重生故事 [M]. 北京: 清华大学出版社, 2007.

生。学生因专业学习具备的城市认知能力,在进入历史街区后能够很快发挥作用。而一般的城镇居民通常不具备这个基础。为更好推进社区营造,西村教授开始总结认知城市的基础方法论。2010 年首先出版了《街区阅读——地方社区营造的调查方法入门》①。

　　本书分三个部分阐述方法论。第一部分是"知晓事实",主要讲解作为社区营造基础知识的调查路径与可用资源,包括社区的"历史、地形、空间、生活、规划建设项目",共 5 章。第二部分是"进入现场去思考",主要讲解社区营造的现场工作环

图 11‑3　《街区阅读——地方社区营造的调查方 　　图 11‑4　《读解街区——景观、历史、地方的营
　　　　　法入门》出版物封面 　　　　　　　　　　　　造》出版物封面
　　　　　　（来源:见注②） 　　　　　　　　　　　　（来源:见注③）

①　西村幸夫, 野澤康. まちの見方・調べ方 地域づくりのための調査方入門［M］. 東京:朝倉書店,
　　2010.

②　西村幸夫, 野澤康. まちの見方・調べ方 地域づくりのための調査方入門［M］. 東京:朝倉書店,
　　2010.

③　西村幸夫, 野澤康. まちを読み解く 景観・歴史・地域づくり［M］. 東京:朝倉書店, 2017.

节与模式方法,包括"行走与观看现场、聆听现场、开办工作坊、提炼地域资源与问题",共 4 章。第三部分是"解释现象",主要讲解可用的分析工具,包括"统计、居住环境与景观分析、地方价值评价、GIS 地理系统",共 4 章。可以说囊括了社区营造工作中可能会涉及的较为专业的工作内容,是十分有用的工具书。

随后还有 2017 年出版的姐妹篇《读解街区——景观、历史、地方的营造》①,以研究室社区营造项目为案例,展示各类基础方法的适用对象与操作过程。

四、转向人心构建的社区营造:
《日本都会叙事——一种阅读城市空间的方法》

《日本都会叙事——一种阅读城市空间的方法》②出版于 2018 年 3 月,是作者西村幸夫教授在东京大学的收官之作。初看此书,可能会将其视作一科普读物——面向一般读者讲授城市阅读方法、传达城市空间趣味和意义的书籍。但实际上,这书触及了社区营造的另一层面——通过经验认知构建人心。相比 2010 年的《街区阅读》与 2017 年的《读解街区》,《日本都会叙事》既未系统讲解认知方法,也没有围绕具体的社区营造项目展开,而是书写了个人经验——自己眼中日本各大都会城市的"故事"。

全书共有 48 个章节,分序论与 47 个城市章节。序论体量较大,也是本书体现核心观点的部分。只是写作的语言风格接近随笔,标题也相对口语化,章节组织较为散漫。阅读时大致可以把握以下重点。第一部分是阅读与走访的方法,其中讲解了走访城市之前需要研读的基础材料。第二部分是本书的核心内容,"解读城市的骨相",其中包含了塑造当代日本都会城市的三个主要原因(建城初始的整体规划构想、近代化转型面临的主要问题、第二次世界大战及其战后重建),以及如何解

---

① 西村幸夫, 野澤康. まちを読み解く 景観・歴史・地域づくり［M］. 東京: 朝倉書店, 2017.
② 西村幸夫. 県都物語——47 都心空間の近代をあるく［M］. 東京: 有斐閣, 2018.

读城市骨相的方法。内容的展开主要通过考察差异,这些差异体现在主要道路的
规划构思、多座城市比较、具体的物质线索、历次县域调整、地名读音与写法等。

可以说,不管是一般读者,还是具备专业基础的读者,都可以在阅读本书的过
程中,找寻到以往没能意识到的一面,毕竟作者讲故事的对象,是被普遍认为"千篇
一律"的日本城市。如何能够从初见毫无个性的日本城市,发现有趣的空间故事,
是吸引专业读者的精妙之处。相对于大家熟悉的,比如城市选址依照地形便利、发
展源于交通汇聚来往人流等等这些万金油一样的通用解释,作者更为关注城市发
展过程中的空间建设主体,即人的意图。即便成因或结构类似的城市,也会在发展
的各个时期,由于建设主体选择了不同的问题对应方式而形成差异。作者正是通
过捕捉这些差异空间,解读其后所隐藏的人为意图,展开他关于城市故事的讲述。

当然,不实际走一走,再好的方法也很难消化掌握。作者的建议便是,抛开自
负,切换到旅行者的姿态,在自己居住的城市里来一场旅行。如初次到访一般,对
所见的事物,问一个"它为什么会出现在这里?"其实挺浪漫的,不是吗?"坐在开
往市中心的电车内眺望窗外风景时,可以想象铁路线铺设的理由;下车后,又可以
问问自己:看到了什么? 站前大道通向哪里? 车站又为何建在这里?"等等。据
说,本书之所以每年再版销量很好,主要是有了一个为数不少的读者群——需要往
返东京和地方城市出差的公司职员。销量最大的地方是位于东京站内的书店。往
返出差的公司职员,候车间隙翻到此书,总能找到自己熟悉的城市,读起来会很有
共鸣。对于没有走过的城市,回头也有机会去走走看,亲身验证是不是真如作者讲
的一样。

> 当读者意识到生活中理所当然的日常空间,其实隐藏着许多意义非凡的故事
> 时,我写作这本书的目的也就达成了。循着本书所示的方法,大家应该能够很好地
> 通过自己的眼睛,重新审视自己日常生活的城市空间,进而发现日常的意义。

正文的章节,按照一个城市一个章节的写作逻辑展开。一共 47 个章节,盘点
了日本所有的"县都",相当于中国的省会城市。这些城市往往是所在地区的中心

城市,更为人所知,容易唤起共鸣。当然,所写城市局限于县都,也会带来一定的问题。同一性质的城市,势必有雷同的发展过程,而且作为县都,又必定带有强烈的明治近代化色彩,不足以完全体现日本城市的多样性。

章节的命名,有固定的格式:"城市名——凝练城市骨相特征的一句"。凝练城市特征的一句,总是十分经典有趣。比如东京,作者将其归纳为"铁路网塑造的首都面貌"。到访过东京的人,一定会为之莞尔,哪有去了东京不坐一下山手线的呢?但大家了解过这些铁道是如何形成,进而成为东京城市的重要特征的吗?或者奈良,作者将其归纳为"'三条通'主导的公园城市"。可能很多人一下子想不起三条通是哪一条路,但说起公园城市,奈良公园的鹿,可是一路尾随讨食、令人又爱又恨的对象啊。也只有真正的公园城市,才能容纳这样的鹿群居住。但奈良公园的范围到底有多大呢?换成日本人估计也一下子答不上来这个问题。

也有一些章节的标题不太好懂。比如"松江——水之变奏城市",城市发展如何因水而不断变换节奏呢?或者"长崎——岬尖长出一座年轮城市",城市如何像树木生长一样,看得到年轮呢?或者"福冈——边缘咬合的复眼城市",拥有像苍蝇眼睛一样复眼构造的城市,会是个什么样子呢?抱着这些问题,展开相应章节的阅读,也不失为一种发现。

当然也有人说,为什么要阅读城市,去理解其背后的故事呢?不知道,不也能好好地生活其间吗?这便触及了社区营造的根本,居民是否能够热爱其所生活的城市。

这不仅仅是作者在序言中点明的"发现日常"之意义,用自己的双眼去发现城市故事,是潜移默化培养地方情感的过程。了解城市并不是理所当然自然形成的,它在发展的过程中,不断遭遇各种可能导致毁灭或者衰退的问题。当前我们所处的城市,正是历代从事城市管理与建设的人,直面问题、做出不同抉择,积累起来的产物。那么为了我们共同生活的城市,即便是普通住民,是否也应该为自己的社区作出自己的一份贡献,描绘自己的城市故事呢?我想,这是西村教授通过本书传达的思想和意义所在,显然已经超越了以往针对具体社区营造项目的认知方法论运用,而是上升到社区营造根本的人心建设层面的构建方法。

图 11－5　《日本都会叙事——一种阅读城市空间的方法》出版物封面

（左图日文版,右图中译版;来源:见注①）

结　语

　　《都市保全计画》到《日本都会叙事》这四种著作,不仅较为全面反映了西村幸夫教授在城镇遗产保护领域、对日本社区营造理论与实践所作的学术贡献,也折射出日本城镇遗产保护从环境保护运动到法制规划、再到社区营造的数次转折。

　　因历史环境保护运动而生的日本城镇遗产保护,从产生开始便具备了市民运动的底色。除了通过健全法制和规划编制体系、建立起城镇遗产保护在日本城市规划领域的地位与法律依据之外,也在各地不断开展社区营造的实践。实践的早期,主要效仿学习了英国公民信托各团体展开活动的思路方法。后期逐渐总结出符合日本实操的城市阅读方法论:查找资料、进入现场、分析评价。

　　但是实践过程中不断产生的感悟,使作者认识到社区营造工作要取得成功,仅

① 西村幸夫. 県都物語——47 都心空間の近代をあるく［M］. 東京:有斐閣, 2018.

靠专业人士短期有限的介入是不够的,需由长期扎根地方的市民主导推进。因此在推广理论方法之外,更重要的是培养市民对于所在城市的兴趣和热爱,即人心塑造。只有在了解地方和城市特性的居民越来越多的情况下,社区营造才有其扎根的土壤。在此背景下,曾作为社区营造基础提出的城市阅读方法,正逐渐从专业或普适性的城市规划手段,转为大众培养个性认知能力的途径。

参考文献

［1］西村幸夫. 歴史的環境に関する研究—日本におけるその歴史的展開と現段階—［D］. 東京: 東京大学, 1984.

［2］西村幸夫. 都市の風景計画: 欧米の景観コントロール手法と実際［M］. 京都: 学芸出版社, 2002.

［3］西村幸夫. 都市保全計画［M］. 東京: 東京大学出版会, 2004.

［4］西村幸夫. アメリカの歴史的環境保全［M］. 東京: 実教出版, 1994.

［5］西村幸夫. 歴史をいかし生かしたまちづくりです 英国シビック・デザイン運動から［M］. 東京: 古今書院, 1993.

［6］西村幸夫. 东京大学最终演讲: 我与都市共学的这条路［M］. 台北: 远流出版社, 2020.

［7］西村幸夫著. 王惠君译. 再造魅力故乡: 日本传统街区重生故事［M］. 北京: 清华大学出版社, 2007.

［8］西村幸夫, 野澤康. まちの見方・調べ方 地域づくりのための調査方入門［M］. 東京: 朝倉書店, 2010.

［9］西村幸夫, 野澤康. まちを読み解く 景観・歴史・地域づくり［M］. 東京: 朝倉書店, 2017.

［10］西村幸夫. 県都物語——47 都心空間の近代をあるく［M］. 東京: 有斐閣, 2018.

12

以爱与美为中心的阐释哲学

——《阐释我们的遗产》导读

阮可欣　北京大学考古文博学院博士研究生

朴俐娜　北京大学考古文博学院博士研究生

一、作者其人及全书概要

1955 年,国家公园署将老道明基金会(Old Dominion Foundation)的 3 万美元捐赠用于支持"重新评估国家公园系统中自然和历史阐释计划的基本原则",弗里曼·蒂尔登(Freeman Tilden)主持了该项目,并于 1957 年出版了《阐释我们的遗产》(*Interpreting Our Heritage*)①一书②。出版时,蒂尔登已 74 岁高龄。此前的 20 余年间,他深耕国家公园自然保育工作,曾长期担任美国国家公园署署长顾问。在本书中,蒂尔登提出了著名的"阐释六原则",其清晰的原则和简洁的表述在业界产生了巨大影响,本书也成为阐释工作者的必读书目。1967 年和 1977 年,本书两次再版,并于 2007 年首版问世 50 周年之际推出第四版,在过往基础上在第三部分增收了本书首次付梓后蒂尔登陆续发表的 5 篇文章。

事实上,在 20 世纪 40 年代之前,蒂尔登所从事的职业与遗产并不直接相关。

---

① 本文参考了英文版第 4 版: Tilden F. Interpreting Our Heritage [M]. Chapel Hill: University of North Carolina Press, 2007,和中文译本: 费门·提尔顿著. 许世璋,高思明译. 解说我们的袭产 [M]. 台北: 五南图书出版股份有限公司, 2006. 引文主要采自中译本,英文原文引自英文本. interpret 一词有不同译法,结合学术语境与写作需求,本文将 interpret 一词及其名词形式 interpretation 统一译为"阐释",涉及中译本的引文则遵从原文。

② Mackintosh B. Interpretation in the National Park Service: A Historical Perspective [EB/OL]. (2000 - 06 - 09) [2024 - 04 - 30]. https://www.nps.gov/parkhistory/online_books/mackintosh2/index.htm

在父亲的鼓励下,他从小写作,起初为他父亲主办的报纸撰写书评,后来也曾在波士顿、纽约和查尔斯顿的报社担任记者。此外,他也写小说和戏剧。高中毕业以后,蒂尔登选择了游历世界,并学习了多国语言。这样的经历也一定程度上为他后来的职业生涯埋下了伏笔。1941 年,蒂尔登放弃了小说创作,决定调整自己的写作方向。长期以来环保主义者的身份,加之多年来定期撰写相关话题,使他决定将国家公园作为未来写作的对象。1951 年,他写作了《国家公园:对你我的意义》(*The National Parks: What They Mean to You and Me*)。除《阐释我们的遗产》外,他的其他有关国家公园的著作还包括《州立公园》(*The State Parks*)、《边疆行纪》(*Following the Frontier*)和《第五元素》(*The Fifth Essence*)等。在著作完成后,蒂尔登也始终保持与国家公园的联系,身体力行地发现并关注国家公园中存在的新的问题,本书第四版所增收的文章也反映了他持续不断的思考。70 年代,在美国能源危机的背景下,环境保护成为社会的重要议题。在这一时期,蒂尔登表达了对于全球环境的担忧,并希望国家公园系统发挥阐释与环境教育的作用,呼吁公众提高环境意识和行动主义,这构成了他晚期思想的重要内容。

以国家公园为背景,蒂尔登形成了对于遗产阐释的一套系统性理解,其中既有对于实际阐释工作的经验提炼和原则总结,也蕴含着作者在哲学层面所进行的探讨与沉思。其中,蒂尔登自身独特的生活经历与思维方式,对他的思想产生了深远的影响。从《阐释我们的遗产》一书中即可看出,文学与游历经历不仅使蒂尔登的文章行文晓畅、文采斐然,更使他的思考天然带有文学气质,既着力向现象与经验背后的哲学与美学根源发出追问,探索思辨,亦时刻保有人文温度,体现出对遗产事业的关怀和温情。正因如此,书中的内容早已超越了对于阐释工作原则的机械总结,以其思考的深度在遗产领域获得了经久不衰的影响力。正如时任国家公园署署长加里·埃弗哈特(Gary Everhardt)在第三版序言中写到的:

如果这只是一本介绍解说设施和方法的书,那么它早就落伍了。然而,提尔顿在书中所阐述的是解说的基本原理——即解说员运用艺术和技巧时的指导原则与哲学基础……难怪《解说我们的袭产》一书会被公认为公园管理文献中的经典,受到学生和实务工作者再三的拜读,其中所传达的概念更是历久弥新。①

本书的结构清晰易懂。第一部分围绕阐释原则展开,第一章为总说,第二至七章则是对各项原则的具体展开和说明。第二部分和第三部分从不同角度对阐释六原则的核心理念和具体运用进行了补充说明,其中既有具体分支的拓展,例如第九章对历史类遗产的专门探讨;也有整体性的综合,例如第八章对于阐释文字的总体性讨论;还包含一些延伸性的补充,例如对于美、爱和人的讨论。这些不同的文章既有着较强的发散性,又统合于蒂尔登整体性的阐释思想体系之中,有着明确的核心旨趣;同时还兼顾了哲学思辨与实用目的。这都构成了本书的鲜明特色,也因此为人称道。

二、成书背景

《阐释我们的遗产》一书的写作与美国国家公园系统的发展有着密切的关系。一方面,美国国家公园系统的阶段性发展,构成了蒂尔登展开讨论的现实基础;另一方面,该书成书后,也对美国国家公园阐释的认识与实践产生了深刻而持久的影响。

美国国家公园署成立于 1917 年,开始了对美国各地的国家公园的系统管理。该署的成立很大程度上促进了国家公园教育阐释业务的发展,也使其更趋规范。该署积极引入外部力量参与,同时指导了一系列包括讲座、参观、出版物和展览等多种形式在内的阐释项目,改变了此前以出版物为单一媒介的状况,还制定了专业人员标准、开展相关培训。正是从 20 世纪 20 年代开始,国家公园的阐释逐渐制度化,并得到了蓬勃发展。而从 30 年代到本书成书的 50 年代,国家公园阐释又发生

---

① 费门·提尔顿著. 许世璋, 高思明译. 解说我们的袭产 [M]. 台北: 五南图书出版股份有限公司, 2006: ix.

了一系列的变化,这为蒂尔登的写作提供了独特的背景。一是历史领域开始成为国家公园的重要组成部分,历史阐释由此发展起来,并强调其对于激发爱国主义、公民认同的作用,历史学家进入阐释领域,与自然学家、博物学家共同工作。二是电子技术的进步使得幻灯片、电影、录音等视听媒体进入阐释领域,得到越来越广泛的运用。三是公园博物馆和游客中心大量兴建,成为公园重要的阐释载体。四是开始出现历史类的展演和体验项目,这是60年代中期广为流行的"活历史"的前身①。这些发展与变化共同构成了蒂尔登思考并写作阐释原则时所面对的现实情况,蒂尔登对这些现象的思考和讨论也在全书多个篇章中有所体现。

　　作为"重新评估国家公园系统中自然和历史阐释计划的基本原则"项目的成果,本书对于阐释原则的探讨,为进一步定义国家公园阐释的性质和功能,并指导其发展作出了努力。国家公园教育问题研究委员会曾在1929年提出,教育工作的主要目标是使游客能够最大限度地理解和欣赏更独特的公园特征,并激发其思维②。1940年,考古学家戴尔·金(Dale King)从意义的角度进一步对"阐释"的概念进行说明,认为阐释要"强调他们与我们的差异以及他们与我们的相似之处""建立理解,并最终建立宽容"③。蒂尔登的项目是50年代国家公园署所做出的完善阐释工作的一系列努力之一,他进一步延续了此前对于"阐释不仅是信息和事实"的共识性认识,拓展了阐释对象的范围,补充提炼了阐释实践的六项具体原则④。

　　值得注意的是,无论是国家公园署还是蒂尔登本人对于阐释的重视与强调,其目的都不仅仅在于阐释本身,而是以促进保护为终极目的。国家公园所建立的是人与自然的联系,其设置的初衷就是"基于利用其美丽壮阔以唤起人们对山林的尊

---

① Mackintosh B. Interpretation in the National Park Service: A Historical Perspective [EB/OL]. (2000 - 06 - 09) [2024 - 04 - 30]. https://www.nps.gov/parkhistory/online_books/mackintosh2/index.htm.

② Mackintosh B. Interpretation in the National Park Service: A Historical Perspective [EB/OL]. (2000 - 06 - 09) [2024 - 04 - 30]. https://www.nps.gov/parkhistory/online_books/mackintosh2/index.htm.

③ Mackintosh B. Interpretation in the National Park Service: A Historical Perspective [EB/OL]. (2000 - 06 - 09) [2024 - 04 - 30]. https://www.nps.gov/parkhistory/online_books/mackintosh2/index.htm.

④ Ablett P, Dyer P. Heritage and Hermeneutics: Towards a Broader Interpretation of Interpretation [J]. Current Issues in Tourism, Vol. 12, No.3, 2009, pp. 209 - 233.

敬与了解"①。蒂尔登所援引的公园服务管理手册中的"通过阐释,得以了解;通过了解,得以欣赏;通过欣赏,得以保护",也是国家公园这一理念的体现。而在《阐释我们的遗产》一书中,蒂尔登则进一步展开了论述,他指出:"当一个人真正了解时,他将明白在某种程度上,这些事物原属于他全人的一部分。"②因此,好的阐释能够使人意识到,任何伤害美好事物也是在伤害自己。

《阐释我们的遗产》一书对国家公园阐释产生了深远影响。蒂尔登所提出阐释定义,作为经典定义而被广泛接受、频频引用。他的阐释六原则也成为后续几乎所有阐释课程的授课内容。1998 年,特德·凯布尔(Ted Cable)与拉里·贝克(Larry Beck)在《21 世纪的阐释》(*Interpretation for the Twenty-first Century*)③一书中对阐释原则进行了更新,在他们提出的十五项原则中,前六项是蒂尔登六项原则的释义。在第二版序言中,北卡罗来纳州档案和历史局局长克里斯托弗·克里滕登(Christopher Crittenden)就指出:"此书对于在博物馆、公园、历史建筑,及类似机构中的专业工作人员,还有那些满怀热忱的业余者,都极具价值且振奋人心。"④2007 年,曾任美国国家公园署署长的罗素·迪金森(Russell Dickenson)也在第四版序言中指出,蒂尔登的六原则应该推动所有的阐释服务,是当今阐释工作者培训的基础⑤。而时至今日,跨越 60 多年的时间,《阐释我们的遗产》依然是阐释领域的权威文本,不断被引用。蒂尔登被称为遗产阐释之父(The Father of Heritage Interpretation),被视为美国环境阐释的泰斗人物。弗里曼·蒂尔登奖(The Freeman Tilden Award)也是国家公园管理局个人阐释员的最高奖项,自 1981 年以来每年颁发一次,表彰 NPS 员工在口译和教育实践中作出的杰出贡献。

---

① 费门·提尔顿著. 许世璋, 高思明译. 解说我们的袭产［M］. 台北:五南图书出版股份有限公司, 2006:53.

② 费门·提尔顿著. 许世璋, 高思明译. 解说我们的袭产［M］. 台北:五南图书出版股份有限公司, 2006:61.

③ Beck L, Cable T. Interpretation for the 21st Century: Fifteen Guiding Principles for Interpreting Nature and Culture［M］. New York: Sagamore Publishing, 1997.

④ 费门·提尔顿著. 许世璋, 高思明译. 解说我们的袭产［M］. 台北:五南图书出版股份有限公司, 2006:61、xi－xiv.

⑤ Tilden F. Interpreting Our Heritage［M］. Chapel Hill: University of North Carolina Press, 2007. p. viii.

三、蒂尔登的阐释六原则

蒂尔登曾明确写作本书的目的有二,其一是探究在各类保护区里的阐释实务,其二则是探讨阐释哲学和基本原则,帮助阐释工作者建立胜任阐释工作的自信①。阐释六原则是本书的核心内容,也是蒂尔登留下的最经典的思想遗产,以其突出的哲学性和简洁的实操性,成为60余年间阐释实践得以发展的坚实基础。

要理解这六项原则,首先需要理解本书中"阐释"这一概念的内涵。在第一部分的总说中,蒂尔登对"阐释"的概念进行了界定,分别给出了描述性定义和功能性定义。阐释的描述性定义为:"各领域的专家在管理守护这些遗产的过程中,为了提供游客们所需要的服务,因此致力于揭露与'美善'和'惊奇'有关的事物,即彰显深藏在其所见所知背后的启示与精神意涵。"②而其功能性定义则为:"透过原物的使用、直接的体验及辅助说明的媒介,以启示其深远意涵与关联性为目的之教育活动,而不是仅传达确实的讯息而已。"③从上述两个定义可见,作者将阐释界定为一种教育活动,这种教育活动与遗产直接相关,致力于在游客与遗产发生接触的过程中服务其需求,提供超越现象感知和实地体验的精神性启示。

基于这种界定,蒂尔登提出了以下六项遗产阐释原则:

第一,蒂尔登认为好的阐释需要使遗产与游客自身产生联结,这就需要考虑游客游览的兴趣。游客对于遗产最感兴趣的部分,就是能与自己的个人经历和性格特质产生共鸣的部分。因此,阐释者在进行叙述和呈现时,应努力触及游客个人的经验、思想、希望、生活方式、社会地位等方面,引发游客的回应。蒂尔登也强调,游客最终透过他们自己的眼睛看待事物,会对阐释者的话语按照接近自己知识和经

① 费门·提尔顿著. 许世璋, 高思明译. 解说我们的袭产 [M]. 台北:五南图书出版股份有限公司, 2006:7.
② 费门·提尔顿著. 许世璋, 高思明译. 解说我们的袭产 [M]. 台北:五南图书出版股份有限公司, 2006:4.
③ 费门·提尔顿著. 许世璋, 高思明译. 解说我们的袭产 [M]. 台北:五南图书出版股份有限公司, 2006:13.

验的方式转译和解读,因此阐释更是一种理解性的引导,而非专业知识的灌输。

第二,蒂尔登强调,"信息"与"阐释"不可等同。阐释需要基于围绕遗产开展的研究所提供的知识性信息,因此科学研究对于阐释而言非常重要。但仅仅将关于事实知识性信息传递给游客是不够的。这些研究成果对于公众而言常常是难以亲近理解的。蒂尔登认为,阐释还需要以知识和事实为素材,进行艺术化的处理,通过"带出内涵并使其具体化"的艺术化形式勾勒出具体的轮廓,使观众更能与这些事实产生更切身的关联。

第三,要使阐释超越知识性信息的传达,使阐释成为游客与遗产间的真正桥梁,阐释者必须学会"讲故事"。所谓的"讲故事"就是前文提到的艺术化的处理方式。阐释者应该将他们的工作当成是一种艺术,不断地深入学习和练习,努力通过适当而灵巧的语言,使听众或读者超越可见的事实,进而达到或趋近心灵的境界。正如蒂尔登所言:"一位能够塑造整体、去芜存菁、使故事尽善尽美的解说员,将发现他的听众亦步亦趋地随伺在旁。"①

第四,阐释不是为了教导,而是为了启发。蒂尔登认为,阐释真正的目的是引起游客拓展其兴趣与知识境界的欲望,使其从陈述的事实中,感受更加贴近真理的领悟。这也与第二条原则相一致,即阐释并非陈述知识性的事实和列举事物的名称,而应该揭示万物的灵魂。阐释的成效通过激发实现,这不是一种能力建设,而是启发人心,启迪智慧。

第五,阐释应该注重整体性。整体性的第一个层面指的是阐释的对象与内容。蒂尔登认为阐释者应将信息串联起来,构建一个完整的阐释系统,不能只呈现遗产碎片化的局部面向,使游客管中窥豹;而应尽可能地揭示遗产的核心特质,使游客形成整体的认识与理解。同时也要站在游客的角度换位思考,将游客当成一个完整的人来对待。这是实际工作中容易产生的问题。作者认为,游客的行为模式是难以预料的,正如我们难以预料一个陌生人的下一步举动,所以永远都不要轻易地

---

① 费门·提尔顿著. 许世璋, 高思明译. 解说我们的袭产［M］. 台北: 五南图书出版股份有限公司, 2006: 49.

尝试分析游客。除了知识空缺的填补,游客在到访遗产地所能收获的还有更多。

第六,针对 12 岁以下的儿童,作者认为不应该简单地"稀释"成人游客阐释的内容,而需要有完全不同的做法。儿童吸收知识的能力更强,相较于成人更容易与这个世界产生联结。正因如此,也许对于儿童,阐释的原则可能和对于成人的完全不同。儿童需要明确的知识性信息,也就是基本信息来构建自己的知识体系,因此"正确性"格外重要。

四、蒂尔登阐释理想中的爱与美

如果说六原则是蒂尔登对自己阐释思想提纲挈领式的总结,那么本书第二和第三部分所收录的文章,则可以看作是对六原则的丰富与补充,从不同角度展开了六原则中的未尽之意,向读者呈现出作者更完整与饱满的阐释思想。通过将这些篇章与阐释六原则进行对比阅读,读者亦可以透过对实务的探讨,进入理念层面,更深入地理解蒂尔登所尝试提出的"阐释哲学"的内核。

笔者认为,蒂尔登的阐释哲学实际上是一种阐释理想,而这一阐释理想又植根于他对于遗产及其阐释的根本理解和价值判断中。通过梳理蒂尔登关于遗产和阐释的理念,我们可以更好地把握其阐释理想。

对于遗产的认识是蒂尔登阐释理想的重要前提。在蒂尔登看来,无论是自然还是文化遗产,都具有美的属性和对人天然的吸引力。"原始的公园、未经开发的海岸、考古废墟、古战场、动植物园,以及历史遗迹……正是最能满足人们归属感需求的地方……内隐的最终动机却会使他的心境处于开放的状态",使人能够在大自然和人群中寻找到归属感,以消除内心的不安。

蒂尔登的论述并未对遗产进行更加系统的分类,而仅是粗疏地划分为"自然的"和"历史的"两类,所强调的是遗产具有的整体性价值。对于自然遗产,蒂尔登着重于其美的品质带给人的影响。在蒂尔登看来,大自然具有使人感受美的巨大潜能。他引用爱默生的名言来表达这一点:"对充满智慧的心灵而言,大自然从来不会是毫无价值。花朵、动物和山脉,赐予了心灵最佳的智慧,一如孩提时代这些事物所带来的纯真欢乐一样。"①而对于历史类的遗产,蒂尔登强调的则是其对于人们面向未来的精神力量。他认为:"对祖先留下的遗产怀有一份深远的觉知,是我们面对未来不可或缺的精神要素,借由将过去保持成一个生机盎然的实体则可帮助我们获得此觉知,这正是一种力量。"②

从中也可见,蒂尔登所关注和强调的遗产价值更侧重于精神性、情感性的主观维度,即遗产对人的主观世界的影响。在他看来,遗产所具有的潜能,正是通过其自身的整体性(wholeness,这种整体性也可被理解为"地方色彩"),促进人的整全性(wholesomeness)。诚然,相对于遗产学内部对于遗产价值的系统研究,蒂尔登的讨论仍是感性的和初步的,并未展开科学分类和全面阐释,但他强调的遗产对于人的发展所具有的潜能掷地有声,在今天的遗产研究与实践中仍值得深思。

正是以对遗产的认识为基础,蒂尔登才发展了他对于阐释的理解和理想阐释的设想。在蒂尔登看来,遗产所具有的潜能无法自发、直接地转化出来,遗产与游客之间还需要一座桥梁,这座"快乐的桥梁"就是阐释:"令人得以快乐的既非国家公园壮阔秀丽的本质,亦非解说员口中的种种陈述,而是两者适切的组合,方能将人们内心快乐之潜能带至生活中。"③因此可以说,阐释是一个沟通(communication)的过程,是遗产与游客间的中介,正是通过阐释,遗产所具备的对于人的作用才能够实现。

基于对遗产和阐释的理解,蒂尔登对于理想阐释的设想具有浓厚的人本色彩,人始终是他的核心关怀。这具体可以体现在他阐释哲学的出发点和落脚点之上。

蒂尔登认为阐释的出发点是人的需求。这在他的定义中就已经有所体现,即强调"为了提供游客所需的服务"。游客前往遗产地参观的目的是体验和休闲,因

① 费门·提尔顿著. 许世璋, 高思明译. 解说我们的袭产 [M]. 台北:五南图书出版股份有限公司,2006:131.
② 费门·提尔顿著. 许世璋, 高思明译. 解说我们的袭产 [M]. 台北:五南图书出版股份有限公司,2006:119.
③ 费门·提尔顿著. 许世璋, 高思明译. 解说我们的袭产 [M]. 台北:五南图书出版股份有限公司,2006:19.

此"希望得到欢愉,而非前来听训"①。而既然阐释以游客的需要为前提,那阐释就不能是一种教导,不是纯粹的知识性信息的输出与传达,必须考虑游客兴趣,需要与游客自身产生某种程度的关联。仅考虑围绕遗产展开解释是不够的,如蒂尔登所说,"在准备任何形式的解说时,也许最常犯的错误源自谨记'我想要表达的是什么?'……思考重点应为'怎样的解说内涵是一般游客所想要的?'与'我如何运用简洁、充满启发性与魅力的语言使游客能立即理解?'"②将游客作为全人看待,而非部分化他们,认识到"宗教般的自然情怀、澎湃的热情、了解历史连贯性的渴望、对往事的爱恋,与感官之愉悦,也都是建构全人的关键要素"③。

阐释的落脚点则在满足需求的基础上更进一步,是要促进人的完善。这种完善既顺应了人的需求,同时又有所超越,从单纯的对美的感知进入到心灵层面。这正是遗产所具有的潜能,也是遗产阐释的应有之义。因此,蒂尔登在开篇即强调了"解说应充分利用人的好奇心,以丰富并提升人类的智能与心灵"。蒂尔登认为,要想促进人的完善,关键在于揭示遗产地的整体性。因此,仅提供关于遗产地片段式的信息与知识也是不够的,阐释"必须超越外表贴近真相,跨越片面趋近整体,并体悟出事实背后的深远意涵",从而使游客在实地欣赏、获得美的感知的基础上更上一层楼,"去了解事物所隐含的多元面向,进而获得智慧,并因置身于大自然的存在感与历史的延续性所赋予的意义价值而得到慰藉",做到达尔文所说的"用心灵的眼睛去看"。

综览蒂尔登的阐释理想,读者不难发现,爱与美是最终的主题。蒂尔登在强调阐释应是一种"艺术",应该具有诗人气质的同时,自己也在用文学化的语言表达了以阐释求美、求爱的理想追求。其中,"美"是外化的。"美"是遗产的特质,也因此蕴藏着启迪人心、健全人格的潜能。阐释的目标是作为桥梁将遗产的美及背后

---

① 费门·提尔顿著. 许世璋, 高思明译. 解说我们的袭产 [M]. 台北: 五南图书出版股份有限公司, 2006: 46.

② 费门·提尔顿著. 许世璋, 高思明译. 解说我们的袭产 [M]. 台北: 五南图书出版股份有限公司, 2006: 92.

③ 费门·提尔顿著. 许世璋, 高思明译. 解说我们的袭产 [M]. 台北: 五南图书出版股份有限公司, 2006: 73.

的深意传递给游客,使游客获得对美的更深的体悟。而"爱"则是阐释的内在核心,是实现美的依托。在蒂尔登看来,他所提出的六条原则最终可以归纳为单一原则,那唯一的原则就是"爱"。作为"桥梁"的阐释既要保持对阐释主体(遗产)的爱,也要保持对人的爱。对阐释主体的爱需要阐释者"纯然地与它产生关联",借由爱的魔力使游客获得对遗产地精神的共感;对人的爱需要"永无止息地去了解人们",接纳人之为人的存在。对爱与美的追求体现出蒂尔登不仅将阐释视为一项专业服务,更是一份道德崇高的事业,对于增进人类福祉具有重要作用。他本人对阐释饱含的热忱、激情,和他对人的关怀与温情亦流露于全书的字里行间。

他山之石,可以攻玉。诚然,蒂尔登的写作有其自身的时空背景。跨越 60 余年的时间,其中的具体表述和细则有些已不再适用于当下的实际情况;技术、社会的不断变迁也为如今的遗产领域更新了需要回应的时代问题。但如果说今天的遗产实践还能持续地从《阐释我们的遗产》一书中汲取什么养分的话,那一定是以此为契机,重新回到对于阐释理想的思考和探问之中;而这时,蒂尔登的文字也必将再次给予读者以感召和精神力量。

13

遗产旅游研究的新线索

——《协商真实性:三种现代性》导读

吴　辉　中山大学旅游学院博士后

一、遗产真实性的缘起与发展

"真实性"是一个动态、多元且复杂的概念,在哲学、考古学、文学、社会学等多个领域均得到讨论和运用[1],但也因为语境和用法的不同而变得模糊,难以一言以蔽之[2]。真实性问题在文化遗产和旅游两个领域均是研究热点,但概念上存在明显差异。

遗产的真实性问题缘起于勒-杜克(Eugène-Emmanuel Viollet-le-Duc)与约翰·拉斯金(John Ruskin)关于建筑遗产保护与修复的争论,尽管对真实性有着截然不同的理解,但是他们都承认真实性指向一种"原初的"(original)、"真实的"(genuine)的状态,将其视为历史建筑的根本价值[3]。西方早期真实性概念强调物质文化遗产所具有的既定的、内在的、静态的历史价值[4]。随着 1964 年《威尼斯宪章》的问世,真实性作为遗产保护的核心概念和原则开始从欧洲走向全球;并通过1972 年的《保护世界文化和自然遗产公约》及 1977 年发布的第一版《实施〈世界遗产公约〉操作指南》(以下简称为《操作指南》),真实性成为文化遗产列入《世界遗产名录》的资格条件,且真实性评估(test of authenticity)是世界文化遗产突出普遍价值认证的必要前提。根据 2021 年版《操作指南》,世界文化遗产真实性评估的内容包括外形和设计、材料和实质等 8 个方面,真实性的内涵是遗产价值"信息来源的真实度或可信度"[5]。2015 年版《中国文物古迹保护准则》第 10 条对真实性的定义是:"文物古迹本身的材料、工艺、设计及其环境和它所反映的历史、文化、社会等相关信息的真实性。"[6] 尽管真实性的内涵与内容在不断发展、完善,但始终聚焦遗产本体的价值认定与保护。

二、旅游真实性的缘起与发展

在旅游研究领域,真实性研究则强调作为旅游主体的旅游者的体验,讨论主体对客体"真""假"的辨别及其体验效果[1]。一种普遍的说法认为,真实性最初运用在博物馆情境下,用来表征展品"是否如其所见或所宣称的那样,使其价值与出售价格相符,或与人们对其的仰慕程度相匹配"[7]。旅游研究中的真实性早期也类似于这种含义,意味着传统的文化及其起源[8]。比如工艺品、节庆、仪式、饮食、服饰等旅游产品真实性的判断,往往依据"是否是当地人的传统工艺、传统习俗"等标准[9]。这与文化遗产语境下的真实性相似,真实性是存在于遗产本体/旅游客体中的某种特质,这种特质是旅游者渴望寻求和体验的。20 世纪 70 年代,美国社会学家麦康奈尔(Dean MacCannell)将真实性的概念引入对旅游动机和体验的社会学研究中。在他看来,生活在现代化(modernization)、异化(alienation)的社会中的旅游者,其旅游动机正是去寻求真实性[10,11]。在此后的数十年里,真实性逐渐成为西方旅游研究领域中占据核心地位的概念和话题[12,13]。真实性问题的探究也越来越成为旅游社会学家研究旅游与现代性关系的一个重要途径[9]。

与文化遗产领域不同,旅游现象本身不仅包含一些有形的旅游产品(遗产本体/旅游客体),也包含无形的旅游体验(主体),评价旅游者的体验是否真实,相较于遗产本体真实性或旅游客体真实性的评价要复杂得多——尤其是引入建构主义、后现代主义和存在主义等视角后。中国学者王宁曾总结旅游真实性概念的演变历程,并将其按演变的各个阶段及不同的研究取向或范式,划分为客观的真实性、建构的真实性、后现代的真实性,以及他本人所提出的存在的真实性(如表 13 - 1 所示)。这种真实性的概念化构成了此后相关研究的基础。

表 13 - 1   西方旅游研究中真实性的类型、取向、特征与代表人物

真实性类型	研究取向	主 要 特 征	主要代表人物
客观的真实性	客观主义	客观主义的真实性是指"原物"（originals）的真实。相对应的，旅游中真实的体验等同于对原物真实性的认知体验（epistemological experience）	珀尔斯汀（Daniel J. Boorstin）、麦康奈尔（Dean MacCannell）
建构的真实性	建构主义	建构主义的真实性是指旅游产品的生产者和旅游者根据自己的想象、期望、偏好、信仰和权利，赋予旅游产品的某种真实。这种真实是"被投射"（projected）在旅游产品上的，也就是说，同样的旅游产品被赋予了多种不同的真实性。这种旅游产品的真实性，实际上是象征意义上的真实性（symbolic authenticity）	布伦纳（Edward M. Bruner）、科恩（Erik Cohen）、霍布斯巴恩和兰杰尔（Eric Hobsbawm, Terence Ranger）、科纳（Jonathan Culler）
后现代的真实性	后现代主义	后现代的旅游者对"原物／原作品"（original）的真实性已不再关心。他们认同"失真性"（inauthenticity），认为人们追求的是一种超真实（hyperreality）的"逼真"世界（verisimilitude）	伊科（Umberto Eco）、鲍德里亚（Jean Baudrillard）
存在的真实性	存在主义	存在主义的真实性是指一种被旅游活动激活的潜在的存在状态（existential state of being）。存在的真实与旅游客体是否真实毫无关系，而是旅游者借助旅游活动或旅游客体寻找真实的自我	王宁（Wang Ning）

资料来源：见注①

　　旅游真实性具有多种类型和研究取向，现有旅游研究中很少采用单一范式，因为这样很难解释旅游营销的动态性、表征的政治性以及复杂的旅游动机和体验[14]。尽管如此，研究者们依然期望对旅游真实性的讨论与研究可以形成更统一的认识、更广泛的共识。但他们认识到这几种真实性的类型并不在同一个层面上：客观的真实性和存在的真实性分别指向旅游客体和主体，表示不同类型的个人体验的真实性，而建构的真实性则不是，事实上它隐秘地关联着前两种真实性的社会

---

① 根据 Wang N. Rethinking Authenticity in Tourism Experience ［J］. Annals of Tourism Research, 1999, Vol. 26 No. 2, pp. 349 - 370 一文整理；转引自：王宁，刘丹萍，马凌等编著. 旅游社会学 ［M］. 天津：南开大学出版社，2008，有修改。

建构过程[15];后现代的真实性又是在另一类文化背景下讨论的,强调对客观的真实性的批判、解构甚至彻底抛弃。

因此,一些学者认为可以把研究的焦点从对旅游真实性概念本身的讨论,转向对旅游吸引物(tourist attractions)真实性建构过程的分析,这种建构过程又被称为"真实化"(authentication)[15,16]。其中,埃里克·科恩(Erik Cohen)和斯科特·科恩(Scott A. Cohen)[15]以"冷""热"隐喻定义的两种真实化模式最有影响力:"冷"真实化通常是一种单一的、明确的、正式的,甚至是官方的权威性过程,以宣称一个物体、地点、事件、习俗、角色或人的真实性是原始的、真正的或真实的;"热"真实化是一种内在的、重复的、非正式的旅游者的表演性过程,以创造、保存和加强物体、地点或事件的真实性。尽管这种分类和分析十分清晰,但也存在局限性,例如迪士尼乐园等后现代的旅游吸引物都是明确设计、虚构的,既没有"冷"真实化,也不存在"热"真实化,但依然可能引起旅游者的主观真实性体验。由此可以看出,旅游的真实性也是一个很难被定义的无定形概念(amorphous concept),真实性的建构过程同样不能一概而论,一个旅游现象可能是多种类型的真实性协同作用的结果,对于真实性和真实化的理解还需要放在更广泛的文化背景中分析。科恩因此断言,真实性的概念本来就"不是静止的、固定的,而是可以协商的(negotiable)"[17]。

三、文献导读

本文所推介的这篇概念性文章——《协商真实性:三种现代性》(Negotiating authenticity:Three modernities)[18],便是在前辈研究者的基础上,对旅游真实性问题所做的更进一步的探索,旨在找到一个更清晰的线索,对旅游真实性和真实化进行概念化整合,以借助一种跨学科的视角,更全面地理解旅游真实性的概念。文章作者是任职于哈德斯菲尔德大学(University of Huddersfield)的两位青年学者——布兰登·卡纳文(Brendan Canavan)和克莱尔·麦坎利(Claire McCamley),他们将后后现代(post-postmodern)引入旅游真实性的讨论中,以现代性、后现代性到后后现代性的三种社会背景和文化基础的演变为线索,重新定义旅游真实性的概念。

在文章的一开始,作者首先揭示了旅游真实性的协商本质。站在旅游者的角度,使用真实性是为了区分真实(authentic)和失真(inauthentic):前者表示现实(real)、真正(genuine)和诚实(honest);后者表示幻想(fantastical)、虚伪(disingenuous)和不诚实(dishonest)。但在复杂的旅游情境中,真实和失真之间的区分并不是二元的[19],幻想的、虚构的旅游目的地也可以被认为是现实的[20],真实的历史城市目的地也可以被再想象和神秘化[21]。因此,由于真实本身的广泛可解释性和不稳定性——失真也是如此——真实性的协商得以存在并且尤为必要,很多研究都证实了这一点[22,23]。作者认为,真实性不仅牵涉到复杂的协商,而且是旅游者通过旅游对现实和幻想的持续协商。

考虑到旅游真实性是一个在与其他现象的关系中进行衡量、感知、体验和感受的关联式概念,有必要将广泛的社会、文化和哲学环境考虑在内[24,25]。因此,为了更全面地理解旅游真实性,作者通过三种现代性的视角来重新审视真实性及其协商机制。这种概念化方式,一定程度上回应了科恩关于后现代旅游吸引物的真实性问题研究的期待[12,15],并且采用了新兴的"后后现代转向"(post-postmodern turn)来讨论一种新的现实和幻想的协商状态。后后现代转向指的是当代文化、社会、经济、政治与艺术从后现代哲学与风格的主导时期,转向被描述为"后后现代"的影响。这种转向实质上是摆脱以利奥塔(Jean-Francois Lyotard)[26]的拒绝元叙事和鲍德里亚(Jean Baudrillard)[27]对真理或现实等概念的愤世嫉俗、批判和解构为代表的后现代立场,而转向一种后讽刺和真诚的立场[28],以参与叙事为主要特征[29]。有学者认为,"9·11恐怖袭击事件"是后后现代转向的标志,因为它导致了对争论真相与现实的二分法叙事的回归和重塑[30]。后后现代主义可以被视为一场重构运动(reconstructive movement),致力于选择叙事、真理和现实的碎片,然后将这些碎片聚集到更大的总体概念中加以宣扬。

总之,不同的现代性指向具有特定文化、社会、经济、政治与艺术的立场和结构的时间段[31],这就为解释旅游真实性提供了必要的特定文化背景。这三种现代性是可以同时存在的,只是在特定时间段里,一种或多种现代性的影响更加突出与普遍。后后现代主义为旅游者对现实和幻想的协商带来了一个新的视角。

在关于真实性概念的讨论中,作者并没有遵循以往研究者的写作模式,即回溯真实性概念的演变历程,而是延续了王宁的存在主义真实性立场,承认存在主义哲学视角是讨论旅游真实性问题的理论基础,有利于构建这个概念的应用和讨论的广度。存在主义哲学与现代性所导致的人的异化息息相关,以克尔凯郭尔(Søren Kierkegaard)、海德格尔(Martin Heidegger)为代表的存在主义哲学家强调日常生活中异化的内在存在,并主张追求真实性,以减轻异化程度的可能性[32,33]。他们认为异化是人类个体存在的基本形式[34,35],这与马克思政治经济学领域和文化研究分别从生产、消费视角所探讨的异化有所区别。

对旅游研究来说,从一开始,异化的概念就与真实性的概念联系在一起讨论[36]。麦康奈尔认为旅游者对真实性的不断追求,是由于他们需要逃离他们在家庭/工作环境中所经历的异化。同时他也指出,如果不能实现真实的旅游体验,会导致一种新的(后工业)形式的异化[11]。在探讨异化和真实性的问题时,麦康奈尔并未采取鲜明的存在主义立场,此后的研究者关于真实性的客观的、建构性的和后现代的观点都是面向对象的,也忽略或淡化了作为主体的旅游者存在状态。王宁[37]将存在的真实性与其他形式区分开来,将其定义为一种新颖的真实性形式,即使在完全失真的旅游环境中,旅游者也能体验到这种真实性——即存在主义哲学意义上的真实状态。但王宁的研究主要是概念和情境的讨论,随着学术界对存在的真实性关注度越来越高、参与越来越多,研究者们逐渐认识到现有研究更可能的是探讨真实体验的概念,而不是存在的真实性[38]。

因此,作者回到存在主义真实性讨论的起点——异化,试图回答一个关键问题:如何通过追求真实性来减轻异化程度?这个问题暗含了一种判断,即异化是不可以克服或调和的[39],异化只能在一定程度上被缓解。作者通过梳理萨特(Jean-Paul Sartre)、贝格尔(Peter L. Berger)等存在主义哲学家的相关论述,总结出减轻异化程度的两种方式:逃避(avoidance)和对抗(confrontation)。存在主义的逃避会产生舒适感,但这种尝试会导致真正的自我丧失,因为通过分散或贬损对决策的所有权,个人的责任被回避了;因此,逃避异化是不诚实的、无效的,从存在主义的视角来看就是不真实的。存在主义的对抗是指当一个人认识到作为社会特征的无意识的一致性,并通过选择(在萨特的意义上)追求赋予他/她生活意义的项目(无论是休闲还是工作)来超越这种状况时,存在主义的真实性就达到了[36]。逃避意味着个人意义上不真实的幻想,即退回到舒适的神话中,与不诚实、否认、不满有关,并最终回到异化;对抗在个人意义上指向真实的现实,即更好地发现和实现自我,适应不可避免的、无休止的、固有的异化。正是对抗而不是逃避补充了自我占有的存在主义理想,真实性所做的是试图区分作为存在主义对抗前因的现实和作为存在主义逃避的幻想。

回到旅游情境,异化可以通过旅游进行管理和缓解,但旅游中的超然存在或自我发现是有限的、偶然的[25,39]。如果要实现更持久的自我转变,需要旅游者积累各种各样的逃避或对抗相关的经历。失真的逃避只意味着对异化的否认和最终的回归,而真实的对抗则暗示着对异化可能的超越,尽管只是短暂的超越。在具体的旅游情境中,"逃避、幻想、失真性"和"对抗、现实、真实性"这一组辩证关系的两面很难做严格区分,而且往往相互渗透。因此,通过追求存在主义真实性来减轻旅游者内在的异化,本质上要求对这种存在主义的辩证关系进行持续协商。

探讨完真实性概念化的存在主义理论背景,作者进一步论述真实性协商的社会背景和文化基础,即这篇文章标题的后半部分——三种现代性。作者分别介绍了三种现代性理论及其所强调的真实性立场、真实化机制,以及旅游者(本研究中以背包客为例)所寻求的旅游状态。

在现代主义的背景中,真实性体现出一个更具建构性的整体立场。在这里,作者似乎放弃了"客观的真实性"这一类型,但在王宁的旅游真实性概念化研究中,"客观的真实性"和"建构的真实性"都基于一个客观主义的判断,即现代旅游者追求的是有关起源(origins)、真正(genuineness)、原始(pristineness)和真诚(sincerity)的事物及其体验[12]。在作者看来,客观主义是现代旅游真实性的价值取向,真实性存在于旅游者的外部,独立于旅游者的体验;建构是旅游情境中无处不在的现象和过程;对旅游者来说,现代的真实性是通过旅游体验到的一种建构的外部可信性的信念状态,这种状态被称为"逼真"(verisimilitude)。然而,现代的真实性本身包含着局限性和内在张力,即它暗含这样一个假设:如果旅游者与之互动的旅游客体是失真的,那么这个互动或体验就是假的、没有意义的[12]。这种假设难以解释在迪士尼乐园这样完全是"捏造的"幻想空间依然可以获得真实体验的现象,于是人们开始寻求其他真实性的形式。

20世纪中后期兴起的后现代主义思潮,为真理、知识和现实的概念提供了一个解构性的立场,影响了人们对真实性的态度。它赞美模拟、超现实主义、审美模仿和杂交身份所提供的乐趣和自由,反对现代主义的原创性和形式的纯粹性的理想,对现代旅游者对于真实性的追求持嘲讽态度[40]。后现代的真实性将重点从旅游业提供的展示物,转移到作为旅游体验决定因素的主观意义的协商上[41],旅游者很可能会意识到一个地方的失真性,但仍然会参与其中,因为他们仍有可能产生主观的真实性感觉[42]。后现代的真实性为旅游者呈现"超现实"(hyperreality)的体验,用真实的符号代替真实本身[43],通过模拟(simulacra)满足人们对真实性的渴望[44]。通过后现代主义的视角来协商现实和幻想,使旅游真实性更加流动、灵活,是现代的真实性的重要补充。

伴随着文化和消费研究的"后后现代转向",后后现代主义为旅游的真实性协商增加了一种重构的立场。作者选用了科恩(Erik Cohen)考察过的泰国"那加火球"(Naga Fireballs)这一经典案例来说明后后现代真实性的重构机制[45],旅游者忽略平淡的科学解释,转而围绕这种现象的神秘性,构建一种自我信服的虚假叙事,沉迷于自己重构的神话而获得愉快的体验。这种重构的真实化方法具有显著的表演性(performativity)特征,旅游者的表演性实践对真实性的影响在现有研究中得到了充分的讨论[14,15]。对于后后现代的真实性而言,核心要素是更有说服力的表演,而不是事实或文化习俗。后后现代的旅游者追求一种"转变现实"(alterreality)的状态,它强调在任何特定情况下可获得的真理、对事件的解释以及记忆等的多重性,主张从支离破碎的现实中优先考虑一个更好的版本,并改变其他转变现实与之适应。

作者通过印度尼西亚的明达威群岛案例,解释了后后现代真实性的"重构—表演—转变现实"结构,即使当地旅游业不可持续,但旅游者并不会正视这些问题,反而倾向于编造故事,并通过在线互动不断强化,逐渐构建了一个可持续的冲浪旅游目的地神话;这样的神话成为旅游者自己的现实,一个通过表演呈现的更好的转变现实。文章的第一作者卡纳文此前对蒙古拉力赛中"旅游名人"(tourist celebrity)的调查也揭示了这一结构,社交媒体成为旅游名人呈现重构性材料的载体,他们通过前往偏远的地区、身着精致的服饰、驾驶装饰过的车辆吸引当地人的关注和网络流量,进入到作为旅游名人的另一种现实。

基于三种现代性背景的演变及其旅游真实性的论述,作者提出了一个概念框架,如图 13-1 所示。现代和后现代的视角在过去数十年的旅游真实性研究中获得了充分讨论,后后现代视角的引入使我们可以更好地理解当代旅游者行为,尤其是在社交媒体影响的新情境下。三种现代性视角下的真实性,从"真实性立场—真实化解释—游客状态"的概念化结构出发,分别强调了建构—客观—逼真,解构—主观—超现实,以及重构—展演—转变现实。

人类固有的、内在的存在主义异化驱动了对真实性的永恒追求,这种追求过程实质上是对现实和幻想的持续协商。本研究又将真实性的协商本质向前推进了一步,强调三种现代性背景下的真实性之间的协商,真实性是从这种复杂而多面的、有背景而共存的、重叠而独特的协商中得出的。显然,后后现代真实性的提出并不是为了驳斥或推翻此前的真实性概念,因为不存在能概括真实性旗帜下全部经验的单一类型。这三种真实性类型相互重叠、相互启发、相互补充,以促进更加全面的、持续的真实性协商,从而获得更好的旅游体验,缓解旅游者内在的存在主义异化。

四、讨论

最后,回归到文化遗产和旅游的交叉领域——遗产旅游研究,其核心问题之一是遗产保护与旅游利用的关系[46]。真实性概念在遗产保护和旅游利用两个方面都颇受重视,并且各自存在多种理论与视角,因此遗产旅游研究不能割裂地看待遗产和旅游的真实性概念,而是需要关注多种真实性视角下的共存和互动关系[4]。尤其是在文旅融合的背景下,文化遗产通过旅游进行阐释、展示和价值传播,通过

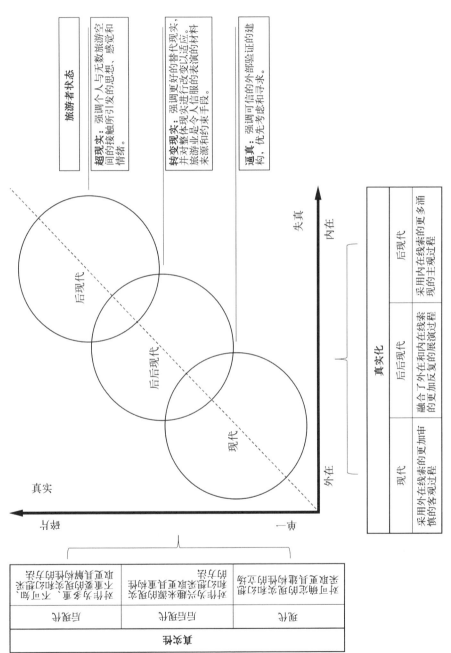

旅游者状态

超现实：强调个人与无数旅游空间的接触所引发的思想、感觉和情绪。

转变现实：强调更好的替代现实，并对整体业进行改变以适应旅游业是令人信服的表演的束缚和寻求。

逼真：强调可信的外部验证的建构，优先考虑和寻求。

真实化

现代	后后现代	后现代
采用外在线索的更加审慎的客观过程	融合了外在和内在线索的更加反复的展演过程	采用内在线索的更多涌现的主观过程

图 13-1 三种现代性与真实性概念框架

真实　　　　　　　　　失真

外在　　　　　内在

现代

后后现代

后现代

一系列新技术手段辅助遗产利用、增强旅游者体验,遗产旅游研究中的真实性问题变得更加复杂。现代、后现代、后后现代背景下的遗产旅游者如何协商真实性? 权威化的遗产本体真实性和当代遗产旅游者的体验真实性如何互动? 如何更有效地协同增强遗产价值传播和遗产旅游体验? 这些问题有待未来遗产旅游研究的回应。这篇概念性文章或许可以作为遗产旅游中真实性研究的新起点、新线索,更好地理解当代遗产旅游者及旅游真实性。

参考文献

[1] 张朝枝. 原真性理解：旅游与遗产保护视角的演变与差异 [J]. 旅游科学, 2008（1）：1－8+28.

[2] Golomb J. In Search of Authenticity：From Kierkegaard to Camus [M]. London and New York：Routledge, 1995.

[3] 常青. 历史建筑修复的"真实性"批判 [J]. 时代建筑, 2009(3)：118－121.

[4] 苏俊杰. 文化遗产旅游中的真实性概念：从分离到互动 [J]. 西南民族大学学报（人文社会科学版）, 2021, 42(11)：44－51.

[5] UNESCO. The Operational Guidelines for the Implementation of the World Heritage Convention [EB /OL]. （2021－03－1）[2024－05－18]. https：//whc.unesco.org /en / guidelines.

[6] 国际古迹遗址理事会中国国家委员会. 中国文物古迹保护准则 [S /OL]（2015）. （2015－04－21）[2024－05－18].http：/ /www.icomoschina.org.cn /uploads /download / 20150422100909_download.pdf.

[7] Trilling L. Sincerity and Authenticity [M]. London：Oxford University Press, 1972.

[8] Sharpley R. Tourism, Tourists and Society [M]. London：Routledge, 2018.

[9] 王宁, 刘丹萍, 马凌等编著. 旅游社会学 [M]. 天津：南开大学出版社, 2008.

[10] Maccannell D. Staged Authenticity：Arrangements of Social Space in Tourist Settings [J]. American Journal of Sociology, 1973, Vol. 79, No. 3, pp. 589－603.

[11] Maccannell D. The Tourist：A New Theory of the Leisure Class [M]. Berkeley and Los Angeles, California：University of California Press, 1999.

[12] Cohen E. "Authenticity" in Tourism Studies：Aprés la Lutte [J]. Tourism Recreation Research, 2007, Vol. 32, No. 3, pp. 75－82.

[13] 王宁. 旅游伦理与本真性体验的文化心理差异 [J]. 旅游学刊, 2014, 29(11)：5－6.

［14］ Rickly JM, Vidon ES. Authenticity & Tourism：Materialities, Perceptions, Experiences ［M］. 1st ed. Bingley, UK：Emerald Publishing Limited, 2018.

［15］ Cohen E, Cohen SA. Authentication：Hot and Cool ［J］. Annals of Tourism Research, 2012, Vol. 39, No.3, pp. 1295 − 1314.

［16］ Jackson P. Commodity Cultures：The Traffic in Things ［J］. Transactions of the Institute of British Geographers, 1999, Vol. 24, No.1, pp. 95 − 108.

［17］ Cohen E. Authenticity and Commoditization in Tourism ［J］. Annals of Tourism Research, 1988, Vol. 15, No.3, pp. 371 − 386.

［18］ Canavan B, Mccamley C. Negotiating Authenticity：Three Modernities ［J］. Annals of Tourism Research, 2021, Vol. 88, pp. 103 − 185.

［19］ Olsen K. Authenticity as a Concept in Tourism Research：The Social Organization of the Experience of Authenticity ［J］. Tourist Studies, 2002, Vol. 2, No.2, pp. 159 − 182.

［20］ Pretes M. Postmodern Tourism：The Santa Claus Industry ［J］. Annals of Tourism Research, 1995, Vol. 22, No.1, pp. 1 − 15.

［21］ Lovell J. Fairytale Authenticity：Historic City Tourism, Harry Potter, Medievalism and the Magical Gaze ［J］. Journal of Heritage Tourism, 2019, Vol. 14, No.5 − 6, pp. 448 − 465.

［22］ Halewood C, Hannam K. Viking Heritage Tourism：Authenticity and Commodification ［J］. Annals of Tourism Research, 2001, Vol. 28, No.3, pp. 565 − 580.

［23］ Liu MJ, Yannopoulou N, Bian X, et al. Authenticity Perceptions in the Chinese Marketplace ［J］. Journal of Business Research, 2015, Vol. 68, No.1, pp. 27 − 33.

［24］ Stern B. Authenticity and the Textual Persona：Postmodern Paradoxes in Advertising Narrative ［J］. International Journal of Research in Marketing, 1994, Vol. 11, No.4, pp. 387 − 400.

［25］ Rickly-Boyd JM. Authenticity & Aura：A Benjaminian Approach to Tourism ［J］. Annals of Tourism Research, 2012, Vol. 39, No.1, pp. 269 − 289.

［26］ Lyotard JF. The Postmodern Condition：A Report on Knowledge ［M］. Minneapolis：University of Minnesota Press, 1984.

［27］ Baudrillard J. Simulacra and Simulation ［M］. Ann Arbor：University of Michigan Press, 1994.

［28］ Doyle J. The Changing Face of Post-postmodern Fiction：Irony, Sincerity, and Populism ［J］. Critique：Studies in Contemporary Fiction, 2018, Vol.59, No.3, pp. 259 − 270.

［29］ Canavan B, McCamley C. The Passing of the Postmodern in Pop? Epochal Consumption and Marketing from Madonna, through Gaga, to Taylor ［J］. Journal of Business

Research, 2020, Vol. 107, pp. 222 – 230.

［30］ Diken B, Laustsen CB 7 – 11, 9 /11, and Postpolitics ［J］. Alternatives, 2004, Vol. 29, No1, pp. 89 – 113.

［31］ Eshelman R. Performatism, or the End of Postmodernism ［J］. Anthropoetics, 2000, Vol. 6, No. 2, pp. 1 – 12.

［32］ Kierkegaard S. Concluding Unscientific Postscript ［M］. Cambridge: Cambridge University Press, 2009.

［33］ Heidegger M. Being and Time ［M］. Albany: State University of New York Press, 2010.

［34］ Merleau-Ponty M. Phenomenology of Perception ［M］. London: Routledge, 2002.

［35］ Sartre JP. Being and Nothingness ［M］. New York: Washington Square Press, 1993.

［36］ Xue L, Manuel-Navarrete D, Buzinde CN. Theorizing the Concept of Alienation in Tourism Studies ［J］. Annals of Tourism Research, 2014, Vol. 44, pp. 186 – 199.

［37］ Wang N. Rethinking Authenticity in Tourism Experience ［J］. Annals of Tourism Research, 1999, Vol. 26, No.2, pp. 349 – 370.

［38］ Brown L. Tourism: A Catalyst for Existential Authenticity ［J］. Annals of Tourism Research, 2013, Vol. 40, pp. 176 – 190.

［39］ Canavan B. Tourism-in-Literature: Existential Comfort, Confrontation and Catastrophe in Guy De Maupassant's Short Stories ［J］. Annals of Tourism Research, 2019, Vol. 78, 102750.

［40］ Thompson CJ, Tambyah SK. Trying to Be Cosmopolitan ［J］. Journal of Consumer Research, 1999, Vol. 26, No.3, pp. 214 – 241.

［41］ Uriely N. The Tourist Experience: Conceptual Developments ［J］. Annals of Tourism Research, 2005, Vol. 32, No.1, pp. 199 – 216.

［42］ Vidon ES, Rickly JM, Knudsen DC. Wilderness State of Mind: Expanding Authenticity ［J］. Annals of Tourism Research, 2018, Vol. 73, pp. 62 – 70.

［43］ Baudrillard J. America ［M］. London, New York: Verso, 1988.

［44］ Eco U. Travels in Hyperreality ［M］. New York: Mariner Books, 1990.

［45］ Cohen E. The "Postmodernization" of a Mythical Event: Naga Fireballs on the Mekong River ［J］. Tourism Culture & Communication, 2007, Vol. 7, No.3, pp. 169 – 181.

［46］ 苏明明, 孙业红, 邹统钎, 等. 遗产的真实性与完整性准则及旅游研究的价值立场——"重新认识遗产旅游"系列对话连载（三）［J］. 旅游论坛, 2021, 14（3）: 23 – 30.

14

面向"文化遗产政策经济学"的知识考古

——戴维·索罗斯比两书导读①

王韶菡　上海大学文化遗产与信息管理学院讲师

自阿兰·皮科克（Alan Peacocke）1995 年在《英国科学院院刊》（*Proceedings of the British Academy*）上发表《承启未来：遗产的政治经济学》（A Future for the Past：The Political Economy of Heritage）开始，越来越多的经济学家开始对文化遗产保护管理中的经济学问题产生兴趣。之后，文化遗产学者也逐渐加入到这个队伍中来。目前文化遗产经济学已经发展成为文化经济学中的一个研究领域，主要研究方向包括经济学理论在文化遗产保护管理中的应用、文化遗产经济价值与文化价值评估和文化遗产政策的经济学解读。

讨论文化遗产经济学，势必要提及澳大利亚文化经济学家戴维·索罗斯比（David Throsby）在文化遗产及其相关公共政策方面的建树。1982 年可以看作是索罗斯比对文化与经济进行跨学科研究的元年，关注到艺术经济的社会和文化属性，他连发两篇文章，探讨了文化投资（尤其是艺术设施建设项目）的价值②、政府

① 本文采用的《经济学与文化》及《文化政策经济学》版本包括：

中文版：

（澳）戴维·索罗斯比著. 王志标译. 经济学与文化 ［M］. 北京：中国人民大学出版社，2011.

（澳）戴维·索罗斯比著. 易昕译. 文化政策经济学 ［M］. 大连：东北财经大学出版社，2013.

英文版：

Throsby CD. Economics and Culture ［M］. Cambridge：Cambridge University Press，2001.

Throsby CD. The Economics of Cultural Policy ［M］. Cambridge：Cambridge University Press，2010.

② Throsby CD. Social and Economic Benefits from Regional Investment in Arts Facilities：Theory and Application ［J］. Journal of Cultural Economics，1982，Vol. 6，No. 1，pp. 1 – 14.

在艺术市场中的话语地位①等问题。20 世纪 60 年代起,由于西方国家公众政治运动中对平等权利和社会福祉的追求②,中央及地方政府财政是英国及澳大利亚的文化项目和艺术组织主要资金来源。80 年代中期,随着英国经济衰退和撒切尔政府对国家福利的大幅削减,艺术界迎来了财政危机时代,业界开始了一场对艺术投资方式的大讨论③;同一时期,澳大利亚社会也开始挑战传统公共文化观念,对政府拨款进行文化投资的质疑愈发激烈。在此背景下,索罗斯比展开了一项对公众文化艺术需求的研究,并以数据证明了大众对文化艺术生活旺盛的需求,提出在政府资金收紧的情况下,应该积极调整文化政策,为引导市场参与文化艺术投资提供环境④。他对文化与经济的研究也由此进入了第二阶段,开始从公众的文化需求入手,探讨文化艺术产品、服务的公共利益及社会效益⑤。

1995 年,索罗斯比发表在《文化经济学杂志》(*Journal of Cultural Economics*)上的《文化经济学与可持续发展：政策框架的跨学科整合》(*Culture, Economics and Sustainability*)一文可以看作是他文化政策经济学的奠基之作,标志着他对文化政策及艺术市场的研究进入了第三阶段。在这篇文章中,他旗帜鲜明地提出"文化可持续发展"的理念发展,为综合分析文化和经济之间的相互作用关系提供了一个可行的框架;也是在这篇文章中,他建设性地从经济学角度,对文化的可持续管理初步进行了原则及标准的界定,这为后来"文化资产的可持续性"的提出打下了基础⑥。之

---

① Throsby CD. Economics and the Arts：A Review of Seven Years [J]. Economic Record, 1982, Vol. 58, No. 3, pp. 242 – 252.

② 陈洁. 西方城市更新中的文化策略——以伦敦和悉尼为例 [J]. 国际城市规划, 2020, 35(5)：61 – 69.

③ 英国议会上下院辩论记录(Commons and Lords Hansard),下议院关于艺术基金的辩论 [EB /OL], Vol.76, pp. 298 – 318. (1985 – 03 – 26) [2022 – 04 – 20]. https：//api. parliament.uk /historic-hansard /commons /1985 /mar /26 /arts-funding.

④ Throsby CD, Withers G. What Price Culture? [J]. Journal of Cultural Economics, 1985, Vol. 4, No. 3, pp. 1 – 34.

⑤ 索罗斯比在这一时期的代表作包括：Throsby CD, Withers GA. Strategic Bias and Demand for Public Goods；Theory and an Application to the Art [J]. Journal of Public Economics, 1986, Vol. 31, No.3. pp. 307 – 327,以及 Throsby CD. Perception of Quality in Demand for the Theatre [J]. Journal of Cultural Economics, 1990, Vol. 14, No.1, pp. 65 – 82。

⑥ Throsby CD. Culture, Economics and Sustainability [J]. Journal of Cultural Economics, 1995, Vol. 19, No.3, pp. 199 – 206.

后他逐步发展了关于"文化可持续发展的讨论"①,并在 2001 年正式出版了他第一部文化政策经济学的著作《经济学与文化》(*Economics and Culture*)。在这本书中,他从经济学视角,系统性地对"文化遗产""文化价值""经济价值""可持续性"等关键概念进行了解读,并梳理了上述概念之间的联系,初步搭建了文化政策经济学的理论框架;2010 年,他出版了《文化政策经济学》(*The Economics of Cultural Policy*)一书,正式提出了文化政策经济学的概念。上述两本书的区别在于,前者试图在经济学与文化研究之间搭建一个桥梁,从二者都关注的价值问题入手,从文化资产、创意活动(文化发展的主要源泉)、文化产业(文化经济活动)、文化政策(政府对文化的影响力)等方面对经济学语境的文化及文化语境下的经济活动进行了全盘讨论;后者关注文化政策的经济学解读,并从与文化政策相关的产业、资本、区域发展、旅游、教育、产权、国际环境等多个面向,搭建了一个以经济学分析文化政策的实践框架。

纵观索罗斯比的学术脉络,他从未提出过类似"文化遗产政策经济学"的概念,但对文化遗产的研究却是索罗斯比文化政策经济学研究中的重要组成部分之一。上述两本书中都曾单列章节加以讨论。此外,索罗斯比还曾发表一系列论文,专门讨论文化遗产的经济学面向。2012 年,索罗斯比曾发表《遗产经济学:理论框架与实践路径》(Heritage Economics:A Conceptual Framework)一文,试图为文化遗产经济学搭建一个概念框架。但这篇文章中涉及的基本概念及核心内容,例如"文化资产""可持续性""价值和评估"等,全部脱胎于上文提及的两本著作。因此,本文沿用了索罗斯比的经典说法,在文化政策经济学之前加以"文化遗产"的条件限定,尝试从"文化遗产""经济价值与文化价值""可持续性"与"文化遗产管理中的政策问题"这四个关键词出发,对索罗斯比研究中涉及"文化遗产政策经济学"的内容进行综合梳理。

---

① Throsby CD. Sustainability and Culture:Some Theoretical Issues [J]. International Journal of Cultural Policy,1997,Vol. 4,No.1,pp. 7–19.

一、文化遗产

《保护世界文化和自然遗产公约》(*Convention Concerning the Protection of the World Cultural and Natural Heritage*)中对于"文化遗产"的定义限制在可见的、实体的、来自历史的、有形的文化创造[1]，即我们常说的物质文化遗产。《保护非物质文化遗产公约》(*Convention for the Safeguarding of the Intangible Cultural Heritage*)对于无形的文化遗产进行了补充定义，各国文化遗产保护法律条规中也多对文化遗产进行有形与无形的区分，索罗斯比对于文化遗产的定义也没有跳出这一分类方式。澳大利亚文化遗产学者劳拉简·史密斯(Laurajane Smith)在其著作《遗产利用》(*Use of Heritage*)中提出了"权威化遗产话语"(Authorized Heritage Discourse，以下简称 AHD)的概念，认为来自专家的权威的思维体系正在主导当下文化遗产的管理和保护。索罗斯比在《经济学与文化》一书中也提出了相似的观点，认为虽然"文化重要性"在理论上是判定文化遗产的客观标准，但标准的制定和重要性级别的判定却取决于"权威人士"的意见[2]。这里的"权威人士"既包括影响文化遗产判定标准制定的专家及政府间国际组织(如 UNESCO)等。因此，无论何种定义，都带有不可避免的主观性。

然而，索罗斯比与史密斯不同的是，后者是以 AHD 引出文化遗产背后的知识权力结构，进而对当下的文化遗产管理和保护方式及文化遗产的概念本身进行批判反思；而前者是为后文对文化遗产的定义做铺垫。索罗斯比在分析了《世界遗产公约》《巴拉宪章》(*The Burra Charter*)等国际性文件后，进一步阐释说，无论受何种主观意志影响，定义"文化遗产"的根本目的都是为后续管理、研究搭建一个可操作的分析框架，而这些定义都围绕对"价值"的讨论展开。因此，要结合经济学与文化遗产研究的视角，搭建一套双方学者都可以接受的有关"文化遗产"的定义，

---

① UNESCO. 保护世界文化和自然遗产公约 [EB /OL]. (1972 – 12 – 17) [2022 – 04 – 22] https：//www.un.org /zh /documents /treaty / files /whc.shtml.

② Smith L. Uses of Heritage [M]. Abingdon and New York：Routledge，2006，pp. 33 – 36.

也需要从"价值"入手。基于此,索罗斯比发展了"文化资本"(cultural capital)概念,认为这一兼顾"文化性"与"经济性"的概念,恰好为"文化遗产"提供了一个跨学科视角下的分析工具。

不同于菲克瑞特·贝克思(Fikret Berkes)和卡尔·福尔克(Carl Folke)充满伦理色彩的定义①,也不同于皮埃尔·布迪厄(Pierre Bourdieu)对具体形态的关注,索罗斯比的"文化资本"实际上是一种资产的概念,其存在方式包括资本的存量和资本服务的流量两种方式,文化价值与经济价值在其中共存并相互影响。本文为了区别文化资本理论与索罗斯比的"文化资本"概念,偏向于将索罗斯比的"cultural capital"翻译为文化资产。但需要注意的是,并不是所有的文化资产都是文化遗产,例如流行音乐等,虽然是文化资产的范畴,但并不是文化遗产。

在《经济学与文化》这本书的第三章,索罗斯比提出,无论是"有形的文化资产"还是"无形的文化资产",其文化价值都会激发经济价值。他继而以历史建筑为例论述了这一观点:虽然历史建筑的实体本身因其使用性而具有经济价值,但作为文化遗产,历史建筑的经济价值是普通建筑所无法比拟的。从消费端的角度看,因为文化遗产的独特文化价值,个人或团体愿意为这项文化资产付出高于建筑实体本身价值的价格,而造成其经济价值显著提升的,正是其所保有的文化价值。从生产端的角度看,文化遗产本身可以投入消费领域而产生服务流,也可以与其他投入相结合,产生新的商品和服务。换言之,文化遗产的文化价值与经济价值之间存在相关性,要理解两者之间的关系,除了要厘清二者概念范围外,更需要借助经济学中"成本—收益"的分析工具。

二、经济价值与文化价值

对"价值"的讨论是索罗斯比文化遗产政策经济学的基柱。当将文化遗产纳入经

---

① 关于贝克思和福克斯对"文化资本"的讨论,详见 Folke C, Berkes F. A Systems Perspective on the Interrelations Between Natural, Human-Made and Cultural Capital [J]. Ecological Economics, 1992, Vol. 5, pp.1–8。

济学分析中时,就不可避免地需要从生产侧和消费侧对文化遗产的价值进行投资评估。之所以说是投资评估,是因为文化遗产在经济学及政策分析领域内的讨论,在根本上关注的是围绕文化遗产而进行的经济投入、文化投入及投资收益(效果)。索罗斯比在对文化遗产经济价值与文化价值的分析,也是将文化遗产看作是一类投资项目,其文化价值和经济价值在这一过程中转变为一种评估文化遗产项目收益的方式,根本目的是解决文化遗产保护、管理、开发等行为的动机问题。从这个角度看,虽然索罗斯比坚定地认为不能将文化遗产的经济价值与文化价值混为一谈,但他依旧没能脱离经济学的桎梏,文化价值在文化遗产经济学的研究中,成了经济价值的一个子集。

1. 经济价值

索罗斯比对文化遗产价值的探讨始于对边际效用的批判,他主张对价值的理解应该将社会环境纳入考虑。但他在两本书中对文化价值和经济价值的探讨中,又都没有明确地提出社会环境会怎样影响对价值的评估和判断,对经济价值的讨论更没有摆脱边际主义的视角。索罗斯比将经济价值定义为"受到个人认可的、并愿意为之支付成本的各种价值",并根据个人体验文化遗产的方式,将其划分为"使用价值""非使用价值"及"正外部性"(beneficial externality)三类。

文化遗产的使用价值指的是文化遗产所有可以被个人、家庭或企业直接消费的产品与服务的经济价值,这类价值是通过例如借由拍卖行直接购买文物、去文化遗产地旅游观光等方式实现的。对于文化遗产相关服务和商品的直接购买意愿,来自人们满足文化需求或其他欲望的意愿。例如,同样是办公用地,某处历史建筑的租金可能会比普通建筑要贵,而消费者也会因为重视历史建筑所蕴含的文化氛围和历史感,而愿意为此支付更多的租金。因此,文化遗产的使用价值具有很强的主观性,是边际价值(marginal value)的一种体现。

文化遗产在市场中的表现,不能反映其全部的经济价值。在文化遗产相关的文件或研究中,经常会出现类似"文化遗产是全人类共同的财富"的表述,例如《保护世界文化和自然遗产公约》的基本原则——"人类共同的财富"(the common heritage of humanity)。从经济学的角度看文化遗产的公共属性,其所反映的是这类资本的非排他性(non-excludable)和非对手性(non-rival)。文化遗产的非使用价值即来源于此,指的是那些由个人体验反映出的非市场性收益。首先,即使人们未曾亲身体验某一文化遗产(相关服务、产品),但他们仍然可能会重视它的存在,感知到这一文化遗产是有价值的(例如埃及金字塔等众所周知的世界文化遗产),即文化遗产具有存在价值(existence value);第二,人们可能对文化遗产存在类似"持有期权"的希望,即保有未来能够选择是否要体验某一文化遗产(相关服务、产品)的权利,这就是索罗斯比所谓选择价值(option value);第三,当人们希望将其持有的文物留给后代时,文化遗产即有了遗赠价值(bequest value)。

除了以上两种经济价值,还存在一种兼具使用价值和非使用价值的第三类因素。当人们去到某一文化遗产地旅游或观赏某一文物时,会因其美学性、历史性和文化性而产生愉悦、满足的正向感受,这即是文化遗产正外部性。

2. 文化价值

在这两本书中,索罗斯比都表示了要将文化价值的概念拉到台前,让它在政策制定中与经济价值享有同样权重的期望。为了这一目的,需要为文化价值建立一个独立的、可度量的分析模型。索罗斯比给出的解决方法是将文化价值分解为多个构成要素,分解的原则仍然是将文化遗产看作一个项目,从项目中会涉及的利益相关者出发,解构文化价值的特征。两本书的不同点在于,《经济学与文化》中仅给出了审美价值(aesthetic value)、精神价值(spiritual value)、社会价值(social value)、历史价值(historical value)、象征价值(symbolic value)和真实性价值(authenticity value)六种要素,而《文化政策经济学》中增加了地点价值(Locational value)。但索罗斯比并没有解释将六要素发展为七要素的原因。在与安妮塔·泽尔尼克(Anita Zednik)合著的文章中,索罗斯比再次拓展了文化价值的要素组成,提出了教育价值(educational value)的概念①。

---

① Throsby CD. Zednik A. The Economic and Cultural Value of Paintings: Some Empirical Evidence. In Ginsburgh VA, Throsby CD (eds), Handbook of the Economics of Art and Culture Vol. 2 [M]. Amsterdam: Elsevier/North Holland, 2014, p. 88.

　　除地点价值、教育价值及社会价值外，索罗斯比的文化价值基本采用了与考量世界文化遗产突出普遍价值相似的关键角度。但不同于对后者文化遗产本体的度量，文化遗产政策经济学中对于上述要素的阐述，关注的是文化遗产对人的影响。例如，社会价值指向的是文化遗产在建立人与人之间的联系、增强社区的凝聚力与稳定性中的价值；真实性价值虽然从直接含义上讲反映的是某一文化遗产原初的、未被篡改的状态，但其实际上想要讨论的，却是人们会因为文化遗产的真实性而赋予其高于复制品或再现场景更高的价值这一事实。在八个要素中，地点价值是比较特殊的一个，它将文化遗产的价值评估从遗产本体扩散到了周围环境。索罗斯比认为，当我们评估的是遗产地或历史建筑等具有地理或物理属性文化遗产时，这片区域会因文化遗产的存在而产生聚集性价值，地点价值就此显现。文化遗产的地点价值普遍反映在旅游地产开发建设项目中，最典型的莫过于西安的"曲江模式"。

　　既然索罗斯比的文化价值是一种评估框架，那么该怎样进行评估呢？索罗斯比给出了五种方法：映射法（mapping）、深度描述法（thick description）、态度分析法（attitudinal analysis）、内容分析法（content analysis）、专家评估法（expert appraisal）。在对艺术作品[①]的文化价值分析中，索罗斯比进一步说道："既然思想是一种纯公共物品，那么就可以认为，在思想的流通过程中，所有个体评估的总和构成了对这一思想总的文化评价"[②]"尽管有其局限性，但这一总的评价可以体现思想的文化价值，因此也就反映了艺术作品的文化价值"[③]。由此可见，无论是"自上而下"还是"自下而上"的评估决策过程，主观意见都是决定文化价值的关键。

三、可持续性

　　文化资产的可持续性是索罗斯比文化政策经济学中另一个关键概念。通过对

[①] 在索罗斯比对艺术作品的分析中，他主张作品可以以思想的形式存在，详见：Throsby CD. Economics and Culture［M］. Cambridge：Cambridge University Press，2001，p. 103。

[②]（澳）戴维·索罗斯比著. 王志标译. 经济学与文化［M］. 北京：中国人民大学出版社，2011：112.

[③] 原文见：Throsby CD. Economics and Culture［M］. Cambridge：Cambridge University Press，2001，p. 103，此处中文翻译由本文作者提供。

自然资本和文化资产概念之间相似性的分析,索罗斯比认为,虽然可持续发展是源自生态学的概念,但它有助于增进我们对文化保护和经济发展之间关系的理解,特别是在涉及文化多样性、文化资产的代际公平等议题时,可持续性为讨论的展开提供了有益的理论框架①。

如上文所提到的经济价值与文化价值,索罗斯比的可持续性也是一种评估工具,它所判定的是文化遗产项目是否符合伦理标准、是否承担了保护文化遗产的道德责任等问题。因此,在文化遗产政策经济学的框架下,可持续性也被描述成一系列的原则和标准,主要包括以下六个方面:

① 物质福利与非物质福利(Material and non-material wellbeing):索罗斯比认为,无论是个体还是社会中的成员,都可以受益于文化遗产及其相关的文化服务或文化产品。这些收益可能是物质性的,也可能是非物质性的。在考虑文化遗产项目的可持续性时,首要标准就是要从经济价值和文化价值出发,综合评估项目为个人或集体、国家带来的净收益。

② 代际公平与动态效率(Intergenerational equity and dynamic efficiency):指的是为了后代的利益,而采取措施保护当时的文化遗产。从文化价值的角度看,文化遗产项目中的代际公平原则,实际上考虑的就是如何让文化遗产可持续地传递给后世子孙。索罗斯比敏锐地意识到文化遗产是一代人留给另一代人的财富,强调应该从伦理道德的角度理解文化遗产的代际公平问题。但这并不意味着他在此放弃了经济学的视角。在《经济学与文化》第九章中,索罗斯比重申,文化遗产的价值会随时间推移而递增的特性,而人们希望这种增值可以在代际之间延续下去。

③ 代内公平(Intergenerational equality):索罗斯比认为,不同阶层、不同背景、不同收入、不同地域的人都有相同的机会享受文化遗产项目带来的益处。在"自上而下"的决策进程中,专家、政府等精英阶层及决策者的价值观主导了文化遗产项目的推进,这可能会造成当地社区等直接利益相关者的声音被忽略,进而影响代内

公平的实现。因此当不公平现象出现时,需要引入"自下而上"的机制,引导多样的直接利益相关者参与决策进程。

④ 保护多样性(Maintenance of diversity):文化资产具有多样性,这是各国文化政策及国际文件中的共识。文化遗产多样性的保护,从市场的角度,确保了多样文化产品和文化服务的生产,也为后世的文化遗产开发开放了更多可能;从文化的角度,没有一种文化遗产是孤立存在的,它与其他文化遗产之间存在无形的关系网,而一种文化遗产的消失可能会导致这一关系网的消失。

⑤ 谨慎性原则(Precautionary principle):文化遗产作为一种文化资产,是独一无二的,新的文化资产并不能代替旧的文化资产(文化遗产),因此,对于那些可能导致文化遗产发生不可逆的变化的决策,应从严控风险的角度,予以谨慎处理。

⑥ 保护文化系统并识别相互依赖关系(Maintenance of cultural systems and recognition of interdependence):索罗斯比认为,这一原则为可持续的评估提供了一个完整分析框架,前五个原则都需要在这个框架下执行。这里的相互依赖关系需要从文化与经济、集体认同等更宏大的角度加以理解。维持资本存量是索罗斯比可持续性中的一个关键议题。新建筑物可以覆盖历史建筑所能提供的使用价值(住所、办公、租赁服务等),但却不能复制历史建筑的文化内涵。因此,索罗斯比认为,文化遗产对于人类社会、全球文化具有无可替代的独特性。文化遗产存量的下降,将会对社会福利、实体经济等造成不利影响。更重要的是,文化遗产是激发社会成员构建集体认同感和归属感的动力来源,文化遗产存量的流失将会将整个文化系统带入危险的境地。

四、文化遗产管理中的政策问题

在明确了文化遗产政策经济学中的三个关键性评估工具后,索罗斯比开始了对文化遗产政策的探讨。他首先明确了文化遗产政策的主要任务:管理公共文化资产、监督私人资产管理行为,从而为大众提供社会公共福利,寻求经济效益和文化效益的双重最大化。在实际操作中,文化价值和经济价值在文化遗产政策制定中的权重并不能做到完全平等,而会因为政策类型的不同而存在明确倾向。例如,面向文化遗产保护的政策会在注重文化价值的发掘时约束经济发展的空间；而鼓励文化遗产创意开发的政策文件，则会在约束文化价值保护原则的情况下，鼓励经济价值的创造。

但无论使用何种政策工具或制定何种文化遗产政策，都必须考虑成本和收益的问题。索罗斯比认为，文化价值和经济价值的提出为成本及收益的分析提供了可评估的标准，分析的结果则成了政府制定文化遗产政策的基础。考虑到文化遗产相关政策的公共性，索罗斯比进一步强调说，在经济价值和文化价值之外，政策制定者更需要关注在地社区及其他社会中利益相关者的意见，以获取公众的支持。

从文化遗产的不同类型出发，索罗斯比在《文化政策经济学》第六章中，分别对与不可移动的文化遗产①、可移动的文化遗产和非物质文化遗产相关的公共政策进行了讨论。围绕不可移动的文化遗产进行的项目主要包括保存、维护、修复和活化再利用四个主题；而可移动的文化遗产往往涉及艺术画廊和博物馆的运营问题，与之相关的公共政策关注的是藏品的管理、展出、教育及研究四大主题；与非物质文化遗产相关的文化政策则需要更多地关注资产存量的可持续性及对表演、录音等相关服务流量的管理。

政府部门可以采取直接行动落地与上述主题相关的文化遗产项目，也可以以提供帮助、资金支持或者制定规则的方式，干预个人或团体开展与文化遗产相关的活动。监管是政府干预文化遗产项目最常用的形式，可以分为"硬性规定"（hard regulation）和"软性规定"（soft regulation）两种。硬性规定指的是文化遗产保护法、文化遗产保护条例等以立法形式约束个人或团体行为的强制性指令，包括对土地开发程度的划分（如遗址区、缓冲区）、对开发程序的要求及对设施的使用限制等。而软性规定指的则是非强制性指令，试图以协商的方式，呼吁和鼓励人们自发地服从相关规则，主要的表现形式有条约、公约、准则等（如《保护世界文化和自然遗产公约》）。索罗斯比认为，从经济学的角度看，监管确实存在降低效率、触发行政成

---

① 在《文化政策经济学》一书的第六章第五节，索罗斯比用了"Public Policy and Built Heritage"的标题，但如果我们回到第六章的章节之初，则可以发现，索罗斯比所谓的"built heritage"实际上指的是不可移动的文化遗产。因此，这里为了避免歧义，直接使用了不可移动的文化遗产这一说法。

本、缺少激励措施、存在被操控的风险等缺点。但当政府面对保护或者破坏的二元选择时,监管又是最立竿见影、行之有效的措施。此外,因为监管往往对应着硬性规定,这使得它可以明确文化遗产管理的结果,并规避不必要的风险。

财政干预是政府经常采取的另一种文化遗产管理手段,比较直接的干预形式是国家通过中央财政为各级文物局提供文化遗产保护专项资金等。而间接的财政干预则一般是通过税收的形式实现的。例如,从事文化遗产保护和管理的非营利组织,可以受益于其非营利的属性,不仅自身可以获得减免税额的待遇,也可为捐助者获取减免税额的机会;又或者,政府可以通过各种税收优惠政策,鼓励企业通过资助的方式参与文化遗产保护项目。

以世界银行资助的文化遗产投资项目为例,索罗斯比在《遗产经济学:理论框架与实践路径》中拓展了对文化遗产公共政策的讨论,尝试使用回顾性分析的方法,展示在城市中发生的文化遗产投资项目会对经济产生怎样的长效影响[①]。在2002—2005年的四年间,世界银行曾向前南斯拉夫马其顿共和国政府资助400万美元的资金,用以支持其在全国各地广泛开展社区更新和文化建设项目,其中就包括对斯科普里老集市(Old Bazar)中建筑遗产的修复计划。随着这一文化遗产保护工程的开展,当地游客参观数量不断增加,极大地刺激了斯科普里老集市中经济活动的开展;由于该区域在过去是阿尔巴尼亚人的聚居地,文化遗产保护工程的开展改善了在地人的生活水平,也在一定程度上缓和了阿尔巴尼亚人与马其顿人之间的矛盾,对保护斯科普里市的多元文化产生了积极影响。在对斯科普里老集市文化遗产保护工程的回顾性经济分析中显示,自工程落地以来,区域内消费者数量增加了约50%,就业人数增长了约70%,旅游业已经成为当地重要的收入来源之一。在对老集市游客进行的抽样调查中,受访者明确地表达了对老集市文化内涵的重视,而恰恰是文化遗产保护工程使得他们拥有了发现老集市独特审美价值的契机。

---

① Throsby CD. Heritage Economics: A Conceptual Framework. In Amirtahmasebi R, Licciardi G (ed.), The Economics of Uniqueness: Investing in Historic City Cores and Cultural Heritage Assets for Sustainable Development [M]. Urban Development Series Washington, D.C.: World Bank Group. 2012, pp. 45 – 74.

　　斯科普里老集市的案例为理解文化遗产项目所能带来的经济效益与社会效益提供了一些量化证据。通过对这一保护工程的回顾性分析,索罗斯比发现,文化遗产项目在获取非市场效益中的潜力是巨大的。在游客调查中,有90%的受访者表示愿意捐助斯科普里老集市的保护工作,人均支付意愿在6美元左右(约39人民币)。这一调查结果不仅反映了社会对文化遗产文化价值的正向态度,更表明,当文化遗产项目可以为社会中利益相关者提供公共文化福利时,人们会自愿地参与到文化遗产的保护工作中。

结　语

　　在《经济学与文化》问世之初,索罗斯比对于文化政策的经济学讨论就曾引起过争议。对于他研究的批判主要集中在缺乏案例分析、没能充分证明文化价值与经济价值之间的联系与区别、对于文化价值的处理过于模糊、将文化的可持续性限制在公平问题上等等。脱胎于文化政策经济学的文化遗产政策经济学,依旧没能解决上述问题。对世界银行资助的文化遗产投资项目的回顾性分析,是他为数不多的案例研究成果。研究的结论也证明了他从经济学角度对文化遗产公共政策展开讨论的合理性。与其说建设一个成熟的理论体系,不如说索罗斯比的文化遗产政策经济学更多的是在引发经济学家和文化遗产研究者的反思。

　　在《文化政策经济学》一书的最后,他向相关研究者发出了一连串的灵魂拷问:

　　　　我们正处在什么样的境地?

　　　　不同的利益集团、政策制定者联盟、学术派别、企业或者官僚权力联盟以及在象牙塔中的理论家们,都计划促使文化政策向有利于自身利益的方向发展。在这场角逐中,谁将占上风?①

---

① 原文详见:Throsby CD. The Economics of Cultural Policy [M]. Cambridge:Cambridge University Press, 2010, p. 235, 此处中文翻译由本文作者提供。

批判遗产

15

过去的他性

——《过去即异邦》导读

张力生　北京大学社会学系助理教授

一、"有关过去的沉思录"

美国学者大卫·洛文塔尔（David Lowenthal）于 1985 年出版的《过去即异邦》①一书，被认为是奠定"遗产"作为一个独立的学术概念及研究领域的关键著作。

1923 年，洛文塔尔出生于美国纽约，先后在哈佛大学和加州伯克利大学学习历史和地理，在写作《过去即异邦》之前，他一直在伦敦大学学院（UCL）地理系任教，主要的工作是在环境史、景观研究与文化地理学等领域②。然而，洛文塔尔最广为人知的身份是"遗产研究"的缔造者。他最著名的作品，《过去即异邦》，成书于洛氏在 UCL 荣休之后的第一年。

这是一部洋洋洒洒长达 400 页的大书，其中包括 1 800 条引用和 2 125 个脚注。这部"有关过去的沉思录"共分三个部分七个章节，从"渴望"过去、"了解"过去和"改变"过去三个角度，阐释了怀旧、传统、历史、记忆等西方观念史中有关人与过去之间关系的关键主题。

第一部分（第 1—4 章）"渴望过去"，考察过去的"异域风情"的由来，梳理西方思想史当中与欣赏过去、回到过去相关的理论脉络。欧洲自古便存在有关转世轮

---

① Lowenthal D. The Past Is a Foreign Country [M]. Cambridge：Cambridge University Press，1985.
② 有关洛文塔尔的生平背景与学术生涯，见：郭博雅. 寻求知识的统一：遗产研究先驱大卫·洛温塔尔 [J]. 文博学刊，2022(2)：108－114.

回、前世回溯的神秘主义传统,至 18 世纪,工业革命所带来的社会面貌空前改变使得新与旧、现在与过去之间的认知差异急剧凸显,自此,那个无法返回的过去反而凝结了更多关于"传统"的美好想象与道德慰藉,并由此衍生出一种对于物的旧化衰损,甚至废墟当中"岁月痕迹"的特殊审美。

既然无法回到过去,身处当下的我们只能通过过去物质的以及非物质的遗存按图索骥。书中的第二部分(第 5 章)便分析"探知过去"的三要素:记忆(memory)、历史(history)与遗迹(relics),以及三者之间的异同和联系。记忆与历史分别是个体与集体层面对于过往经历的记述,而都依赖于物质性的遗存而获得其言说过去的合法性。在第三部分(第 6—7 章),作者便探讨种种"遗产实践"作为"改变过去"的努力。对于过去的渴望,决定了遗产行为往往出自当下的目的。这种当下主义逻辑,使得占有过去与权力关系、身份政治紧紧绑定。

值得一提的是,现今学界通常视《过去》为"遗产理论"的开山之作,但遗产(heritage)并不是这本书最核心的范畴,该词在书中出现的次数只有 22 处,远不及"过去"(the past)或"历史"(history)。然而此书无疑对遗产研究的出现和兴起产生了重大影响。洛氏在书中探究的有关过去的一系列议题,实际上为理解其后所发生的遗产工业、遗产爆炸等现象做了理论上的准备。遗产其实是过去与现在分裂的一个后果,或者说它是过去/现在分裂在晚期现代全球化的社会背景下的最新表现。因此去理解遗产的问题,或者什么是遗产,或者去批判遗产时,要重回遗产概念的根源,即过去跟现在的关系。洛文塔尔此书最关键的贡献,是在现代观念史格局中阐释过去的他性(otherness),作为 20 世纪中后期欧美"遗产爆炸"的思想渊源。

《过去即异邦》一经出版,便立刻引起了英美人文学界的广泛关注。1992 年 10 月 31 日,英国曼彻斯特大学便邀请洛文塔尔参加一场以"过往即是异邦"(The Past is a Foreign Country)为题的辩论会。活动的组织方是"人类学理论辩论社"(Group for Debates in Anthropological Theory),由英国人类学家蒂姆·英格尔德(Tim Ingold)于 1988 年发起,每年召集不同的学者就一个人类学的理论问题进行辩论,到 1992 年已经是第五届。而作为正方辩手的洛文塔尔也成了第一个参加曼大人类学辩论的非人类学家。

二、时间的他者,他者的时间

为什么人类学理论重镇曼彻斯特大学举办的人类学理论辩论,会讨论一本有关"过去的"非人类学的著作?

这次辩论缘起于 20 世纪 80 年代起人类学对于民族志时间性的痛苦反思,认为传统民族志写作将研究对象置于一种认识论的"当下"进行描摹,而实际上将人类学家与他者在田野中的"相遇"永远定格在了时间上的"过去"。自 20 世纪 80 年代起,这样的传统愈发受到挑战。既然"民族志当下已死"[1],人类学当何去何从?"过去既异邦"这个有关时间的空间隐喻,恰好精准地概括了民族志时间性困局。于是也就有了"过往即是异邦"(The Past is a Foreign country)作为一个人类学理论的辩题的产生。

那么过往究竟是不是"异邦"? 是与不是又分别意味着什么?

如何认识"过往"与"当下"的关系成了这场论辩的核心,也引发了一场关于过去的"历史"视角与"记忆"视角之间的交锋:作为历史,过去我们身后不断远去,而如若作为记忆,过去将与我们同在,一直存在于我们的感知和行动中。

换言之,这次辩论反映的是一种关于过去的认识论分歧,在第一种意义上,过去随着"时光的箭矢"一去不返,始终与当下之间有着绝对的、不能逾越的隔阂,正如"异邦"作为一种空间隐喻所暗示的;而作为记忆,它实际上是构建性的。我们所有对过去的认知其实都基于当下,都基于我们当下的现在的经验,或者是现在的情感和现在的行为,这样的过去也就根本无法离开现在而存在。这两个视角的分歧,事实上在于在多大程度上接受现代性所带来的普遍当下主义(presentism),即当下在多大程度上主宰了人们对过去的认识,反之,即人们在多大程度上承认过去具有绝对的异质性[2]。

---

① Ingold T(ed). Key Debates in Anthropology [M]. London:Routledge,1996.

② Hartog F. Regimes of Historicity:Presentism and Experiences of Time [M]. New York:Columbia University Press,2015.

　　而洛文塔尔的研究路径有所不同。他强调,《过去即异邦》一书的目的恰恰不是要证明过去是或不是异邦。其目的是解释,过去究竟为何,以及如何"成为"异邦。

　　"过去即是异邦",这如同格言般隽永的短句,出自英国小说家哈特利(L. P. Hartley)发表于 1953 年的小说《送信人》(*Go-Between*),原句为"过去即是异邦,那里的人行事与我们不一样"①。洛文塔尔提出,理解"过往即异邦"的关键其实在原文的后半句,即"那里的人"为何行事与我们不一样?② 更具体地说,洛氏写作此书的目的是反思自 18 世纪末期以来,西方思想界对于过去的看法发生了怎样的转折,形成了如今过去—现在这一根深蒂固的二元对立,不论是在历史还是在记忆的层面上。

　　过去与现在的区分并非一直存在,相反,正如洛文塔尔试图向我们说明的:"在大部分历史时期,学者很少区分过去和现在,即便提及遥远的事件,也好像刚刚发生一样。直到 18 世纪,过去通常被认为与现在没有很大的差别。"而这是因为"人性应该是不变的,事件是由不变的激情和偏见驱动的",因此,不存在"行事方式"没有区别,"过去"因此也不是异国,而是"自己的一部分"③。

　　因此,洛文塔尔所处理的是过去作为"异邦"的他性(otherness)这一特殊的历史文化现象。正是这种"他性"——过去的"异域风情"吸引着身处"当下"的我们渴望踏上异邦。对过去的向往,也就是"怀旧"。如洛氏所说,如果"过往是异邦,那么怀旧就让那里成了旅游业最为发达的地方"④。

　　过去的"他性",是一种时间的"非我"。自启蒙时代,早期人类学者便试图通过了解"原始简单社会"来探知"人的过去"。因此,民族志"田野"不仅是地理上的异邦,也是时间上的过去。这种他性,构成了后来遗产实践以及研究的认识论前提,过往自此被作为一个客体,被物化(objectified)为遗产,被识别、命名、分类、保

① Hartley L. The Go-between [M]. London:Penguin Books, 1953.
② Ingold T(ed). Key Debates in Anthropology [M]. London:Routledge, 1996.
③ Lowenthal D. The Past Is a Foreign Country [M]. Cambridge:Cambridge University Press, 1985.
④ Lowenthal D. The Past Is a Foreign Country [M]. Cambridge:Cambridge University Press, 1985.

护。而这种他性缓慢地诞生于欧洲漫长的文化史当中,过去与现在的边界被逐渐描画得更为清晰。

三、古今之争

那么现在与过去间的界线究竟是如何出现的?

洛文塔尔认为,将"过去"作为他者进行审视,始于文艺复兴时期。在中世纪的欧洲,历史是一成不变的,人们的今天和昨天以前是一样的,时间的重复或连续大于变革。而在 14 世纪的意大利和法国,出现了与"当下"截然不同的、值得复兴的"过去"。人文主义者之所以选择古罗马,是因为古典时代与文艺复兴时期的时间上的遥远,赋予了古罗马一定的价值和崇高性。在当时的价值阶序中,人文主义哲学家把世界看作一个生命体。像任何生命一样,世界在被创造最初是最完备、最充沛的,它会随着时间的流逝而不断衰落。也就是说,人类的先民、我们的祖先越接近原点,肯定也是更完美、更有智慧的,因为有自然作为他们的向导,或者更高的超越作为他们的向导,而这种崇高性会随着时间逐渐衰弱,这也就是为什么需要重回古典时代。而对古典时代这样一种过去的树立,实际上标志了中世纪跟文艺复兴时代间的区隔,但这是我们站在后天的思想史中去看,而在当时,他们树立遥远的过去是为了跟当下进行割裂,也就是说,这场复古运动实际上是出于革新的目的。复古也就是为了使变革能够成为可能。在这里我们就能看到,当过去与现代被分开时,崇古与创新就变成了一体两面。

然而,人文主义者以复兴古罗马为名,实际为的是实践变革和创新,换言之,超越这个辉煌的过去。那么该如何复兴古典时代的辉煌? 它们之间是遥远的距离,我们在文艺复兴时期看人文主义者的重翻与阐释。这个过程中,文艺复兴的仿古或者说文艺复兴时期对于过去的追求,事实上是带创造性的,就像彼得拉克(Francesco Petrarca)所说的高明的模仿者,他们的创作与原作相似,但不是肖像跟模特之间的相似性,不是追求单纯的一致,而是要像儿子和父亲一样,保有最基本的共同点,但还应有创新,有进步。彼得拉克认为,如果借用一个人的观念和风格,模仿的痕迹就可以隐藏得很深,就是一种高级的模仿,但如果是照搬这种绝对的模仿,就是一种比较低劣的仿古。这种高明和比较拙劣的模仿对应于伊拉斯谟(Desiderius Erasmus)所说的模仿(imitation)和模拟(emulation),模仿也就是单纯追求一致性、"像",而模拟则要求模仿所创造的这个东西要胜过原型。因此古典主义的这种崇古风尚与人文主义的崇尚个人独立性和个人创造力的价值取向之间,实际上是一体两面的关系。

因此,对于人文主义者来说,与过去的距离变得至关重要,因为只有对"古典"推崇备至,才能够彻底否定,或者说彻底与近在眼前的中世纪遗产划清界限,因为时间上的距离过于遥远,古罗马的传统必须由 14 世纪的人文主义者重新"翻译",而在这个过程中,人文主义者对于古典的"复兴"是一种"创造性的服从"(creative obeisance)①。

人文主义者对古典的崇敬,并不意味着人文主义者认为过去更为优越。相反,它培养了文艺复兴时期的信心,认为现代人可能超越古代的伟大。学者们从遥远的过去汲取营养,但又不甘与古为徒。那么,就出现了问题,既然"复古"或者"复兴"是一种创造性的行为,不就与人类文明普遍衰落的前提形成了背反? 到底是新创造出来的好,还是过去的模仿对象更好?

崇古与革新间的矛盾长期不能解决,由此引发了 17、18 世纪欧洲知识界的"古今之争"(Querelles des anciens et des modernes)。这场文化辩论最先爆发于 17 世纪初的意大利,主要发生在法国和英国,在其他欧洲国家也有回响。在 17 世纪末达到高潮,整个欧洲知识界分裂为两个阵营: 崇古派(les anciens)与厚今派(les modernes)②。前者,继承了文艺复兴的崇古传统,认为人类如同自然界的万物一样,都无法逃脱"普世的衰落"(universal decay),因此人类最高的文明成就一定发生在过去;而针锋相对的厚今派则主张,古人与今人分享同一个丰饶、稳定、欣欣向荣的自然,今人不但能够媲美古人的辉煌成就,并且能够在前人的基础上继续前

---

① Lowenthal D. The Past Is a Foreign Country [M]. Cambridge: Cambridge University Press, 1985.
② 张颖. 古今之争与 17 世纪法国古典主义美学之衰落 [J]. 美育学刊, 2017, 8 (01): 1-13.

进,进步"不仅是可能的,而且是必然的"①

1687 年,著名的厚今派干将夏尔·佩罗(Charles Perrault)曾在法兰西学院宣读他的一首诗《路易大帝的世纪》(*Le siècle de Louis le Grand*)。诗中这样写道:

> 美好的古代总是令人肃然起敬,
>
> 但我从来不相信它值得崇拜。
>
> 我看古人时并不屈膝拜倒:
>
> 他们确实伟大,但同我们一样是人;
>
> 不必担心有失公允,
>
> 路易的世纪足可媲美美好的奥古斯都世纪②。

看似赞美君王,实际上反映了过去与现在价值的完全颠倒。夏尔·佩罗假借称颂路易大帝,提出了对崇古派的打击。

到启蒙运动时期,随着印刷品的普及、自然科学的发展、传教士/探险家的地理大发现,"古今之争"以厚今派的胜利而告终,进步主义史观形成,这一下让古人与今人的关系发生了反转。如霍布斯所说,放置在文明进步线性坐标轴上,过去所尊崇的"祖先"变成了文明成长过程中的"幼年"。古典传统逐渐被视为自然科学进步的绊脚石,弗朗西斯·培根就多次对"古人的智慧"进行批判与反思,他在《新工具》中直言:"新的发现必须求助于自然之光,而不是古人的蒙昧。"③

进步主义的线性史观不断地被当时的自然科学的突破所证实,尤其在 19 世纪初叶,一系列地质学和考古学的发现,证明了人类的历史远远超过基督教神学时间观念中所描绘的 4 000 年之限。当时的地质学的发现就已经证明地球的历史有至少 10 万年。著名的法国考古学家德佩斯(Jacques Boucher de Perthes)发现人类的

---

① Lowenthal D. The Past Is a Foreign Country［M］. Cambridge：Cambridge University Press，1985. p. 88.

② Lowenthal D. The Past Is a Foreign Country［M］. Cambridge：Cambridge University Press，1985.

③ 张沛. 培根的寓言［J］. 外国文学评论，2013(1)：180－191.

遗骸与比人类之前认识的已经灭绝的动物出现在同样的地层中,用科学的方法证明了人类远古历史的存在,打破了 17 世纪爱尔兰主教詹姆斯·乌雪(James Usher)所框定的基督教神学时间观念①。1859 年,英国地质学家查尔斯·莱尔(Charles Lyell)在第 29 届不列颠学会的报告上宣布了这些考古成果,同时也宣告了几个月之后达尔文《物种起源》的出版,莱尔自己随后也出版了从地质学证明人类的远古历史的著作。自此,一套人类从简单到复杂逐渐演化,从简单的过去到复杂的现在的进步史观正式成型,也宣告了在自然科学领域"厚今派"的完全胜利。

四、"过往之死"

然而在这个过程中,艺术与科学的发展并不是完全同步的。"古今之争"所加剧的过去与现在之间的分歧,逐渐转化成仍然崇古的艺术与崇尚变革和创新的自然科学之间的对立。自 17 世纪末,古今之辩逐渐演变为艺术(arts)与科学(sciences)之间的对立。

洛文塔尔给出的解释是,因为科学是累积的成就,而艺术需要独立的创作,也就是说艺术创作的基点永远是不变的,而科学在当时不断地累积,可以快速地发展,而理性与技术的进步反衬了感性与审美的衰落。

在艺术界崇尚过去,在崇古和怀旧的传统之下,认为物质文明的发展限制了艺术的激情和审美标准,它仍然是逐渐衰败的波形。这时候文学艺术就开始将目光投到过去,17 世纪末到 19 世纪初,新古典主义和浪漫主义的思潮中对于过去的崇拜或者对过去的怀旧,对过去的浪漫化、理想化的歌颂就成了处理现代性的理性和技术所带来的社会变革的一种解药。例如维多利亚时期英国文人托马斯·哈代(Thomas Hardy)便自诩为"威塞克斯的埃斯库罗斯"(Aeschylus of Wessex),马修·阿诺德(Mathew Arnold)用长诗《索赫拉布与罗斯塔姆》向荷马致敬②。

---

① Trautmann T. The Revolution in Ethnological Time [J]. Man, Vol. 27, No. 2, 1992, pp. 379−397.
② Lowenthal D. The Past Is a Foreign Country [M]. Cambridge: Cambridge University Press, 1985.

　　而吊诡在于,浪漫主义文学的崇古风尚恰恰是对中世纪的浪漫化,即对过去的全新发明。有意思的是,18世纪英国浪漫主义文学的代表人物,历史小说之父沃尔特·司各特(Walter Scott),这位最善于描绘英国中世纪风貌的苏格兰文豪,也是苏格兰第一个用煤气灯的人。

　　纵使自然科学取得如何的发展,古典艺术是无法超越的,雪莱曾说古希腊的遗存是"现代艺术的绝望";乔治·艾略特(George Elliot)如此形容佛罗伦萨:"面对远古先贤的壮举,陷入了一种无所适从的羞耻境地,再也无法鼓起勇气再进行创作";更有甚者,法国作家司汤达(Stendhal)在1817年首次造访佛罗伦萨后不能自已,在游记《罗马、那不勒斯和佛罗伦萨》中如此描述自己的状态:"一想到我竟如此靠近那些伟人,我就欣喜若狂。我沉醉在对此神圣之美的沉思中,濒临升仙之境。……这叫我心悸……生命力从我身内流走,让我连走路都摇摇欲坠。"①后世形容人观赏艺术品时的激烈反应,便引这位法国作家之名,称为"司汤达症候群"(Stendhal Syndrome)。

　　也正是在这个时期,怀旧(nostalgia)一词在欧洲流行起来。这个在17世纪被描述为"因人脑持续受兽性搅扰"而产生的精神症候②,逐渐演变成现代性发展过程中不断向往辉煌和崇高过去的乡愁。希腊学者纳迪亚·赛瑞麦忒克斯(Nadia Seremetakis)写到,怀旧(nostalgia)一词的词源,是希腊语动词 nostalghía。这个词由 nostó 和 alghó 两部分组成。nostó 的意思是归乡;其名词形式 nóstos 的意思是归乡的旅程,alghó 的意思是感到痛苦、渴望痛苦,其名词 alghó 则表达灵魂和身体上的灼痛③。因此,nostalghía 是带着强烈的痛苦对回归的渴望。并将精神和身体放逐的痛苦经历与成熟和成熟的概念联系起来。从这个意义上说,怀旧是痛苦的身体和情感之旅。而那个回不去的"过去",已经彻彻底底成为一个"异邦"。

---

① Lowenthal D. The Past Is a Foreign Country [M]. Cambridge:Cambridge University Press, 1985.

② Anspach C. Medical Dissertation on Nostalgia by Johannes Hofer, 1688 [J]. Bulletin of the Institute of the History of Medicine, Vol. 2, No. 6, 1934, pp. 376-391.

③ Seremetakis C. Sensing the Everyday:Dialogues from Austerity Greece [M]. London:Routledge, 2019.

　　自此,不论是艺术的复古还是科技的革新,都让过去与现在之间裂痕和界限越发明显,工业革命与法国大革命带来的社会图景的剧烈变迁,使过去逐渐沦为前工业时代的"念想"、逃避和慰藉,而不再能为理解当下提供答案。

　　"过往已死",洛文塔尔宣告,这个死亡意味着"过去"在"智识层面的坍塌"(intellectual bankruptcy)①。作为规范的"过去"被彻底打破,昭示着"当下"的权威与合法性。正因如此,过去的"重生"成了可能,因为"即便重生,过去也不会威胁当下"②。换言之,过去成了纯粹的知识,成了历史的遗产,成了今天的拟真(simulacrum),可以依照当下的需求被表征和再造,至此过去完全成了当下的人可以认识、欣赏、保存的对象,在这样的前提之下,遗产保护,也即"保护过去",诞生了。

五、过去的他性与遗产逻辑

　　后面的故事我们就更加熟悉了。"遗产"作为一个世界现象的历史,肇始于19世纪中晚期的欧洲,当时法国、英国率先提出要对古物,尤其是古建筑进行保护。1877年,英国诗人、艺术家威廉·莫里斯(William Morris)创立了古建筑保护协会(Society for the Protection of Ancient Buildings)并发表古物保护宣言,反对的是新古典主义对于古建筑泛滥的重建。他认为不应该完全重建,而是应该保留同一个建筑所经历的不同年代留下来的痕迹。重建是当时新古典主义和浪漫主义对古典时期的向往的体现,表现在建筑上,就是要他们重新获取古典主义建筑的支持,要修建得跟过去一模一样。而莫里斯认为,"保护"的目的一定是把东西留下了当作过去与现在区别的证据或者纪念碑,它与当下的记忆是分开的,只有这样才能允许新的记忆产生③。也就是说,保护一定意味着有选择地保留,也就一定意味着有所

---

① Lowenthal D. The Past Is a Foreign Country [M]. Cambridge：Cambridge University Press，1985.
② Lowenthal D. The Past Is a Foreign Country [M]. Cambridge：Cambridge University Press，1985.
③ Morris W. Manifesto of the Society for the Protection of Ancient Buildings，[2024－04－19] https：//www.marxists.org /archive /morris /works /1877 /spabman.htm.

舍弃,如此才能够为创新与进步提供空间。保护的目的实际上正是展示这种区别,保护的目的其实是展示过去与现在变得不一样的过程。保护的目的是把遗迹留下当作是过去的纪念碑,当作是过去的他性的物质性证据。

2019年,美国学者凯特琳·德西尔维(Caitlin DeSilvey)出版了《凝固的衰朽:无法保存的遗产》①。书名精炼地诠释了19世纪遗产保护的最初逻辑,即通过精心保护并展示物质性损朽的过程,以彰显过去与现在的区别,也即"遗产价值"的根源。

在出版《过去即异邦》之后10多年,洛文塔尔出版了第二本关于遗产的书《遗产十字军与历史的战利品》②。这两本书出版中间间隔的时间,正是联合国教科文组织的世界遗产在世界范围内被不断接受,不断推行,以及遗产爆炸,或者遗产作为和旅游相关的产业在全世界范围内被不断推进的过程。显然在处理了"过去"的问题之后,"遗产"正式成了洛文塔尔新书的核心范畴。这两本书的开头如出一辙,《过去》以"过去无处不在"(The past is everywhere)开篇,而《十字军》开头是"遗产无处不在"(Heritage is everywhere)。正是因为过去现在形成了区别,就产生了现在对于过去的渴望。但正是这种不可知,或者这种他性、异质性,产生了无限地去了解那个地方的渴望,我们就会产生无限的关于那个地方的产品,可能会产生无限的对那个地方的想象、叙事或者复制品,这个东西就是遗产。我们试图用它来遮掩、处理与规避现在和过去之间的绝对的他者性。这也是为什么"遗产"概念的范畴会越来越大,从最初的建筑遗产,或者有形遗产,到自然,到景观,再到非物质。遗产的类型学的逻辑在不断扩大,但又不可能扩大到全部,如此就形成了一个矛盾循环,才导致我们今天理解遗产现象的一些困境。

在这样的前提下,洛文塔尔就更直接地开始对遗产工业的批判。他对于批判遗产研究的启发建立在他对过去与现在之间关系的处理上,那么他在《遗产十字

① DeSilvey C. Curated Decay: Heritage beyond Saving [M]. Minneapolis: University of Minnesota Press, 2019.

② Lowenthal D. Heritage Crusade and the Spoils of History [M]. Cambridge: Cambridge University Press, 1998.

军》这本书中很明确地区分了"历史"和"遗产"之间的关系,指出遗产不是历史,而是对过去的一种美化和庆祝①,而历史是去探索和解释随着时间的推移越来越模糊的过去,也就是说历史仍然在直面过去的他性这样一个过程中,即便过去的他性无法被克服。相反,遗产是将过去变得越来越简单,变得越来越容易理解,也正因如此,它更具有迷惑性。

回到《过去既是异邦》。与其他的 20 世纪 80 年代中期关注遗产现象的学者不同的是,在这部被很多人认为是遗产理论的开山之作的经典当中,洛氏的问题意识更多的是从观念史角度出发,将遗产作为一个新概念是如何从过去与现在关系的一整条脉络当中进行呈现的。

参考文献

［1］张沛. 培根的寓言［J］. 外国文学评论, 2013(01): 180 - 191.

［2］张颖. 古今之争与 17 世纪法国古典主义美学之衰落［J］. 美育学刊, 2017, 8(01):
1 - 13.

［3］Anspach C. Medical Dissertation on Nostalgia by Johannes Hofer, 1688［J］. Bulletin of
the Institute of the History of Medicine, Vol. 2, No. 6, 1934, pp. 376 - 391.

［4］DeSilvey C. Curated Decay: Heritage beyond Saving［M］. Minneapolis: University of
Minnesota Press, 2019.

［5］Hartog F. Regimes of Historicity: Presentism and Experiences of Time［M］. New York:
Columbia University Press, 2015.

［6］Ingold T(ed). Key Debates in Anthropology［M］. London: Routledge, 1996.

［7］Lowenthal D. The Past Is a Foreign Country［M］. Cambridge: Cambridge University
Press, 1985.

［8］Lowenthal D. Heritage Crusade and the Spoils of History［M］. Cambridge: Cambridge
University Press, 1998.

［9］Morris W. Manifesto of the Society for the Protection of Ancient Buildings, ［2024 - 04 -
19］https://www.marxists.org /archive /morris /works /1877 /spabman.htm.

---

① Lowenthal D. Heritage Crusade and the Spoils of History［M］. Cambridge: Cambridge University Press,
1998.

［10］ Seremetakis C. Sensing the Everyday：Dialogues from Austerity Greece ［M］. London：Routledge, 2019.

［11］ Trautmann T. The Revolution in Ethnological Time ［J］. Man, Vol. 27, No. 2, 1992, pp. 379 - 397.

16
用变化抵御变化
——《遗产产业：衰退中的英国》导读
郭博雅　同济大学建筑与城市规划学院

一、作者及书籍简介

罗伯特·休伊森（Robert Hewison），出生于 1943 年，是研究英国文化的历史学家。他著作等身，但绝大部分时间是一个自由作家和策展人，从 1981 年起为英国《星期日泰晤士报》供稿。休伊森最负盛名的专长是对约翰·罗斯金（John Ruskin，1819—1900）的研究。在 1976 年他出版了自己的第一本书《约翰·罗斯金：关于眼睛的讨论》，1978 年出版了《罗斯金与威尼斯》，随后他的兴趣转向了英国文化史，主要兴趣是战后文化。截至 2022 年，他已出版 33 本著作，发表上百篇评论文章。

休伊森 1987 年出版的《遗产工业：衰退中的英国》（*The Heritage Industry: Britain in a Climate of Decline*），是他"1939 年以后的英国艺术"系列著作中的一本。这本书聚焦在英国战后文化生活中最重要的特点——迷恋过去，并在时间的迷宫中找寻一条重新定位遗产的途径。本书主要书写了英国 70 年代开始兴起的三种遗产产业：博物馆、遗产中心和乡村别墅，分析了其社会文化背景和制度支撑，并提出了"遗产不是历史""遗产成了一种产业，这种产业终将破坏国家创造力和经济"的重要观点。这本书对于遗产研究领域最重要的贡献之一就是提出并定义了"遗产产业"（heritage industry）。通过"清洗"和"商业化"过去，遗产产业将过去变成了遗产——一种可以售卖的生意，来应对衰退的经济和文化环境。这种产业主要是自上而下主导的，服务于中产对于黄金年代的乡愁。遗产产业不仅是衰退社会下的产物,也更加恶化了国家的创新环境。

在 20 世纪 80 年代,学者们注意到了一种对历史的反动性的回溯——高速增长的遗产地、博物馆和充满了对过去偏见性理解的叙事。在对这个现象的探索中,大卫·洛温塔尔(David Lowenthal)、帕特里克·赖特(Patrick Wright)和罗伯特·休伊森是开创批判遗产保护领域的三驾马车。相关著作包括洛温塔尔的《过去即异乡》(*The Past is a Foreign Country*,1985)、赖特的《生活在一个古老国家》(*On Living in an Old Country*,1985)。不同于在此之前对于遗产偏向技术和政策方面的实用性分析,批判遗产保护领域强调对遗产的政治文化社会层面的剖析,以及从知识论上批判性地反思遗产为何以及如何被"生产"、遗产与历史的关系、谁的遗产、应不应该保护遗产等本体论话题。

二、遗产为何及如何成为产业

书的开篇由一位作者对英国 80 年代公共文化生活的敏锐观察所引出: 每周都能听闻在英国的某个地方,一个新博物馆开门了。然而,作者并没有简单停留在对博物馆所代表的教育文化价值的赞赏上,而是强调博物馆数量的增加是国家想象力死亡的象征,象征着国家的衰退。"他们代表着一个迷恋于过去而无法面对未来的国家的形象,"伊森如是说①。博物馆不再是一个中性的文化机构,而是深刻影响大众对于"什么可以成为历史或者艺术"的看法。虽然博物馆是讲故事的地方,但它自身的存在和发展也是一个值得被推敲的故事。

博物馆不能简单被看作是一个华丽的殿堂,它属于一种深刻的、更大的文化力量。这股文化力量被休伊森定义为"遗产产业"。这是"遗产"和"产业"两个词首次被组合在一起,遗产之所以成为一种产业,是因为它不仅消耗了大量的公共和私人资源,并且人们也越来越期待遗产可以代替这个国家真正的工业。所以我们开

---

① Hewison R. The Heritage Industry：Britain in a Climate of Decline ［M］. London：Methuen London，1987, p. 9.

始像"制造商品"那样"制造遗产"。吊诡的是,即使无人能够说清楚"遗产"究竟是什么,甚至在国会法案中也无清晰的定义,但每个人都渴望售卖这种商品,尤其是那些不再能够依赖政府资助的文化机构们。因此,任何事物都可成为遗产,遗产也可以钻进任何一种商品成为其代言人,一种依托于此的产业便应运而生。

通过重访维甘码头(Wigan Pier),休伊森向读者呈现了一个与乔治·奥威尔笔下1930年代煤炭工业衰退下的维甘码头窘境完全不同的后工业小镇。在各级政府、文化机构和行业协会的帮扶下,维甘码头进行了一系列工业遗产改造和文化介入,通过展览、表演和旧时重现,回到维甘工业发展最鼎盛的1900年代。维甘码头也由此成了有价值的资产。维甘码头的遗产化并不是孤例,可保护和更新的对象扩展到整个人造环境和自然环境,过去像藤蔓似的攀爬在人们身上。遗产产业有着巨大的市场规模和潜力。

而为什么"遗产产业"会在80年代开始兴盛?作者分析,80年代正是经济下行的时候。从经济的角度理解,当传统工业无法提供给国家足够的经济活力之时,文化的经济潜力就开始得到重视并被利用。在社会心态的层面上,60年代"垮掉的一代"反主流文化产生的身份认同的混乱,叠加上70年代对经济衰退现实的不满,激发了对美好过去的向往和回忆。乡愁是对未来的一种否定。此外,从50年代到70年代,战后重建、婴儿潮和快速郊区化,使得人们对住房的需求急剧增加。大量拆旧建新活动如火如荼地展开,快速的变化导致了人们与过去生活的断裂。社会学家注意到了一种定位感和身份认同的消融——即人们无法用有形的方式表达自己的身份认同。而大量公共住宅项目和城市规划的失败,导致了一群人对于建筑行业信心的丧失。在这个背景下,乡愁和对遗产保护的呼吁成为人们适应变化的一种手段。

但是,具有乡愁作用的记忆并不能和历史事实划等号。在个体层面,人们会美化和扭曲记忆以克服对当下的焦虑;在集体层面,记忆提供社会族群认同的链接;在国家尺度,记忆常被操纵,来创造民族神话。因此,遗产的主要目的并不是呈现史实物料,而是提供一种情绪,一种象征的主题,用于稳定和统一社会。从这个角度上说,遗产在政治上是保守的。它不仅被右翼利用,也可以被左翼利用,达到特有的目的。

三、遗产产业的负面影响

休伊森认为,"过去"是一门生意。然而"过去"也不只是一门生意,它回应了一种更深层的社会文化需求：乡愁。乡愁是一种亘贯于不同历史时代的一种文化情绪,比如文艺复兴和启蒙时代中也有大量对古典主义和中世纪主义的追溯和复兴。但不同的是,前现代的乡愁旨在利用古代元素进行再创造,而现代的乡愁通过利用原真性与商品经济深刻地纠结在了一起。

遗产产业爆发的背景在欧美的后工业化时期,同时也是全球化和跨国资本市场发展的初期。快速变化成为这段时期最显著的特征。更广泛的商品流通、更大幅度的移民和迁徙带来的不稳定感和现代性,给乡愁——一种时间和空间的稳定剂提供了生长的温床。通过创造一种被美化和凝固的过去,人们仿佛来到了乌有之乡——在这里时间和生活很宁静,一切令人不安的变动都无迹可寻。相比于遗产产业的经济功能,其社会功能也同样显著。

休伊森对"遗产产业"发起了批评,不仅仅是因为这个产业的很多产品都是关于一个不曾存在过的世界的幻想,也不仅仅是因为它涉及 20 世纪民主进程中对被抛弃的社会价值的保护,更是因为"遗产产业"是在加剧而不是在缓解经济衰退。这一个观察背后的逻辑其实很清晰：如果我们只能靠献祭一个美化的过去来提振当下,那么我们的今天只会比过去更糟糕,社会的创意和活力将会消耗殆尽。对于休伊森来说,经济政治是由文化调节的。遗产政治、遗产文化,以及他们对经济的相互作用,是 1945 年以来现代化和衰退的双重破坏导致的深层社会动荡的产物。

四、民族认同、新自由主义与国家制度

休伊森将 70—80 年代英国的遗产产业看成是右翼用来愚弄大众的把戏。在常见的例子中,国家经常通过建立一个被"清洗"过的过去,和/或用一种权威式的叙述"历史"的方法,建立自己的执政合法性、公民的身份认同,获得稳定和新的经

济增长点。在 70—80 年代的英国,这个权威的历史话术常常伪装成遗产产业的产品,并通过大众媒介的传播发挥其作用。这跟英国遗产产业的特殊制度和撒切尔夫人所属的英国保守党所引领的新自由主义盛行相关。

另一点值得注意的就是批判遗产研究在 70—90 年代的大部分重要作品,都是在英国语境下产生的。这跟英国相对独特的政治体制和国家命运息息相关。英国以政府为主导的遗产保护产业是从 1947 年的《城镇及乡村规划法案》(*Town and Country Planning Act*)和 1953 年的《历史建筑和古迹法案》(*Historic Buildings and Ancient Monuments Act*)才开始的,比法国、德国等欧陆城市晚了大约百年。这些法案和政策对博物馆之外的遗产产业影响也甚微。原因是英国的遗产保护运动先由志愿组织发起,有着较强的精英社团属性。

书的第三章呈现了一种英国较为特别的遗产保护的制度支撑。国家的遗产保护行动,无论是通过环境部(1970 年成立以处理住房和本地政府部、公共住房和事业部、交通和规划部的冲突利益)还是一些类政府组织(Quasi-Autonomous Non-Government Organisations),都需要跟独立的志愿组织展开合作。一种公私合作的混合保护模式逐渐在英国建立起来。其中,一个最重要的志愿组织是英国国民托管组织(National Trust),它的合法性由国会法案(*Acts of Parliament*)承认。国民托管组织是英国最大的私人土地所有者。在 1986 年 12 月,国民托管组织拥有540 000 英亩土地、470 英里海岸线和 292 个对公众开放的地产。它是一个具有强大公共功能的私人机构,依靠捐赠、门票收入、会员订阅费、农场收入和其他投资收入来维持对遗产地的运营和管理。这个机构代表着一种自我延续的寡头政治(self-perpetuating oligarchy),象征着精英的文化价值、社会地位和生活方式。休伊森在第三章说明了正因为国民托管组织代表了上层统治集团和个人主义的价值观,大量的乡村别墅(country house)通过税收减免和其他资助方式得以保留。乡村别墅是英国国家遗产的符号象征之一,代表了英国贵族阶级的特权,以及他们对资本主义带给城市的脏乱和污染的厌恶。而英国国民托管组织的成立就和自然和乡野景观密不可分,英国国民托管组织 1895 年在英国贸易委员会(Board of Trade)注册之初的名字就是"英国历史古迹或自然景观国民托管组织"(The National

Trust for Places of Historic Interest or Natural Beauty）。除了获得经济上的便宜和便利，乡村别墅和庄园的保护更加强了精英文化的延续和其对公众的影响力。

在这项旨在"回归传统"的文化潮流中，国家和保守政党成功地将政治意志和自由经济紧密地结合在一起。在 1983 年首相选举的准备阶段，撒切尔夫人开始举起"维多利亚价值"的大旗，致力于将自己的政治目标和维多利亚时代的传统联系在一起，以重塑选民对一个不稳定的经济现状的信心。休伊森举了伊夫林·沃（Evelyn Waugh）的著名小说《故园风雨后》（*Brideshead Revisited*）的例子，说明了社会是如何通过小说和小说改编的影视剧的传播，将乡村别墅和庄园所象征的国民乡土情结和对自然风景的向往，转变为国民身份认同的核心。然而乡村别墅和庄园所代表价值的实质，是英国贵族土地私有制和精英社会文化。由此，保守主义政府、撒切尔夫人将自由市场和维多利亚价值嫁接，并以前者作为后者的最佳掩护。在第五章，休伊森叙述了 80 年代的艺术委员会（Art Council），一个主要促进当代文化但饱受经济政治压力的政府机构，佐证了国家在艺术资助方面的矛盾角色。

五、变化和包容性

休伊森并非反对博物馆等文化遗产机构的存在，而是警惕过去被再现和叙述的内容和方式，因为，"遗产不是历史"①。他指出了两种互相缠绕的批判遗产话语：一种是批评对历史的错误和不准确的理解和再现，这种错误和不准确是可以被修正的；另一种是批评基于一种准确的对历史事件的理解的乡愁和焦虑，这种乡愁和焦虑让人们无法直面和关注未来。

对此，休伊森的解决方案是用一种批判性的、使过去和当下可以进行对话的遗产文化代替现有的腐朽的遗产文化。过去和当下的对话，是指意识到当下对过去

---

① Hewison R. The Heritage Industry：Britain in a Climate of Decline [M]. London：Methuen London，1987, p. 10.

的塑造作用,接受这一点,并且改善它。而批判性,指的是遗产的价值不能由一小部分人通过服务于精英或权贵阶级的文化机构来决定。这样的价值是高度排他和封闭的。相反,批判性的遗产应该是接受冲突和变化的开放社群来合作完成的。"真诚的传统"(genuine traditions)可以在代际中被不断更新,添加新的想法和价值。休伊森认为这样的批判性的文化业已存在,但并没有被文化机构所重视。他在书的结尾提供了批判文化存在的三个条件:一是将艺术家作为创造者的功能和他们作为财富或工作创造者的功能分开(破除资本主义的影响);二是接受艺术家的创造力和想象力是应该被放飞的,来探讨当下而不是过去的(解放反动思想);三是关于艺术家自己的责任,即打破过去的枷锁,揭露当下现实,并重新发现他们的创造力以重塑未来(破旧建新)。

最后,一切的一切都落在了"当下"和"变化"上。为了当下的生活,人们需要做出改变;同样为了当下的生活,人们把时间的凝固视作改变。通过窥探和体会建成环境的变化,我们也在试探着社会变化的温度。在第二章"衰退的氛围"的结尾,休伊森点了题:

> 但是,这里的悖论是,我们用于抵御变化的方式之一是变化本身:通过乡愁的滤镜我们改变了过去,通过保守力量的推动我们试图改变当下。然后问题已不再关于我们是否应该保护过去,而是关于我们选择保护何种过去,以及为了当下做了什么。[1]

六、对《遗产产业》的批评

《遗产产业》刚出版时,批判遗产研究领域尚未兴起。这本书可以被粗略地放在文化研究的板块下。休伊森引用了大量不同来源和类别的数据,包括官方文件、

---

[1] Hewison R. The Heritage Industry:Britain in a Climate of Decline [M]. London:Methuen London,1987, p.47.

历史文献、文学作品、社会评论、大众媒体、流行文化现象等。另外,本书还引用了丹尼尔·贝尔(Daniel Bell)、马歇尔·麦克卢汉(Marshall McLuhan)、克里斯蒂·戴维斯(Christie Davies)等文化研究领域的学者。因此,我们可以认为,休伊森主要使用了文化研究的方法,很可能受到了60—70年代英国伯明翰学派文化研究思潮的影响。英国70年代后的文化研究主要走左派路线,关注资本主义和商品化是如何重塑大众与文化的关系的。作为文化的一个重要部分,遗产也无法豁免被深嵌于资本主义逻辑之中。更具体来说,此处的资本主义是在80年代西方经济衰退的背景下,国家推动的一种新自由主义经济、回归民族主义和精英政治的保守社会经济氛围下。于是,本书的基本脉络,是将历史和遗产的边界清晰地划分出来,把遗产研究置于文化研究的大框架下,从批判商品化和新自由主义的角度,来批判遗产在当代英国中的文化作用。

80年代是遗产研究方兴未艾的时候。三驾马车中的其他两驾马车——洛温塔尔和赖特,也从其他例子中佐证了休伊森“遗产不是历史”的核心论点,也都保持着对文化资本主义和商品化的警惕。然而,休伊森、洛温塔尔和赖特都属于英国文化界的精英阶级。他们的研究在一定程度上都代表着“高文化修养”(high brow),钟情于历史学家对所谓历史事实的准确及高屋建瓴的解读,而缺乏对大众的、日常的文化经验的深层体恤。例如,休伊森在第六章“过去的未来”中讨论了后现代主义思潮与遗产工业的关系。他将后现代主义和媒介及其对图像的利用阐释为一种“浅薄的屏幕”(shallow screen),将“真实经历”(real experience)替换成“伪事件”(pseudo-events)和“虚假的历史”(bogus history)。

这样的观点招致了英国历史学家拉斐尔·塞缪尔(Raphael Samuel)的批评。塞缪尔反对休伊森“我们需要转向一种对遗产的中性的解读以降低右翼利用遗产来强化威权”的主张。他认为像休伊森这样的都市知识分子(metropolitan intelligentsia)最喜欢的一项活动就是“遗产诱饵”(heritage-baiting),指的是找出遗产产业里充满“刻奇”(kitsch)、滥用历史的那“国王的新衣”的部分。塞缪尔认为遗产被批评和攻击不是因为它太历史了,而是因为它不够历史(not historical enough)。这里回到了对“什么才是历史的”史学争辩:知识分子认为只有书才是

严肃的知识,任何图像和有形的物质都不能被当作严肃的史料来对待。塞缪尔认
为这样的偏见导致了学者对遗产的敌意,并导致了历史和遗产的势不两立。这某
种程度上也象征着精英历史和民间历史的对立。虽然塞缪尔同意遗产是政治化
的,但是他批评休伊森所强调的"中性解读"本身就暗示了其精英主义的立场——
即受过学术训练的历史学家才有可能做到不偏不倚的解读。然而,学术和其代表
的传统和价值观也并非去政治化,因此将遗产还给人民,交由那些真正创造历史的
普通人们,才是应取的原则①。

参考文献

[1] Bell D. The Coming of Post-Industrial Society：A Venture in Social Forecasting ［M］.
London：Heinemann, 1974.

[2] Davies C. Permissive Britain：Social Change in the Sixties and Seventies ［M］. London：
Pitman, 1975.

[3] Hewison R. The Heritage Industry：Britain in a Climate of Decline ［M］. London：
Methuen London, 1987.

[4] Lowenthal D. The Past Is a Foreign Country ［M］. Cambridge：Cambridge University
Press, 1985.

[5] McLuhan M. Understanding Media：The Extensions of Man ［M］.1st ed. New York：
McGraw-Hill, 1964.

[6] Samuel R. Theatres of Memory ［M］. London and New York：Verso, 1994.

[7] Wright P. On Living in an Old Country：The National Past in Contemporary Britain ［M］.
London：Verso, 1985.

---

① Samuel R. Theatres of Memory ［M］. London：Verso, 1994.

17

遗产的复数用法与其反思

——《遗产之用》导读

罗 攀 中国民族博物馆副研究馆员

一、作者简介

劳拉简·史密斯(Laurajane Smith)毕业于悉尼大学,她最初学习考古学,后来更趋向于以跨学科的方式开展遗产与博物馆研究,尤其深受社会学与人类学影响。她长期关注遗产政策、遗产表征与遗产管理,自 2009 年以来一直担任《国际遗产研究杂志》编辑。2010 年开始,她任教于澳洲国立大学,目前任遗产与博物馆研究中心主任。《遗产之用》(*Uses of Heritage*)是劳拉简·史密斯的代表作。该著作被认为是批判遗产研究领域的开创性作品。史密斯挑战了将遗产简单地视为物或具有自然性的遗址的观念,旗帜鲜明地指出了"权威遗产话语"(AHD)的存在,同时深挖了"遗产"与遗产话语在身份与记忆政治中的工具性作用。该书还认为遗产"是一种多层次的表演……它体现了缅怀和纪念行为,同时……在当下构建了一种地方感、归属感和理解感"①。因此,遗产应被视为一种涉及一系列价值观和理解的构建和规范的文化实践,其真实性来自人们在日常生活中为其构建的意义。

二、成书背景

人们为何参观各类遗产? 学者如何定义或管理遗产? 遗产的"拥有者"们又如何经历、体验遗产? 这些细碎的问题导向更为严肃的质疑: 何为遗产的本质? 过

---

① Smith L. Uses of Heritage [M]. Abingdon: Routledge, 2006, p. 6.

去又是如何在当下被构建并利用的? 更有甚者,当"文化遗产"这个概念如此自然而然且深入人心,是否那些关于价值的设定也可能画地为牢,形成霸权,让"过去"的价值支离破碎? 所有的质疑,即指向本书讨论的核心:遗产之用。用,是"使用"(实践),是运用,也是涉及遗产的不同层级的人与机构对"遗产"概念的利用。

《遗产之用》成书于 2006 年。彼时"遗产"相关的国家法律和国际技术日益进步与巩固,"遗产研究"这一多元的跨学科领域分外活跃,而"遗产热"在世界范围内如日中天。当时的普遍观点是:一地或一物,因其本身所具有的内在(自然)重要性而得以晋身遗产,而劳拉简·史密斯则挑战了已经近乎真理的这一"普遍"观点。她有力地指出:遗产价值并非这些物或场所与生俱来的特质,只是它们往往被赋予了标记不同社区、时间、事件的特殊意义,而这些意义被具象化管理之后,成就了"遗产价值"。

劳拉简·史密斯汇集了非物质性(intangibility)、身份、记忆和纪念(remembering)、展演、场所(place)和失调性(dissonance)等主题,并将这些主题分散组合,来探索遗产实践的不同方面。她指出:遗产不仅关乎过去或物质,它是一种文化与社会过程,与记忆行为相结合,从而创造理解和参与当下的方式。其中"失调"概念借鉴了阿斯沃(Ashworth)和滕布里奇(Tunbridge)提出的"失调遗产",关注遗产背后的相关群体因阐释权而引起的矛盾与冲突[1]。这一概念也是她在本书后田野分析部分进行讨论的核心工具之一。

当然,本书还受更为深远的国际学术与政治等背景影响,诸如社区、认同、记忆、旅游、叙事、真实性等概念的早期讨论,同样深刻地挑战了对物质的真实性的强调。各种问题与时刻的汇合,使对遗产的思辨作为一个新的方向应运而生,并使重新定义"遗产"成为可能。劳拉简·史密斯提出:本质上所有的遗产都是无形的。虽然场所、遗址、物和地方性(locality)都能成为可识别的遗产点,但成就其"遗产"意义的是当今的文化进程,这些进程使它们成为特定文化和社会事件的物质象征,

---

① Ashworth G, Tunbridge J. Dissonant Heritage: The Management of the Past as a Resource in Conflict [M]. Chichester: Wiley, 1996.

从而获得价值和意义。基于遗产的物质性,遗产领域得以开展测绘、研究、管理、保存行为,国家与国际组织又据此而立法、订立各种国际协议、公约和宪章。遗产成其为遗产,正是因为这些管理和保存/保护过程。这个过程不仅是"找到"需要管理和保护的地点,更是一个构成性的文化过程。在这个过程中,地点与物被赋予意义和价值;这个过程也反映了当代文化和社会价值、辩论和愿望。

遗产是如何被用于建构、协商一系列身份、社会和文化价值和意义的呢？遗产是一种多层次的展演——无论是参观、管理、解释还是保护——它体现了纪念和纪念的行为,同时也在当下协商和构建一种地方感、归属感和理解。她反复强调,展演等系列行为构建"遗产"概念,而"遗产"概念成为展现展演的框架。

遗产,一方面是由国家认可的文化机构和精英推动的对历史的共识;另一方面也可能是一种资源,用于挑战和重新定义一系列亚群体所接受的价值观和身份。因此,遗产关乎协商——即一系列利用过去、集体或个人的记忆,协商新的存在和表达身份的方式。遗产也关乎话语——通过语言与观念,将社会意义、知识和专业技能的形式、权力关系和意识形态嵌入相关实践。劳拉简·史密斯提出,西方一直存在着一种关于主导性的"权威遗产话语",这种话语致力于将那些关于遗产的性质和意义的一系列理念自然化,并主要关注"物体"(Thing)。此外,她还区分了一系列关于遗产的流行的论述和实践,其中一些可能受到专业话语的影响,也可能对主导话语体系构成挑战。通过借鉴当下遗产研究正兴起的民族志方法,对这些不同话语系统的辩论进行分析,劳拉简·史密斯提出:遗产也可以被理解为一种话语,这种话语和"认同"的创造与再创造背后一系列对社会意义和实践的协商和调节相关。而在当下,遗产话语的重塑标志着文化和社会的变革的协商方式,正向明确而积极的方向发展。

三、主要内容

本书共分为三个部分。第一部分(1—2章)以"话语"作为理论架构基础。这个部分首要任务在于识别了"权威的遗产话语",明确了围绕遗产产生的一系列的话语,并考察了它们的产生、发展和各方面的对话。当然,更重点观察了遗产话语如何将遗产价值内化为遗产的自然属性。其次,是通过地点、记忆和展演等领域的研究,重新思考了构想"遗产"的方式。第二部分(3—5章)考察了"授权"遗产话语所产生的后果,执行方式与这种话语对遗产专家和相关领域人员开展的各类实践的影响。第三部分(6—8章)探讨了不同群体对遗产的使用方式,以及他们所认可的遗产价值。

遗产的产生、利用与争议,这些看似顺理成章的"遗产过程",在史密斯看来都是一套"权威遗产话语"的后果。这套话语作用于我们思考、讨论、书写、保护与传承遗产的全部实践,确立了一整套相关的展演体系,推动了公众与专家们对遗产的一致建构。史密斯分析了遗产话语的特性,一方面,其素材来自民族和阶级的宏大叙事;另一方面,历史、建筑和审美等专业知识也为其添砖加瓦。因此,这种话语往往依赖于技术或美学专家借由"知识"获得的权威性,也往往见存于国家文化机构或遗产保护的组织中。这样的话语倾向于选择历史悠久,具有襄助国家建设的社会功能,或者具有科学与审美的价值的物质实体。这套物质实体必须具备几个令其卓尔不群的特质,比如与当下的边界,比如相关的责任,比如其保护与认定者的资质。于是,似乎保护与管理、观看与体验成为重点,而文化价值,或者说与遗产实际相关的那些人却被罔顾于这套体系之外。话语波及实践,产生了两方面的影响:划清了"遗产"与当下的价值、专业"权威"与一般人的边界;并建构了后来所谓的遗产实践体系(包括遗产保护与管理实践和遗产旅游实践)。

1. 话语从何而来?

这套话语从何而来? 为了避免"一切皆有话语"的后现代视角,史密斯提出,她的分析框架是以米歇尔·福柯(Michel Foucault)的话语概念为基点的①,但运用了批判话语分析(Critical Discourse Analysis),以便克服福柯相对忽视在权力与知

---

① Foucault M. Governmentality. In Burchell G, Gordon C, Miller P (eds), The Foucault Effect [M]. London: Wheatsheaf Harvester, 1991, pp. 87 - 104.

识配置中存在的物质和结构性因素，偏重意义的操作并缺乏方法论路径等弱点。史密斯所仰仗的批判话语分析试图阐明话语和实践之间在理论上与方法上的联系，尝试了解人们如何根据特定话语来组织实践，更未忽视社会背景、社会关系与社会效应的影响。在史密斯看来，这些关系更符合遗产话语的生成与运作。

　　确定了理论与方法框架以后，史密斯开始追踪权威遗产话语的缘起、特征与实践。19 世纪的欧洲，当英国、法国、德国开始面临工业革命带来的冲击，现代性的普及使历史感与地方感支离破碎，而民族主义叙事则试图在此时匡扶社会凝聚力与认同，并重塑社会关系。此时，一种关于"遗产"的话语作为"现代欧洲"的衬托而诞生。它们是欧洲品位、民族认同的物质代表，是人民的民族共同意识和社会责任感的物质寄托，是欧洲文化成就、社会进化、民族优越感与成就感，甚至社会稳定的源泉。博物馆首先承担起了协助建设社会与身份认同的管理者角色，随后是古迹。古迹、古建筑成为历史与艺术作品的见证，其价值与美学意义成为保护立法的对象，相应的守卫与规划的责任感也被引入政策，开启了特殊的遗产保护实践。到19 世纪后期，为那些拥有重要的宗教、建筑和历史意义的建筑立法进行保护，进入高峰期。这些关于古迹与古物的保护原则又迅即传播到世界各地，并逐步深嵌于诸如《雅典宪章》《威尼斯宪章》等国际文献。欧洲保护古迹理念的国际化广泛传播，使之成为全球"常识"，进而成为一种霸权，渗入非西方国家。艺术、审美与相关的专业性，一定程度上掩护了遗产话语本身所受的民族主义、浪漫主义的宏大叙事驱驰，也为欧洲社会精英主导的国家强势文化粉饰太平。这些宪章与理念不断加入新的理解而日益强大，但无疑更倾向于为建筑和场所增加各种"原则"与"标准"，而从未挑衅权威专家在管理方面的主导地位、能力与责任。即便此后出现过几场轰轰烈烈的抗议，诸如 20 世纪发生在澳大利亚的"维多利亚大街事件"，标注了遗产保护实践中公众意识的提升，但运动保护的从来都是建筑本身，而非社区。到 20 世纪 70 年代，在一系列的国家法律、国际宪章、公约的框架下，以考古和建筑史学家所主导的完整的保护与管理的程序与技术已然成为可能。于是 1972 年，里程碑事件出现了：UNESCO（联合国教科文组织）通过《保护世界文化和自然遗产公约》确立了一套国际议程,基于 19 世纪的保护伦理,一套"普世价值",一套史密斯所指称的"权威遗产话语"得以成为制度化实践。

2. 话语的影响何在?

话语的影响不外乎对"边界"的界定,比如界定了"遗产",比如界定了有资格定义、管理与保护遗产的人。而这两种"边界"划定的小范围"物"与"人",却使得更大范围的物被排除,更大范围的人失去了对"遗产"、对"历史"甚至对"文化"发声的权力。话语何用? 遗产话语划定了"价值"的先天性,并暗示了专家、遗产与观众三者之间自上而下的关系,对"价值"的识别能力使"专家"显得卓尔不群,而"观众"与遗产之间似乎如博物馆一般隔着玻璃展柜,只能观看,毫无参与可言。更重要的是,权威遗产话语强调"价值"的继承性,这种理念通过考古学与历史学的加持,让与遗产相关的身份认同首先与国家认同挂钩。史密斯提醒人们警惕"专家"与知识,他们的实质绝不限于利益相关者的一端,他们各自的学科背景为界定遗产的意义与历史的本质提供了认识框架,从而使遗产便于被管理,或者更准确地说,使遗产便于拥有这些学科知识的人管理。知识被融入管理的议题中发挥着作用,不仅如此,还巧妙地看似置身权力和控制之外,使"权威"成为一种精神力量,掩饰了其涉及的控制问题。

史密斯分析了对权威遗产话语的批评,诸如社区参与的需求、原住民的抗争、后现代的批判,然而她并不认为这些批评构成了实质的、更深层次的挑战。只着眼于将一个个被排斥在外的群体慢慢纳入权威遗产话语的宏大实践中,对于一种强势运作的话语而言,这样的"社区参与"无疑蚍蜉撼树,其背后的偏见已根深蒂固,其支撑的制度已固若金汤,并且与"遗产"胶着难分,持续产生着影响。

那么,一种超越权威遗产话语和遗产产业批评理论的遗产概念是否可能? 如果不再执着于"物质性",而是把遗产看成一种文化过程呢? 一种活态的,可以调节文化、社会与政治变迁的社会文化过程,是否可以打开一个新的分析框架,重新理解遗产的性质与用途? 史密斯从瓦安伊(Waanyi)妇女的钓鱼项目中,找到一些理解遗产的突破口——当钓鱼的闲适过程成为体验地方感的一部分,这些被使用的遗产空间中,一度由于地理关系分割而渐去渐远的地方感得到重置,这是"遗产"作为体验的绝佳证明。于是史密斯逐一检视那些与遗产相关的一系列关键概念——那些使用过程中的体验,那些记忆、回忆与展演,那些参与者被强化的认同,那些在不同代际的妇女间承担的传承行为……过去的集体记忆和当下的集体记忆通过共同的体验而不断再生产,旧有的价值观得到传递,新的意义得以产生。体验从未凝固,而是不断参与塑造身份认同、价值观与意义。

　　史密斯提醒读者注意遗产作为一种文化工具和身份认同、记忆之间的互动问题。她识别了遗产知识的利用路径:先经由专业的价值观搭建认知框架;再赋予专家们仲裁者身份,反馈学科发展;最后将遗产相关的知识融入治理与干预。在此过程中所出现的经典而含糊的"所有权"问题,使遗产管理更便于规制。由此产生了一种权威的精神力,但同时也产生了游离与抗争的可能。史密斯提出,遗产的"客观性"这一固有观念需要受到挑战,因为对物质性的强调,似乎让一切"身份""符号"等权威话语的处理的精神力都具有了客观实在的保障。史密斯认为,遗产更大程度上是意义与记忆的制造过程,只有将完全文化遗产设想为无形的、质疑其客观性假设,挑战其物质性基础,才能为记忆、回忆、价值观、意义和情感提供充分的空间。阿斯沃和腾布里奇提出,在遗产分析中,那些对谁拥有对遗产的继承权、阐释权等的争议,经常导致"失调"(dissonance)。而史密斯就此进一步检视了与遗产所有权相关的争议,并将其发现用于分析遗产的最重要物质基础:地方。她指出,"地方"确实为与遗产相关的情动提供了物质性与场景感,但物质性、场景与遗产活动产生的情感价值之间的张力才构成遗产的核心,概言之,所谓遗产并非一地一物,而应是一个调节文化、生活与政治变迁的过程。

　　而遗产何以今日成此权威? 一方面,权威遗产话语强大的说服力为其形成制度提供了可能性,另一方面,为之背书的国际组织,如联合国教科文组织(UNESCO)、国际古迹遗址理事会(ICOMOS)架构了完整的管理体系。于是,权威遗产话语赋予遗产价值、强调其物质性,以掩饰其中的权力关系,为权威遗产话语背书的一套机构与管理体系维护了权威性,同时打造了一个强有力的社会文化认知体系,一些特定价值观嵌入权威遗产话语并得以流传,而相关的意识形态还规制并调节着失调情况的介入。如此循环往复,一个以"专业知识"与"客观性"为优先的遗产实践者与保护主义者共同体得以形成、共存共生。

3. 遗产何用?

史密斯自第 4 章以后将视角转向了遗产话语的受众与遗产话语的互动关系。人们因何而来体验遗产? 遗产地的利益相关者们如何使用遗产? 遗产话语能否渗入他们的观念? 不同的群体究竟是被动接受,抑或具有自己的主体意识? 本书的第二、第三部分以田野调查与案例分析的方式,探讨了权威遗产话语以何种方式利用遗产操纵意义,而人们又如何使用、体验遗产,甚至反过来利用遗产来制造属于自身的意义体系。总而言之,话语生产目标对象的反馈,是检验权威遗产话语生效与否的卡尺,却也可能形成反制。

第 4—5 章主要讨论的是权威遗产话语操纵意义的具体手段。两组对象进入了史密斯的检验范畴。其一是基于一个国家(英国)"最为普遍的"遗产(乡村别墅)在不同社会阶层中的感受,史密斯检验属于部分人(少数精英)的遗产如何被塑造成全民共有。其二是处于殖民争议之地(澳大利亚)中,立场敌对的群体之间如何认识遗产,并各执己见以形成自己的话术。二者共性在于,都通过权威遗产话语含糊其历史正当性,而两个案例不同程度地显示了遗产的失调性。

乡村遗产在英国颇为盛行,精英的遗产往往被"描绘为国家遗产的典型象征"[1]。而史密斯发现,其观众实际上大部分来自当代中产阶级,舒适的参观经验让参观者感受到了遗产的真实感,甚至这种感受得以"扩散",并重申了相似人群的主体社会身份认同与民族身份认同[2],从而让本来属于精英群体的遗产似乎潜移默化地合理化为更大规模的集体怀旧。

澳大利亚的里弗斯利(Riversleigh World Heritage Site)哺乳动物化石景观是一处在古生物学方面具有重要意义的"自然"遗产。史密斯认为该景观充分重现了

---

① Smith L. Uses of Heritage [M]. Abingdon: Routledge, 2006, p. 117.

② Smith L. Uses of Heritage [M]. Abingdon: Routledge, 2006, p. 159.

"遗产"制造意义的文化过程。权威遗产话语通过强调"自然"遗产是"大自然的杰作",否定其"文化"属性,将其打造成澳大利亚国民共同征服的"无主之地",以消弭其殖民者与被殖民者的所有权矛盾,将之塑造为国家认同的标志和国家文化遗产的重要组成元素①。然而里弗斯利的利益相关群体却纷纷对此表达了不满。考古学家将里弗斯利视为其学科发源地,瓦安伊人认为里弗斯利代表了他们的历史与集体记忆,是他们的故乡与地方感(sense of place)的源泉,因此被考古学家拿走展示的化石理应回归其所在区域。而长期租赁此地的牧民,也把里弗斯利描述为自己的"地方感"来源。不仅如此,权威遗产话语中对于"征服自然"、考古学科圣土的描述,还让里弗斯利的表征充满了男性化的权力色彩。这一案例充分说明遗产的叙事权的多变性与鲜明的排他性,这也使遗产叙事总是成为表达政治、文化和社会诉求的工具。

随后的章节,史密斯呈现了观众对权威遗产话语的回应,梳理了来自不同群体的几种竞争性话语(competing discourses),进一步扩大了遗产之"用"的多种方式,并再度重申了遗产的非物质性。

史密斯以英国的三座工业时代社会历史博物馆表现了个人叙事、集体叙事与意义的协商。去工业化后建设的博物馆试图提供美化的过去,并将"博物馆"这一形式打造为去工业化的补偿方案,而观众则将这类博物馆作为制造记忆和回忆的文化工具,用来强化自身的认同和地方感。

英国约克郡卡斯尔福德煤矿"遗产"的利用方式,表明权威遗产话语设定的准则在社区层面遭到质疑和颠覆。卡斯尔福德煤矿已经在物质形态上荡然无存,去除了"遗产"赖以成立的基础,甚至社区认同的社会文化基础——诸如各种地标性建筑也被打散重组。若依据权威遗产话语的标准,卡斯尔福德不存在"遗产",没有物质证据的孤立记忆也不足为信。然而卡斯尔福德居民自发地创建了一系列将现存记忆与过去经历彼此关联的实践,用以重申记忆,再造社区凝聚力。

随即,史密斯回顾了 20 世纪 60 年代末至 70 年代以后,原住民公开争夺文化

---

① Smith L. Uses of Heritage [M]. Abingdon：Routledge, 2006, p. 163.

遗产控制权的相关实践,尤其是与考古学知识体系之间的话语权争夺。这一时期,考古学知识与价值观通过立法、政策及管理措施巩固了自身在权威遗产话语中的地位,考古学家成为"过去"的合法管理者与发言人,而原住民则志在捍卫自己的文化遗产,保护界定自我身份、面对世界的文化工具。而在考古学的学术语言与多种原住民文化之间,对时间、空间、宗教等观念均存在着多样的文化差异,更导致了原住民与考古、遗产学者之间的分歧。原住民的案例,较之其他案例更加尖锐,因为失去控制遗产过程的能力,就意味着个体和社区的身份与认同也受制于人。

　　第三部分的三个章节,在探讨遗产之"用"的不同方式以外,再度重申了遗产的非物质性。工业遗产的案例展现了观众把遗产地视为"记忆剧场",并有意识地参与到一种具有强烈的身份认同且制造意义的过程中。卡斯尔福德煤矿的案例提出"遗产"是存在于人、地方和记忆之间的一种复杂的文化互动,这种互动实际上与有形的遗址一样,是界定"遗产"的重要部分。而原住民关于遗产的争议,则重在强调遗产过程应该是能够界定身份、建构意义的地方体验和回忆实践。

四、遗产的未来

　　对权威遗产话语的反思有何意义?史密斯在本书中所讨论的"遗产之用",包括权威遗产话语的作用与利用,也包括竞争性遗产话语的作用与利用,更包括遗产的利益相关者关于遗产的一系列使用实践。本书提供了更全面地认识"遗产"这种社会文化现象的本质路径,将记忆和回忆概念融入遗产定义中,承认遗产的过程性,更承认文化过程中的情感与权力。基于此,遗产不再是管理过程中的被动对象,而是一种其相关者具有主观能动性的过程。记忆行为或回忆展演有助于将群体凝聚到一起,这不仅在国家层面产生作用,在地方、社区层面也颇具效用。本书讨论了失调性,因为总有一些社区被排除在主流遗产话语之外,遗产总是关于资源,也总是一种政治过程。然而本书也同样提供了商榷的案例,在不同的竞争遗产话语背后,在观众与遗产的实际使用者之间,意义与身份认同不是静止的,而是不断协商或公开商榷的结果,遗产的话语也并非铁板一块,也在经历动摇、挑战与修正。本书最后声明,其宗旨在于"理解遗产地与遗产过程在当前的作用、建构该作用的方式、遗产的角色及其影响,才能真正掌握遗产何为,以及遗产何用"。

但或许用劳拉简·史密斯对卡斯尔福德"遗产"的评论作为本书的概述颇为合宜:如果遗产(地点或物)不具备可用性,那么它一无是处①。

---

① Smith L. Uses of Heritage [M]. Abingdon:Routledge, 2006, p. 260.

图表索引

编后记

作为长期在高校从事文化遗产研究与教学工作的学者,日常中我们经常被问到的问题之一是,文化遗产研究是一个学科吗?

在我国,早有学者在高校内从事文化遗产相关的研究(包括实践)与教学工作;但若说是否将"文化遗产研究"视为一门成熟乃至独立的学科,这样的声音可能还是近20年最为兴盛。当然,围绕此类声音,不同取向的学者今天也会给出不同的解读。

我们的考虑是,"文化遗产研究"能否成为一门成熟乃至独立的学科的问题,至少需要回答,这门学科能够解决哪些已有的学科所解决不了的问题? 它契合的是怎样的时代发展需要?

在回答此类问题的过程中,我们尤为看重文化遗产的价值与保护。原因在于,文化遗产的价值观,是自现代遗产保护运动以来逐渐生成的一套具有一定特殊性的观念体系,并构成后续保护行动的基础。文化遗产的保护,在当今时代的重要性和必要性已不必赘言。同时它无法由单一的母学科所涵括,毕竟,保护行动牵涉甚广,需要多学科的合力乃至交融。

为此,我们从2021年开始便在动议,能否循此思路编一本书。在我们的设想中,该书能够围绕文化遗产的价值与保护,集中介绍一批与此相关的读物,让读者了解到在国际遗产领域里都有哪些主要的议题,受其影响形成了什么样的研究成果,有什么样的争论焦点;这批读物既不偏离价值与保护这一核心主题,又能让读者见到"森林";而在我国,文化遗产专业稳定发展,逐渐形成"中国经验"的同时,回顾并重新解读具有代表性的国际文献(甚至可称为经典),也有重要的借鉴意义;此书也能够辅助高校的教学,于整个研究和实践领域有所裨益。所幸,这一动议得到了北京大学考古文博学院、联合国教科文组织亚太地区世界遗产培训与研究中心(北京)的支持,来自全国各大高校、研究院所的一批青年学者应邀成为了此书的作者。

　　自人类文明进入工业化时代,对"文化遗产"的认知从私有财产转向公共精神财富,对"文化遗产"的兴趣也愈来愈浓,形成的有价值的文献不胜枚举。此书自然不可能一网打尽。因此,我们的编撰逻辑是:首先,如上文所说,价值与保护是我们看重的核心议题,而我们在这里所谈的"价值与保护"实际上是受现代遗产保护运动影响的"价值与保护",因此书中第一部分便围绕着里格尔、杜克、卡博纳拉、布兰迪等一批经典的保护理论家而展开;其次,现代遗产保护运动逐渐成熟,价值观愈发多元,被保护的遗产类型也逐渐增多,建筑(或建成环境)、考古遗址是最早被业界提及的,近年来,景观、乡村、线路等都在不同程度上被学界重视,因此书中第二部分便围绕着不同的遗产类型而展开;再者,今天意义上的"保护"已经不能等同于狭义上的"死保",展示阐释、活态社区、文化旅游乃至文化经济已经成了今天的保护者们不得不面对的问题,因此书中的第三部分围绕着此类实践逻辑而展开;最后,近年来国际上日益发展的、另一波关于遗产的声音,便是所谓的"批判遗产研究",此类研究范式在早年间被部分学者视为保护运动的"敌对",但是近年来,无论是"批判遗产"的研究者们,还是保护遗产的实践者们,都在主张二者的对话与交融,因此本书的最后一部分也将收录关于"批判遗产研究"的部分经典讨论。借此四部分,我们希望读者能够思考,以价值和保护为中心的文化遗产研究,其基石在哪里,涉及的边界有哪些,当下乃至未来的热点趋势是怎样的,值得批判和反思的话题是什么。

　　回到开篇所提出的问题,文化遗产研究是一个学科吗？我们想,这个问题与其被质问,不如被实践。我们都需要对一个还在发展中的事物保有更多的信心和耐心。我们也希望,本书的工作能够为这个还在发展中的事物提供一份营养,那便足矣。

王思渝、李光涵

2025 年 2 月 14 日于北京大学

北京大学考古学丛书
（2022）

◈ **旧石器时代考古研究**
王幼平　著

◈ **史前文化与社会的探索**
赵辉　著

◈ **史前区域经济与文化**
张弛　著

◈ **多维视野的考古求索**
李水城　著

◈ **夏商周文化与田野考古**
刘绪　著

◈ **礼与礼器**
中国古代礼器研究论集
张辛　著

◈ **行走在汉唐之间**
齐东方　著

◈ **汉唐陶瓷考古初学集**
杨哲峰　著

◈ **墓葬中的礼与俗**
沈睿文　著

◈ **科技考古与文物保护**
原思训自选集
原思训　著

◈ **文物保护技术**
理论、教学与实践
周双林　著

上海古籍出版社

北京大学考古学丛书

（2023）

❖ **史前考古与玉器、玉文化研究**
赵朝洪　著

❖ **周秦汉考古研究**
赵化成　著

❖ **历史时期考古研究**
杨哲峰　著

❖ **山西高平古寨花石柱庙建筑考古研究**
徐怡涛、王子寒、周珂帆、赵小雯、田雨森 等　编著

❖ **山西高平府底玉皇庙建筑考古研究**
彭明浩、张剑葳、刘云聪、侯柯宇　编著

❖ **何谓良材**
山西南部早期建筑大木作选材与加工
彭明浩　著

上海古籍出版社

北京大学考古学丛书

（2024—2025）

◈ 叩石有声
中国旧石器时代考古初探
李锋 著

◈ 楚文化考古研究
高崇文 著

◈ 士丧礼图释
高崇文 著

◈ 豫北汉墓的区域文化研究
李云河 著

◈ 文物源与流
古代无机材料的科技考古研究
崔剑锋 著

◈ 瓷路学步
陶瓷外销与东非沿海聚落
丁雨 著

◈ 中日转轮经藏建筑的比较研究
俞莉娜 著

◈ 国际文化遗产文献导读
李光涵、王思渝 编著

上海古籍出版社

图书在版编目(CIP)数据

国际文化遗产文献导读／(新加坡)李光涵，
王思渝编著. -- 上海：上海古籍出版社，2025.4.
--(北京大学考古学丛书). -- ISBN 978-7
-5732-1606-9

Ⅰ. K103

中国国家版本馆 CIP 数据核字第 2025C9G899 号

责任编辑　缪　丹

封面设计　黄　琛

技术编辑　耿莹祎

北京大学考古学丛书

国际文化遗产文献导读

[新加坡] 李光涵　　王思渝　编著

上海古籍出版社出版发行

(上海市闵行区号景路 159 弄 1 - 5 号 A 座 5F　邮政编码 201101)

(1) 网址：www.guji.com.cn

(2) E-mail：guji1@guji.com.cn

(3) 易文网网址：www.ewen.co

苏州市越洋印刷有限公司印刷

开本 710×1000　1/16　印张 16　插页 3　字数 236,000

2025 年 4 月第 1 版　2025 年 4 月第 1 次印刷

ISBN 978 - 7 - 5732 - 1606 - 9

K·3860　定价：88.00 元

如有质量问题，请与承印公司联系